Einführung Unternehmenskultur

Norbert Homma • Rafael Bauschke
Laila Maija Hofmann

Einführung Unternehmenskultur

Grundlagen, Perspektiven, Konsequenzen

Springer Gabler

Norbert Homma
Heidelberg
Deutschland

Rafael Bauschke
Heidelberg
Deutschland

Laila Maija Hofmann
Professur für Personal, Organisation, Gender
Studies/ Akademische Leitung Kompetenz
Center "Gender & Diversity"
Technische Hochschule Nürnberg Georg
Simon Ohm
Nürnberg
Deutschland

ISBN 978-3-658-02410-9   ISBN 978-3-658-02411-6 (eBook)
DOI 10.1007/978-3-658-02411-6

Die Deutsche Nationalbibliothek verzeichnet diese Publikation in der Deutschen Nationalbibliografie; detaillierte
bibliografische Daten sind im Internet über http://dnb.d-nb.de abrufbar.

Springer Gabler
© Springer Fachmedien Wiesbaden 2014

Lektorat: Stefanie A. Winter

Gedruckt auf säurefreiem und chlorfrei gebleichtem Papier

Springer Gabler ist eine Marke von Springer DE. Springer DE ist Teil der Fachverlagsgruppe Springer
Science+Business Media
www.springer-gabler.de

Inhaltsverzeichnis

Die Autoren

Dr. Rafael Bauschke ist Referent im Ministerium für Finanzen und Wirtschaft des Landes Baden-Württemberg. Davor war er als Berater bei der bpc GmbH in zahlreichen Projekten zu Fragen der Unternehmenskultur, des Veränderungsmanagements und der Strategie-Implementierung tätig. Zusätzlich ist er seit mehreren Jahren Lehrbeauftragter am Institut für Politische Wissenschaft an der Ruprecht-Karls Universität Heidelberg mit den Schwerpunkten nationale und europäische Gesundheitspolitik, Regulierung sowie politische Strategie und Governance.

Prof. Dr. Laila Maija Hofmann vertritt an der Technischen Hochschule Nürnberg Georg Simon Ohm in der Fakultät „Betriebswirtschaft" die Fachgebiete „Personal, Organisation, Gender Studies" und leitet gemeinsam mit Prof. Dr. Bitzan das Kompetenzzentrum „Gender & Diversity" der Hochschule. Nach ihrem Betriebswirtschaftsstudium promovierte sie zu einer Fragestellung aus der Arbeits- und Organisationspsychologie und schloss ihre Ausbildung als Prozessberaterin ab. Insgesamt war sie fast 15 Jahre in unterschiedlichen Funktionen und Ländern in der Personalarbeit international agierender Unternehmen tätig, bevor sie an die Hochschule wechselte. Heute berät und unterstützt sie Unternehmen in der Personalentwicklung, bei Change-Prozessen und arbeitet als Coach für Führungs- und Führungsnachwuchskräfte.

Dr. Norbert Homma ist Geschäftsführer der bpc GmbH in
Heidelberg. Nach dem Studium der Politikwissenschaft in den
USA (Ph. D. University of Florida) war er Geschäftsführer
des sozialwissenschaftlichen Instituts SINUS in Heidelberg
und Lehrbeauftragter am Institut für Politische Wissenschaft
an der Universität Heidelberg. Seit 1993 ist er in der Ma-
nagementberatung für internationale Unternehmen tätig, mit
den Schwerpunkten Strategieentwicklung und -umsetzung,
Change Management (Unternehmens- und Führungskultur),
Organisations- und Personalentwicklung. Er unterrichtet an
der GISMA Business School (Hannover) und der Central
European University (Budapest) im Bereich Organisational
Behaviour and Human Resources.

1

Norbert Homma, Rafael Bauschke

Zusammenfassung

In diesem Kapitel erfahren Sie,

- was unter Unternehmenskultur zu verstehen ist;
- welche Ebenen der Unternehmenskultur es gibt;
- welche Bedeutung und Funktion die Unternehmenskultur für Unternehmen hat;
- wie Unternehmenskultur entsteht;
- welche Themen in den einzelnen Buchkapiteln ausführlicher diskutiert werden.

1.1 Unternehmenskultur – wieso, weshalb, warum?

Heute würde niemand mehr die Bedeutung der Unternehmenskultur für die Attraktivität und Leistungsstärke eines Unternehmens ernsthaft infrage stellen.[1] Das war nicht immer so. Die systematische Auseinandersetzung mit der Rolle der Unternehmenskultur für den wirtschaftlichen Erfolg des Unternehmens begann relativ spät, nämlich in den 80er-Jahren des letzten Jahrhunderts. Seitdem sind umfangreiche Studien zu den spezifischen Merkmalen von Unternehmenskulturen und Ihren Auswirkungen auf die Leistungsfähigkeit erschienen.

Unternehmenskulturen existieren nicht in einem Vakuum. Sie sind neben den wirtschaftlichen auch in soziale und politische Kontexte eingebunden, durch die sie beeinflusst werden und mit denen sie sich auseinandersetzen müssen. Es gibt vielfältige Einflüsse von außen. Um nur einige der wichtigsten zu nennen: Der demografische

---

[1] Soweit im Folgenden personenbezogene Bezeichnungen nur in männlicher Form angeführt sind, beziehen sie sich auf Frauen und Männer in gleicher Weise.

© Springer Fachmedien Wiesbaden 2014
N. Homma et al., *Einführung Unternehmenskultur*,
DOI 10.1007/978-3-658-02411-6_1

Wandel, insbesondere der wachsende Anteil der älteren arbeitenden Bevölkerung (Stichwort: Erhöhung des Renteneintrittsalters) stellen die Unternehmen vor neue Herausforderungen hinsichtlich Arbeitsplatzgestaltung und Gesundheitsvorsorge. Oder die ins Berufsleben tretende Generation Y, die im Gegensatz zu früheren Generationen weniger bereit ist, sich dem Diktat der Leistungserbringung auf Kosten persönlicher Ziele zu unterwerfen.[2] Unternehmen stehen vor großen Herausforderungen, wenn sie die sehr unterschiedlichen Berufserwartungen harmonisieren wollen. Auch die gesellschaftliche und politische Diskussion um die Stellung der Frauen in Unternehmen ist in jüngster Zeit wieder neu entbrannt. Die Gleichstellung der Frauen, auch in oberen Führungsetagen, soll verstärkt durch politische Maßnahmen vorangebracht werden.

Dass die wirtschaftlichen Verflechtungen immer komplexer werden und das Tempo der Veränderungen im sozialen, privaten und kulturellen Bereich deutlich zugenommen hat, gehört längst zu den Gemeinplätzen der öffentlichen Diskussion. Vornehmlich Soziologen haben darauf verwiesen, dass mit der sozialen Beschleunigung häufig auch dysfunktionale Entwicklungen einhergehen.[3]

Auch Unternehmenskulturen bleiben von dieser Entwicklung nicht verschont. Unzweifelhaft ist der Leistungsdruck (mehr Leistung in kürzerer Zeit) und damit verbundene psychische Belastung in vielen Branchen und Unternehmen gestiegen, mit messbaren und häufig negativen Folgen für Gesundheit und Motivation der Beschäftigten.

Diese Entwicklung bleibt nicht ohne Konsequenzen für die Gestaltung und Veränderung der Unternehmenskulturen. Inwieweit können und müssen Unternehmen (oder Organisationen schlechthin) auf diese Veränderungen reagieren? Wo sind sie ganz speziell gefordert, den veränderten gesellschaftlichen Entwicklungen Rechnung zu tragen und diese in Einklang mit den Erfordernissen einer globalisierten Wirtschaft zu bringen?

Unternehmen mit ihren spezifischen Kulturen stehen in einem dynamischen Spannungsverhältnis zwischen den Erwartungen, die von ihrem Umfeld (Kunden, Lieferanten, Wettbewerber, Gesellschaft) an sie herangetragen werden und der Notwendigkeit, sich intern so zu organisieren, dass sie effektiv und den eigenen Ansprüchen genügend funktionieren können.

Im Rahmen dieses Lehrbuchs widmen wir uns der Frage, welchen Rolle der Unternehmenskultur im Spannungsfeld zwischen der Anpassung von Organisationen an externe Anforderungen einerseits und der Notwendigkeit der Integration im Innern andererseits zukommt.

Doch wieso ein Lehrbuch schreiben, wenn das Thema bereits ausführlich behandelt wurde? Die Frage ist berechtigt. Die Antwort lautet: Unternehmenskultur wird zwar

---

[2] Als „Generation Y" wird die Alterskohorte bezeichnet, die um die Jahrtausendwende im Teenageralter war und jetzt auf den Arbeitsmarkt drängt. Ein wesentliches Merkmal dieser Generation ist die starke Betonung der Selbstverwirklichung in allen Lebensbereichen und eben nicht der Karriere um jeden Preis. Für ein anschauliches Beispiel siehe hierzu Bund et al. 2013.

[3] Hartmut Rosa (2013) diagnostiziert die „soziale Beschleunigung" als eine essenzielle Antriebsfeder für Veränderung in den postmodernen Gesellschaften, die sich zu einem eigenständigen Faktor der Veränderung entwickelt hat.

immer wieder thematisiert, eine fundierte Auseinandersetzung – insbesondere mit den Einflüssen auf die Unternehmenskultur und den damit verbundenen Konsequenzen im Unternehmen – findet oft jedoch nicht statt.[4]

Wir wollen daher mit diesem Buch einerseits zum besseren Verständnis der Unternehmenskultur und ihrer Auswirkungen beitragen. Andererseits möchten wir eine Brücke zwischen Unternehmenskultur und wichtigen Aufgabenfeldern der Unternehmen schlagen.

1.2   Konzept und Gebrauchsanweisung

Das zentrale Anliegen dieses Lehrbuchs ist es, eine Verbindung herzustellen zwischen den externen Anforderungen an die Unternehmenskultur und den praktisch-konkreten Anpassungs- oder Reaktionsstrategien der Unternehmen. Es richtet sich zwar in erster Linie an Studierende, aber ebenso an Lehrende und Praktiker.

Während im ersten Teil des Buches das Thema Unternehmenskultur grundsätzlich eingeführt und erläutert wird, beschäftigt sich der zweite Teil des Buches stärker mit konkreten Themen des Unternehmensalltags. Hierbei steht jeweils die Frage des Einflusses der Unternehmenskultur auf das jeweilige Thema – z. B. die Unternehmensethik – im Zentrum. Dieses Buch soll nicht nur zum Verständnis der Unternehmenskultur beitragen, sondern aufzeigen, wie breit Unternehmenskultur wirkt. Dabei wird Unternehmenskultur bewusst nicht als Managementtechnik betrachtet beziehungsweise auf eine Funktion reduziert.

Dieses Buch soll ein Lern- und Lehrwerkzeug gleichermaßen sein und wurde für diesen Einsatz konzipiert.

Dieser Idee folgend, beinhaltet jedes Kapitel neben einleitenden Lernzielen jeweils eine Checkliste mit den wichtigsten Lerninhalten. Jedes Kapitel stellt die wichtigsten Konzepte und Begriffe vor, wichtige Inhalte werden in Merksätzen „auf den Punkt gebracht" und Beispiele zur Veranschaulichung dargestellt.

Als Grundlage für die Lehre werden für jedes Kapitel Prüfungsfragen definiert. Im Rahmen des praktischen Teils (Kap. 5 bis 12) wurden in einigen Kapiteln Fallstudien aufgenommen, die für die Lehre verwendet werden können. Lösungsskizzen sowie weiteres nützliches Online-Material finden Sie auf springer.com.

Auch wenn die Idee des Lern- und Lehrbuchs im Vordergrund steht, richtet sich dieses Buch ebenso an die Praktiker. Unternehmenskultur ist schließlich für den Managementalltag von großer Bedeutung.

Dies gilt nicht nur für die Kapitel über den Zusammenhang zwischen Unternehmenskultur und Veränderung. Insbesondere der zweite Teil des vorliegenden Buches setzt sich mit der vielschichtigen Bedeutung der Unternehmenskultur auseinander. Die Funktion der Unternehmenskultur und Ihren Einfluss auf wichtige Bereiche der Unternehmensaktivitäten

---

[4] Für jene Leser, die sich vertiefend mit den unterschiedlichen Definitionen auseinandersetzen wollen, empfehlen wir eines der Standardwerke der Unternehmenskulturforschung von Sonja Sackmann (2004).

besser zu verstehen, sensibilisiert gleichzeitig für die Probleme und ermöglicht neue Ansätze der Unternehmensführung.

Bevor wir uns dem Themenüberblick zuwenden und den Fahrplan des Buches anhand
eines kurzen Kapitelüberblicks aufzeigen, soll im folgenden Abschnitt das zentrale Konzept „Unternehmenskultur" definiert werden. Wir beschreiben hierbei die verschiedenen
Ebenen des Konzepts, welche Funktionen Unternehmenskultur für ein Unternehmen besitzt und wie eine Unternehmenskultur entsteht beziehungsweise sich verändert.

1.3   Was verstehen wir unter dem Begriff „Unternehmenskultur"?

Das Thema ist nicht leicht zu definieren. Betrachtet man die umfangreiche Literatur zu
diesem Thema, stößt man auf eine Vielzahl von Definitionen, die sich nicht zu einem
einheitlichen Verständnis von Unternehmenskultur aufaddieren lassen. Dabei hat jeder –
zumindest wenn man einige Zeit in einer Organisation verbracht hat – ein intuitives Verständnis, was man darunter verstehen könnte. Werden etwa Mitarbeiter in Unternehmen
gefragt, wie sie die Unternehmenskultur ihres Unternehmens beschreiben würden, sind
die Standarderklärungen:

- „Wie wir alle zusammenarbeiten."
- „Was uns wichtig ist, wie wir miteinander umgehen."
- „Welche Bedeutung wir unseren Kunden beimessen."

Neben diesem praktischen Zugang, der ja bereits verdeutlicht, dass man Unternehmenskultur durchaus unterschiedlich verstehen kann – in unserem Beispiel wahlweise Zusammenarbeit, Miteinander oder Kundenwertschätzung – hat sich ein eigener Forschungszweig
zum Thema Unternehmenskultur entwickelt und um eine präzisere Definition bemüht.
Wir verzichten hier bewusst auf eine ausführliche Darstellung verschiedener Definitionen.[5] Vielmehr geht es uns um eine *funktionale* Perspektive auf die Unternehmenskultur,
also anders ausgedrückt: Was tut Unternehmenskultur für eine Organisation?

Für die Definition des Begriffs (Was meint Unternehmenskultur?), der Bestandteile der
Unternehmenskultur (Was umfasst Unternehmenskultur?) und seiner Funktion (Was leistet Unternehmenskultur?) orientieren wir uns hauptsächlich an Edgar H. Schein (2004),
der in der Forschung zu diesem Thema eine breite Rezeption erfahren hat.

1.3.1   Eine Definition der Unternehmenskultur

Für Schein ist Unternehmenskultur ein *Muster von Annahmen*, das durch eine Gruppe von
Individuen beziehungsweise durch eine Organisation festgelegt beziehungsweise entwi-

---

[5] Wer hierzu mehr erfahren möchte, findet einen Überblick in Sackmann 2006.

ckelt wird und der Gruppe dabei hilft, die beiden grundlegenden Herausforderungen für eine Gruppe/Organisation zu meistern: die Anpassung an die (sich ändernde) Umwelt und die Sicherung des internen Zusammenhalts.

▶   Jede Organisation beziehungsweise jedes Unternehmen muss zwei Herausforderungen meistern: die Anpassung an die Umwelt und die Sicherung des internen Zusammenhalts. Oder anders ausgedrückt: externe Adaption und (interne) Integration.

Erweisen sich diese Annahmen als „alltagstauglich", d. h. sie erleichtern die Erfüllung der genannten Funktionen, werden sie an neue Gruppenmitglieder weitergegeben und strukturieren so Denken, Wahrnehmung und Verhalten der Gruppe und jedes einzelnen Mitglieds. Um es etwas konkreter zu machen: Jeder Mitarbeiter weiß irgendwann, welches Verhalten in einer Organisation erfolgversprechend ist, z. B. wie man sich gegenüber anderen Abteilungen und Kollegen verhält (eher formell oder locker) oder wie wichtig einzelne Aspekte des Arbeitens bewertet werden (starke oder eher geringe Kontrolle von Arbeitsergebnissen).

▶   **Unternehmenskultur nach E. H. Schein (2004)** Ein Muster gemeinsamer Grundprämissen, das die Gruppe bei der Bewältigung ihrer Probleme externer Anpassung und interner Integration erlernt hat, das sich bewährt hat und somit als bindend gilt; und das daher an neue Mitglieder als rational und emotional korrekter Ansatz für den Umgang mit Problemen weitergegeben wird.

Diese Definition ist ein erster Ausgangspunkt, macht Unternehmenskultur aber noch nicht zwangsläufig klarer und verständlicher. Doch wie lässt sich das Konzept der Unternehmenskultur greifbarer machen? Hierfür hat Schein ein vielbeachtetes Konzept zur Unterteilung der Unternehmenskultur in verschiedene Ebenen entwickelt. Wir beziehen uns hier auf sein Modell, nehmen jedoch zusätzlich die von Sackmann, S. (2006a) eingeführte Ebene der gezeigten Werte auf.

Das ursprüngliche Scheinsche Modell unterscheidet Ebenen der Unternehmenskultur: *Artefakte, Normen und Werte* und *(grundlegende) Annahmen*. Sackmann führt eine vierte Ebene der *gezeigten Werte* ein, die „zwischen" den Ebenen *Normen* und *Werte* und *grundlegenden Annahmen* liegt.

Diese Ebenen unterscheiden sich dabei zunächst vor allem durch die Sichtbarkeit für Außenstehende. Die Abb. 1.1 zeigt das Modell der Unternehmenskultur nach Schein und Sackmann.

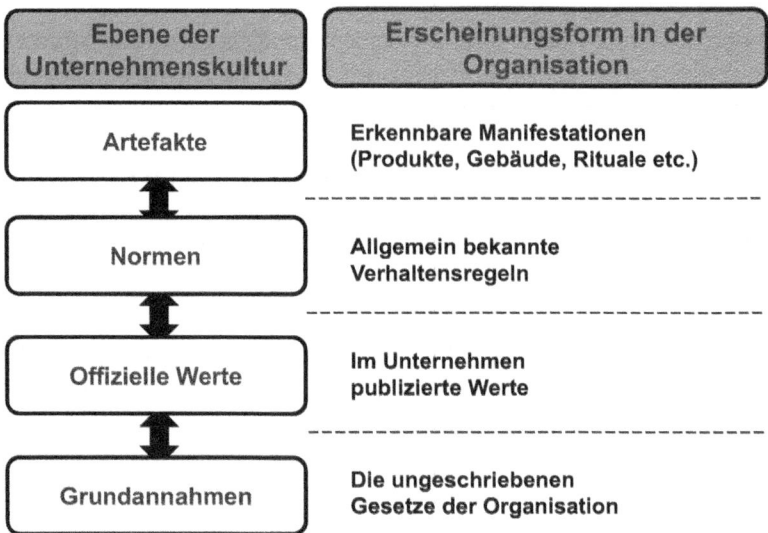

Abb. 1.1 Unternehmenskultur-Modell. (Quelle: in Anlehnung an Schein 2004 und Sackmann 2006)

Artefakte Die Ebene der sichtbaren *Artefakte* unterscheidet sechs Themenfelder: Symbole, Gebäude etc., Sprache, Geschichten, Rituale und Zeremonien (Trice und Beyer 1993).

Symbole sind wichtige Merkmale der Unternehmenskultur, die einen hohen Wiedererkennungswert für Mitarbeiter wie Außenstehende, z. B. Kunden, besitzen. Typische Beispiele sind der Apfel von Apple, der Mercedes-Stern oder das Bayer-Kreuz. Diese Symbole sind eben nicht nur ein „grafisches Element" – wir verbinden damit gerade als Mitarbeiter eine ganze Reihe von Vorstellungen und Ideen.

Gebäude, Fabrikanlagen und deren architektonische Gestaltung sind vielfach Ausdruck einer spezifischen Unternehmenskultur. Denken Sie für einen Moment an Gebäude großer Organisationen. Natürlich ist die Autostadt in Wolfsburg oder die Firmenzentrale von Apple auf den ersten Blick die Arbeit eines Architekten und Ausdruck seiner Ideen und Vorstellungen. Aber gleichzeitig spiegeln sich in diesen Bauten auch die Vorstellungen über das Unternehmen und seine Kultur wider. Denn Bauten wirken auf den Betrachter: Wir nehmen einen „Betonbunker" anders wahr als einen „Glaspalast". Wir würden bei Ersterem wohl eher an Stabilität und bei Letzterem eher an Transparenz und Weltoffenheit denken.

Auch die im Unternehmen verwendete **Sprache** kann charakteristisch für das Unternehmen sein. Die häufige Verwendung von speziellen Fachausdrücken oder von Abkürzungen und Akronymen, die für den Außenstehenden oder Neuankömmling völlig unverständlich sind, stellen eine Kurzformel für die interne Kommunikation dar. Sie schaffen sowohl Identität nach innen als auch Abgrenzung nach außen.

Geschichten, über die Historie, den gemeinsamen Erfolg oder auch Rückschläge sind Teil des Selbstverständnisses der Organisation. Sie bilden wiederholt den Bezugspunkt für die Erklärung oder Rechtfertigung von Entscheidungen und Verhaltensweisen.

Rituale sind ebenso sichtbarer Ausdruck einer gewachsenen Unternehmenskultur. Beispielsweise definieren Beraterfirmen einen Tag, an dem (möglichst) alle Berater im Haus verfügbar sein sollen, um so Abstimmungsprozesse zu vereinfachen und die persönliche Kommunikation zu pflegen. Andere Unternehmen modifizieren den Dresscode. Jeden Freitag ist dann „casual" angesagt, d. h. Anzug und Schlips werden gegen Jeans und Pullover eingetauscht, mit der Intention, zu mehr Zwanglosigkeit und einem entspannten Umgang miteinander zu ermutigen.

Zeremonien haben ihren festen Platz in vielen Unternehmenskulturen und damit auch im Selbstverständnis der Mitarbeiter. Öffentliche Ehrungen, verbunden mit der sprichwörtlichen „goldenen Uhr", sind nur ein (möglicherweise altmodisches) Beispiel, wie Identität und Motivation erzeugt beziehungsweise erhalten werden können, und diese im Falle der Vernachlässigung oder gar Abschaffung für erhebliche Frustrationen und „schlechte Stimmung" sorgen. Zeremonien dieser Art fallen leicht dem Sparstift zum Opfer. Häufig wird hierbei der demotivierende Effekt unterschätzt, der in keinem vernünftigen Verhältnis zu der finanziellen Ersparnis steht.

Diese sicht- und erlebbare Ebene der Unternehmenskultur ist zwar auch für Nichtmitglieder zugänglich, diese können jedoch den kulturellen Bezug der Artefakte nur sehr bedingt herstellen: Um etwas als „typisch" für ein Unternehmen einzuordnen, muss ich ein grundlegenderes Verständnis der Organisation haben.

Normen und Werte   Die Ebene der Normen und Werte umfasst die Gesetze und Regeln, die in einem Unternehmen gelten beziehungsweise den Organisationsmitgliedern dabei helfen, zu unterscheiden, was im Sinne der Unternehmenskultur richtig und falsch ist.

▶   Normen und Werte umfassen die Gesetze und Regeln, die in einem Unternehmen gelten, und wirken sich auf die Handlungen der Mitglieder der Organisation aus.

Dies kann sich auch auf Werte beziehen, die für ein Unternehmen besonders wichtig sind oder wie diese Werte im Unternehmen definiert werden. Diese Normen und Werte sind dabei oft handlungsleitend: Sie geben den Organisationsmitgliedern Orientierung für ihr eigenes Verhalten („verhalte ich mich unternehmenskonform oder nicht?"). Ein Beispiel für Normen und Werte können die Entscheidungsprozesse in einem Unternehmen sein. Während manche Organisationen hierarchische Entscheidungswege vorziehen, wird in anderen Unternehmen ein partizipativer Ansatz verfolgt, in dem alle Ebenen und Akteure beteiligt werden.

Unabhängig von der (relevanten) Frage, welcher Ansatz der effektivere ist, spiegeln sich in der Art der Entscheidung grundlegende Werte wider (hierarchische Entscheidungen führen zu Ergebnissen versus „Nur durch Beteiligung erreichen wir eine tragbare Entscheidung").

Natürlich hat die Entscheidung für einen dieser Entscheidungstypen auch immer einen funktionalen Hintergrund, ihre Ausgestaltung ist gleichzeitig immer Ausdruck der Unternehmenskultur. Die Akzeptanz von Entscheidungsprozessen wird schließlich davon abhängen, ob sie die im Unternehmen geltenden Normen und Werte reflektieren.

Gezeigte Werte Normen und Werte sind letztlich etwas, das durch andere nur bedingt wahrgenommen wird. Gleichzeitig gibt es in jeder Organisation Werte, die von den Organisationsmitgliedern als wesentliche Kennzeichen eines Unternehmens gelten. Diese Werte lassen sich, wie von Sackmann vorgeschlagen, von den „nicht gezeigten" Werten abgrenzen. Gezeigte Werte werden nach außen postuliert. Dies heißt jedoch nicht automatisch, dass diese Werte auch gelebt werden. Vielmehr werden diese Werte oft als Leitwerte in einem Unternehmen existieren, zu denen sich alle Organisationsmitglieder bekennen, auch wenn sie innerlich nicht zwangsläufig das über die Werte denken, was nach außen vorgegeben wird.

Grundlegende Annahmen Noch „tiefer" als *Normen und Werte* ist die Ebene *der grundlegenden Annahmen* angesiedelt. Grundlegende Annahmen bilden den Kern einer Unternehmenskultur. Sie bieten den Mitgliedern der Organisation grundlegende Orientierung. Sie beeinflussen die Denkens- und Verhaltensweisen. Hiermit sind die ungeschriebenen Gesetze einer Organisation gemeint, die alle Organisationsmitglieder kennen und auch weitgehend (teils unreflektiert) befolgen.

▶ Grundlegende Annahmen bilden den Kern einer Unternehmenskultur, sie bieten Orientierung und beeinflussen die Organisationsmitglieder in ihren Handlungen.

Annahmen haben einen starken Einfluss auf das Denken und Handeln der Organisationsmitglieder, da sie sich auf das auswirken, was als regelkonform angesehen wird. Während Normen und Werte eher im Sinne von Instrumenten beziehungsweise Handlungsanleitungen gesehen werden können, sind die grundlegenden Annahmen dafür verantwortlich, was Organisationsmitglieder letztlich als richtig oder falsch erachten.

Zur besseren Veranschaulichung kann das Modell der Unternehmenskultur auch als Eisberg dargestellt werden. Wir sehen lediglich die Artefakte der Kultur, ihre öffentlich propagierten Werte und Normen. Die zugrundeliegenden Annahmen, die letztendlich das Verhalten der Menschen nachhaltig beeinflussen, sind vielen nicht bewusst oder werden (in aller Regel) nicht offen thematisiert. Abbildung 1.2 zeigt die sichtbaren beziehungsweise nicht sichtbaren Elemente der Unternehmenskultur.

1.3.2 Entstehung von Unternehmenskultur und ihrer Funktionen

Doch wie entsteht Unternehmenskultur beziehungsweise ein solches spezifisches Muster von Artefakten, Normen, Werten und Annahmen? Letztlich kann die Unternehmenskultur beziehungsweise insbesondere die Ebene der Normen und Werte als Ergebnis eines „Trial

Abb. 1.2 Eisberg-Modell der Unternehmenskultur. (In Anlehnung an Sackmann 2002) (Eigene Darstellung)

& Error"-Prozesses verstanden werden. Wie bereits angesprochen, sehen sich Organisationen mit zwei grundlegenden Aufgaben konfrontiert: Sie müssen, um zu „überleben", auf externe Anforderungen angemessen reagieren (z. B. sich auf neue Wettbewerber einstellen), gleichzeitig aber auch den internen Gruppenzusammenhalt sicherstellen. Ist die Organisation nicht in der Lage, diesen Anforderungen gerecht zu werden, funktioniert sie sub-optimal oder scheitert auf lange Sicht gänzlich.

Im Laufe der Zeit entwickeln Organisationen Ansätze, um mit diesen Herausforderungen fertigzuwerden. Es werden Hypothesen darüber aufgestellt, wie bestimmte Themen bearbeitet werden sollen, beziehungsweise welche Regeln für den internen Zusammenhalt nützlich sind. Hiervon müssen Mitglieder zunächst überzeugt werden. Erweist sich eine solche Hypothese wiederholt als „belastbar", wird die Hypothese zu einer „Standardlösung". Schein geht davon aus, dass sich aus diesem Prozess der „sozialen Validierung" – die Gruppe erkennt Lösungen als zielführend an – im Laufe der Zeit Normen und Werte sowie grundlegende Annahmen bilden. Dieser Entstehungsprozess verdeutlicht zwei Dinge:

Erstens, ist die Entstehung einer Kultur immer ein (langfristiger) Lernprozess. Um angemessen funktionieren zu können, bedarf es einer gewissen Stabilität der Kernelemente der Unternehmenskultur. Qualitätsstandards können nur auf einem hohen Niveau gehalten werden, wenn die Qualitätssicherung als Wert und Prozess auf entsprechendem Niveau praktiziert wird. Gleichzeitig braucht es genügend Flexibilität, um in anderen Bereichen auf neue Anforderungen aus dem Umfeld reagieren zu können. Auch wenn die Relevanz der Kundenorientierung über längere Zeiträume gleich bleibt, ändert sich doch die konkret-praktische Umsetzung von dem, was Kundenorientierung bedeutet.

Da Unternehmenskulturen einen Entwicklungsprozess darstellen, der bewusst oder unbewusst abläuft, heißt das auch, sie sind prinzipiell veränderbar, was noch nichts über die damit verbundenen Schwierigkeiten aussagt.

Zweitens hängt die Ausgestaltung der Kultur somit immer von den Mitgliedern einer Organisation ab. Dabei kommt den Gründern beziehungsweise der Gründergeneration ebenso wie starken Führungspersönlichkeiten eine besonders einflussreiche Rolle zu. Gerade in der Frühphase einer Organisation bestehen noch wenige „getestete" Normen, Werte und Annahmen. Entsprechend frei sind Mitglieder mit einer ausreichenden Überzeugungskraft, andere Mitglieder der Organisation von der Tauglichkeit bestimmter Werte zu überzeugen. Kultur entsteht also durch Überzeugung, soziale Interaktion und die soziale Validierung erfolgreicher Konzepte und Ideen. Grundsätzlich lässt sich die soziopsychologische Dynamik, die bei Gruppenbildungsprozessen zu beobachten ist, auf die Entwicklung von Organisationen übertragen (Schein 2004, S. 7).

Nachdem wir nun geklärt haben, wie Organisations- beziehungsweise Unternehmenskultur definiert werden kann, welche Analyseebenen der Kultur existieren und wie der Entwicklungsprozess einer Unternehmenskultur abläuft, bleibt zu klären, wieso Unternehmenskultur eine so grundlegende Bedeutung für das Funktionieren von Organisationen hat.

Eine erste Antwort wurde bereits weiter oben gegeben: Unternehmenskultur unterstützt eine Organisation dabei, die Aufgabe der externen Anpassung und der internen Integration zu meistern. Diese abstrakte Antwort lässt sich jedoch weiter konkretisieren, indem man die unterschiedlichen Funktionen der Unternehmenskultur voneinander abgrenzt. In der Literatur werden folgende Funktionen vorgeschlagen (vgl. Baetge et al. 2007 sowie Homma und Bauschke 2010):

▶ **Übersicht der Funktionen der Unternehmenskultur**
1. **Sensibilisierungsfunktion:** Gewährleistet, dass die Organisation wichtige Entwicklungen, Trends und Veränderungen im Umfeld wahrnimmt und in interne Prozesse integriert.
2. **Abgrenzungsfunktion:** Während die gemeinsamen Werte nach innen einheitsstiftend wirken, ermöglichen sie den Mitgliedern eine (externe) Abgrenzung gegenüber anderen Unternehmen und Organisationen.
3. **Identifikationsfunktion:** Die Werte und Annahmen der Unternehmenskultur werden von den Mitgliedern geteilt und wirken dadurch motivierend und sinnstiftend.
4. **Orientierungsfunktion:** Unternehmenskultur wirkt nicht nur einheitsstiftend, sondern ebenso als innerer Kompass einer Organisation für ihre Mitglieder, an dem sie ihr Verhalten und ihre Entscheidungen ausrichten können.
5. **Steuerungsfunktion:** Aus Sicht des Managements unterstützt die Unternehmenskultur die Erfüllung von Aufgaben und reduziert das Potenzial für abweichendes Verhalten in Unternehmen.
6. **Stabilisierungsfunktion:** Unternehmenskultur unterstützt den inneren Zusammenhalt der Organisation und vermittelt ein gewisses Maß an Berechenbarkeit und Kontinuität.

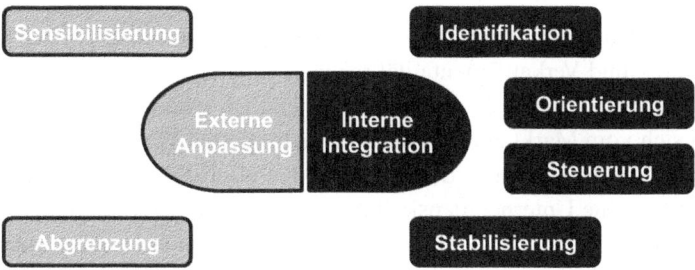

Abb. 1.3 Funktionen der Unternehmenskultur. (Urheberrecht beim Autor)

Während die ersten beiden Funktionen dabei stärker auf die Aufgabe der externen Anpassung abzielen, unterstützen die weiteren vier Funktionen primär die Integration innerhalb der Organisation.

Bei der Unternehmenskultur geht es nicht um die Frage „gut" oder „schlecht". Es zählt einzig und allein, ob die Kultur im Wesentlichen die Zielsetzungen des Unternehmens unterstützt und dabei genügend Flexibilität sowohl nach außen als auch nach innen besitzt, um auf relevante Veränderungen reagieren zu können. Und schließlich ist eine Unternehmenskultur dann funktional, wenn sie in hohem Maß kompatibel ist mit den Werten und Zielvorstellungen der Beschäftigten (Abb. 1.3).

Mit anderen Worten: Eine Unternehmenskultur kann dann als effektiv bezeichnet werden, wenn sie eine Organisation bei der Bewältigung ihrer Kernaufgaben unterstützt.

▶ Eine effektive Unternehmenskultur unterstützt die Organisation bei der Bewältigung ihrer Kernaufgaben.

Das bedeutet aber auch: Die Bewertung einer bestimmten Kultur kann nur im Kontext des Unternehmens und seiner Aufgaben erfolgen. Einfacher gesagt: Die „eine" gute oder richtige Unternehmenskultur kann es nicht geben. Vielmehr muss die Ausprägung der Kultur den jeweiligen internen und externen Anforderungen entsprechen. Aus dieser Perspektive wird auch deutlich, wieso eine starke Kultur, im Sinne einer besonders deutlichen Ausprägung bestimmter Werte und Annahmen, nicht mit einer effektiven Kultur gleichzusetzen ist. Wenn diese starke Kultur etwa nicht in der Lage ist, die Organisation bei der Erfüllung ihrer Aufgaben zu unterstützen, wird die Stärke zum Wettbewerbsnachteil.

Ein typisches Beispiel dafür war IBM in den 80er-Jahren. Das Unternehmen hatte über Jahre zu einseitig auf die Entwicklung und Vermarktung des sogenannten „Main Frame Computers" gesetzt und die Entwicklung auf dem Computermarkt, namentlich das Aufkommen des Personal Computers (PC), verschlafen. Offensichtlich gab es nicht genügend Sensibilität im Unternehmen, die die Marktsignale aufnehmen und intern einen Strategiewechsel bewirken konnte.

Welche gravierenden Folgen die mangelnde Anpassungsfähigkeit einer „starken" Unternehmenskultur haben kann, verdeutlicht das Beispiel von Wal-Mart. Dessen typische Unternehmenskultur umfasste Motivationssitzungen der Mitarbeiter, Group-Sing,

eine ausgeprägte Kundenorientierung – also alle Kennzeichen einer typisch US-amerikanischen Einkaufs- und Verkaufsmentalität (selbst manchen Amerikanern war der aggressive Verkaufs- und Betreuungsstil zuwider). Letztendlich scheiterte Wal-Mart in Deutschland und zog sich vom Markt zurück, weil die praktizierten Wal-Mart-Werte und Verhaltensweisen nicht den Erwartungen der deutschen Kundschaft entsprachen (Senge 2004).

Natürlich muss eine Unternehmenskultur „stark" sein, um Wirkung zu entfalten. Eine
Unternehmenskultur muss vor allem flexibel genug sein, um sich an veränderte Anforderungen anpassen zu können.

Die Kernsubstanz einer Unternehmenskultur strahlt auf alle Unternehmensbereiche
aus. Doch erst wenn man die Zusammenhänge zwischen einer konkreten Unternehmenskultur und ihren praktischen Auswirkungen in unterschiedlichen Tätigkeitsfeldern verdeutlicht, wird ersichtlich, welchen essenziellen Beitrag die Unternehmenskultur zum
Erfolg (oder Misserfolg) einer Organisation leistet.

1.4 Kapitelübersicht

In den folgenden Kapiteln wollen wir uns sowohl mit der Bedeutung der Unternehmenskultur für die klassischen Bereiche der Unternehmensführung als auch für ausgesuchte
„aktuelle" Themenfelder auseinandersetzen. Die Kap. 2 bis 4 entwickeln den konzeptionellen Rahmen für die nachfolgenden Kapitel.

Kapitel 2	Wir beginnen im zweiten Kapitel zunächst mit der Betrachtung des Zusam-menhangs zwischen Unternehmenskultur und **Unternehmenserfolg**. Der Grundgedanke dieses Zusammenhangs wurde bereits weiter oben beschrie-ben: Unternehmenskultur unterstützt über die genannten Funktionen eine Organisation bei der Bewältigung der grundlegenden Aufgaben der externen Anpassung und der internen Integration. Das Kapitel beschäftigt sich unter Berücksichtigung der Forschungsergebnisse zu diesem Zusammenhang mit den Messproblemen und Messansätzen sowie den wesentlichen Ergebnissen.
Kapitel 3	Im dritten Kapitel werden aktuelle **Anforderungen** an die Unternehmens-kultur dargestellt. Unternehmen sind in einen gesellschaftlichen und wirt-schaftlichen Kontext eingebettet, der direkt oder indirekt die Art und Weise, wie in Unternehmen gedacht, kommuniziert, entschieden und gehandelt wird, beeinflusst. Welche Einwirkungen dies sind und welche Konsequenzen dies für die Unternehmen(skulturen) hat, wird in diesem Kapitel thematisiert.
Kapitel 4	Dieses Kapitel setzt sich mit der Frage der Unternehmenskultur und den Mög-lichkeiten ihrer **Veränderung** auseinander. Um als Organisation erfolgreich operieren zu können, bedarf es der Sensibilität und Flexibilität bezüglich wichtiger Veränderungen, sei es im Umfeld oder auch in den Erwartungen und Ansprüchen seitens der Mitarbeiter. Sind Unternehmenskulturen

überhaupt veränderbar und wenn ja, wie müsste dieser Veränderungsprozess gestaltet sein, um Aussicht auf Erfolg zu haben?

Die verbleibenden Kap. 5 bis 13 wenden sich klassischen Themen der Management- und Unternehmensführungsliteratur zu.

Kapitel 5	Dieses Kapitel befasst sich zunächst mit dem Zusammenhang zwischen Unternehmenskultur und **Strategie.** Hierbei soll insbesondere dargestellt werden, welche Bedeutung die Unternehmenskultur für den Strategieentwicklungs- und Implementationsprozess haben kann.
Kapitel 6	Das sechste Kapitel diskutiert Unternehmenskultur und **Führungskräfte:** Sie besitzen maßgeblichen Einfluss auf die Entwicklung und Veränderung der Unternehmenskultur. Zwar beschäftigen sich zahlreiche Beiträge mit der Beziehung zwischen Unternehmenskultur und Führung, wobei sie primär auf das Obere Management abzielen. Dieses Kapitel widmet sich ergänzend der Rolle der mittleren Führungskräfte, der Bedeutung der Unternehmenskultur als Instrument der Mitarbeiterführung sowie der Rolle von Führungskräften in der Kulturveränderung.
Kapitel 7	Dieses Kapitel widmet sich dem Zusammenhang zwischen Unternehmenskultur und **Leistungsbereitschaft:** insbesondere wird der Einfluss der Unternehmenskultur auf die Leistungsbereitschaft und darüber hinaus auf die Motivation der Organisationsmitglieder diskutiert.
Kapitel 8	Unternehmenskultur und **Personalentwicklung** behandelt das achte Kapitel: Unter der Maßgabe, dass die Entwicklung einer Unternehmenskultur einen Change-Prozess, – genauer gesagt – einen Organisationsentwicklungsprozess darstellt, wird deutlich, in welch engem Zusammenhang Personalentwicklung und Kulturentwicklung stehen. Wie dieses Zusammenspiel gestaltet werden könnte, steht im Mittelpunkt dieses Kapitels.
Kapitel 9	Unternehmenskultur und **Gesundheit:** Dieses Kapitel befasst sich mit dem Zusammenhang zwischen Unternehmenskultur und den psychosozialen Stressoren am Arbeitsplatz.. Insbesondere wird der Frage nachgegangen, was die Ursachen für psychosoziale Gesundheitsrisiken sind und wie ihnen wirkungsvoll begegnet werden kann.
Kapitel 10	Das zehnte Kapitel beschäftigt sich mit der Bedeutung der Unternehmenskultur für **Mergers & Acquisitions:** Zahlreiche Studien belegen die immense Bedeutung, die Besonderheiten der Unternehmenskultur(en) speziell im Fall von **Mergers & Acquisitions** (M&A) besitzen. Unternehmenskulturen in ihrer unterschiedlichen Ausprägung können zum entscheidenden Erfolgs- oder Misserfolgsfaktor bei M&A-Projekten werden.
Kapitel 11	Dieses Kapitel thematisiert den Zusammenhang zwischen Unternehmenskultur und Fragen der **Corporate Governance**, der **Unternehmensethik** (Corporate Social Responsibility) und der **Nachhaltigkeit**. Dabei steht

insbesondere das Spannungsverhältnis zwischen den geltenden und gelebten Regeln in diesen Bereichen und der Bedeutung der Unternehmenskultur für die Regelbefolgung durch die Organisation im Vordergrund.

Kapitel 12   **Unternehmenskultur und Cross-Cultural Management**: Global agierende Unternehmen stehen vor der Herausforderung, Mitarbeiter unterschiedlichster Herkunft und Prägung zu funktionierenden Teams zusammenzuführen. Die Kooperation über kulturelle Grenzen hinweg stellt auch Unternehmenskulturen vor neue Herausforderungen. Wie man diesen begegnen kann, wird in diesem Abschnitt erläutert.

Kapitel 13   Unternehmenskultur und **(Gender)Diversity**: Die Quotendiskussion hat das Thema Diversity und insbesondere Gender Diversity einer breiteren Öffentlichkeit „zugänglich" gemacht. In diesem Abschnitt wird insbesondere dargestellt, wie eine Kultur der Vielfalt geschaffen werden kann und welche Erfolgsfaktoren ausschlaggebend sind für die Entwicklung einer geschlechtergerechten Unternehmenskultur.

Literatur

Baetge, J., Schewe, G., Schulz, R., & Solmecke, H. (2007). Unternehmenskultur und Unternehmenserfolg: Stand der empirischen Forschung und Konsequenzen für die Entwicklung eines Messkonzeptes. *Journal für Betriebswirtschaft, 57*, 183–219.

Bund, K., Heuser, U., & Kunze, A. (2013). Wollen die auch arbeiten? http://www.zeit.de/2013/11/Generation-Y-Arbeitswelt. Zugegriffen: 31. Mai 2014.

Homma, N., & Bauschke, R. (2010). *Unternehmenskultur und Führung: Den Wandel gestalten – Methoden, Prozesse Tools.* Wiesbaden: Gabler.

Rosa, H. (2013). *Beschleunigung und Entfremdung.* Frankfurt a. M.: Suhrkamp.

Sackmann, Sonja A. (2002). *Unternehmenskultur. Erkennen, entwickeln, verändern.* Neuwied, Kriftel: Luchterhand.

Sackmann, S. (2004). *Erfolgsfaktor Unternehmenskultur.* Wiesbaden: Gabler.

Sackmann, S. (2006a). *Assessment, evaluation improvement: Success through corporate culture.* Gütersloh: Verlag Bertelsmann Stiftung.

Sackmann, S. (2006b). *Success factor: Corporate culture.* Gütersloh: Bertelsmann.

Schein, E. H. (2004). *Organizational culture and leadership.* San Francisco: Jossey Bass.

Senge, K. (2004). *Der Fall Wal-Mart: Institutionelle Grenzen der Globalisierung, Arbeitspapier Nr. 4, Wirtschafts-und Sozialwissenschaftliche Fakultät.* Dortmund: Universität Dortmund.

Trice, H. M., & Beyer, J. M. (1993). *The cultures of work organisations.* Englewood Cliffs: Prentice Hall.

Unternehmenskultur und Unternehmenserfolg

2

Rafael Bauschke

Zusammenfassung

In diesem Kapitel erfahren Sie,

- inwiefern ein Zusammenhang zwischen Unternehmenskultur und Unternehmenserfolg besteht;
- welche Ergebnisse zentrale Studien hervorgebracht haben;
- welche Herausforderungen es bei der Untersuchung dieses Zusammenhangs gibt;
- wie der Zusammenhang theoretisch erklärt werden kann.

2.1 Erfolgsfaktor Unternehmenskultur?

Auf die Frage, was ein Unternehmen erfolgreich macht, gibt es viele (richtige) Antworten, denn schließlich lässt sich der Erfolg eines Unternehmens selten durch einzelne Faktoren erklären.[1] Zweifellos spielen Innovationskraft, Führung oder die Qualifikation der Mitarbeiter eine Rolle. Gerade bei (wirtschaftlich) sehr erfolgreichen Unternehmen wird jedoch neben diesen klassischen Faktoren ein weiterer Faktor als wesentlich angesehen.

Betrachten wir Amazon, eines der – zumindest was seinen Geschäftserfolg angeht – weltweit erfolgreichsten Unternehmen. Amazon hat E-Commerce nicht erfunden aber perfektioniert. Natürlich sind hierfür technische Voraussetzungen von immenser Bedeutung. Doch letztlich stehen diese technischen Möglichkeiten auch anderen weit weniger erfolgreichen Unternehmen – wenn auch unter Umständen zu höheren Kosten – zur Verfügung.

---

[1] Soweit im Folgenden personenbezogene Bezeichnungen nur in männlicher Form angeführt sind, beziehen sie sich auf Frauen und Männer in gleicher Weise.

© Springer Fachmedien Wiesbaden 2014
N. Homma et al., *Einführung Unternehmenskultur,*
DOI 10.1007/978-3-658-02411-6_2

Glaubt man dem Gründer Jeff Bezos, dann ist für den Erfolg von Amazon ein einfaches Prinzip verantwortlich: „Zuerst kommt der Kunde."

Natürlich haben eine Persönlichkeit wie Bezos und sein unermüdliches Einfordern beziehungsweise sein individueller Führungsstil eine große Bedeutung, aber daran alleine kann es nicht liegen. Denn ein weltweit aktiver Konzern wird nicht durch eine Führungspersönlichkeit allein gesteuert. Schließlich kann ein Gründer nicht ständig überall sein. Viel entscheidender ist: Das oben genannte Prinzip ist in der Organisation so verankert, dass es „von alleine" wirkt. Hier können wir an die in Kap. 1 begonnene Diskussion der Unternehmenskultur anknüpfen. Unternehmenskultur definiert sich (unter anderem) über die Normen und Werte, die auf die Mitglieder der Organisation und ihr Verhalten wirken. Betrachtet man den von Amazon „gelebten" Wert der Kundenorientierung als einen wichtigen Faktor für den Unternehmenserfolg, spricht einiges für den Zusammenhang zwischen Unternehmenskultur und Unternehmenserfolg.

▶   Unternehmenskultur wirkt auf das Verhalten der Mitglieder einer Organisation,
          folglich kann sie auch auf den Erfolg einer Organisation wirken.

Ein weiteres Beispiel ist Apple. Für viele Beobachter ist der Erfolg des Unternehmens eng mit dem Gründer Steve Jobs verbunden. Doch auch nach seinem Tod hat Apple seinen Ruf als ein innovatives und einzigartiges Unternehmens verteidigen können und gilt immer noch als eine der wertvollsten Marken der Welt. Auch im Fall Apple wird regelmäßig auf eine spezifische Unternehmenskultur verwiesen.

Die beiden Beispiele Apple und Amazon zeigen: Neben den „offensichtlichen" beziehungsweise in der betriebswirtschaftlichen Literatur definierten Erfolgsfaktoren scheinen also auch weniger offensichtliche Aspekte einen Einfluss auf den Unternehmenserfolg zu haben. Konkreter ausgedrückt: Auch Unternehmenskultur spielt für den Unternehmenserfolg eine Rolle.

Unternehmenskultur hat einen Einfluss auf das Verhalten von Organisationen und Individuen. Dass der Erfolg eines Unternehmens zu einem Großteil vom Verhalten und Handeln seiner Mitglieder abhängt, leuchtet ein, und jeder Praktiker wird dieser Argumentation zustimmen.

Auch die (praktisch orientierte) Managementliteratur hebt die Bedeutung der Unternehmenskultur als Wettbewerbsvorteil hervor. Peter Drucker, einer der prominentesten Managementvordenker, wird etwa mit dem Satz zitiert: „Unternehmenskultur frisst die Strategie zum Frühstück." Soweit so gut. Doch inwiefern lässt sich der Zusammenhang zwischen Unternehmenskultur und Unternehmenserfolg theoretisch erklären? Bestätigt die Forschung diesen Zusammenhang beziehungsweise lässt sich die Perspektive der Praktiker „Unternehmenskultur wirkt auf Unternehmenserfolg" auch empirisch belegen? Und: welche Herausforderungen ergeben sich bei der Untersuchung des Zusammenhangs?

Diese Fragen werden in diesem Kapitel adressiert. Wir beginnen zunächst mit dem theoretischen Zusammenhang zwischen Unternehmenskultur und Unternehmenserfolg. Im Anschluss wird anhand ausgewählter Studien die bisherige Forschung zum Zusammenhang zwischen Unternehmenskultur und Unternehmenserfolg beleuchtet. Dabei wird auch zu klären sein, welche Herausforderungen es bei der Untersuchung der Unternehmenskultur gibt.

2.2 Wie wirkt sich Unternehmenskultur auf den Unternehmenserfolg aus?

Warum macht Unternehmenskultur einen Unterschied für den Erfolg eines Unternehmens? Für die Beantwortung dieser Frage können wir die in Kap. 1 eingeführten Überlegungen zu Organisationen und den Funktionen der Unternehmenskultur aufgreifen. Organisationen müssen zwei grundlegende Funktionen erfüllen: **externe Anpassung** und **interne Integration**. Die Unternehmenskultur unterstützt eine Organisation dabei.

> ► Unternehmenskultur unterstützt eine Organisation bei der Erfüllung grundlegender Funktionen.

Das „kann" Unternehmenskultur dadurch, dass sie für das einzelne Mitglied der Organisation eine Bedeutung hat. Aus Sicht der Organisation gibt Unternehmenskultur Werte und Normen vor, die das Verhalten der Mitarbeiter beeinflussen. Konkretes, an den Normen und Werten ausgerichtetes Verhalten hat natürlich Konsequenzen für die Zielerreichung und den Erfolg beziehungsweise Misserfolg eines Unternehmens. Doch wieso sollten die Organisationsmitglieder sich „freiwillig" an Normen und Werten orientieren? Wäre es nicht einfacher und besser für den Einzelnen – und auch die Organisation –, wenn man völlig frei handeln könnte? Die Antwort ist: Offensichtlich betrachten Mitarbeiter die Unternehmenskultur als eine Bereicherung beziehungsweise Unterstützung. Beispielsweise, weil sie die Koordinierung mit anderen Organisationsmitgliedern erleichtert. Doch wie genau kann die Unternehmenskultur hilfreich sein?

In Kap. 1 wurde dargestellt, dass Unternehmenskultur funktional betrachtet werden kann. Diese Funktionen können erklären, wieso die „Einschränkung" Unternehmenskultur einen Vorteil für das einzelne Organisationsmitglied darstellt.

Die **Sensibilisierungsfunktion** hilft einer Organisation und den Mitgliedern dabei, Veränderungen und Trends im Organisationsumfeld wahrzunehmen. Somit wird das Risiko reduziert, wichtige Entwicklungen zu „verschlafen".

Die **Integrations- und Identifikationsfunktion** hilft uns dabei, sich als Teil eines Ganzen zu fühlen. Als Mitglied einer Gruppe, die gemeinsam auf ein Ziel hinarbeitet, z. B. den besten Kundenservice oder absolute Zuverlässigkeit. Wenn wir mit anderen Werte und Ziele teilen, können wir darauf vertrauen, dass wir alle (zumindest im Kern) dasselbe wollen.

Ähnliches gilt auch für die **Abgrenzungsfunktion**. Unternehmenskultur hilft uns dabei, klarzustellen, wie wir als Gruppe eben nicht sein wollen, aber auch was wir als Organisation anders machen wollen (z. B. „Wir wollen die Besten sein, während Firma A sich mit weniger zufrieden gibt").

Die **Orientierungsfunktion** reduziert für den Einzelnen in erster Linie den Arbeits- und Entscheidungsaufwand. Wenn ich weiß, welche Entscheidungen durch die Organi-

sation akzeptiert werden, beziehungsweise wie ich in einer Organisation Themen voran-
bringen muss, dann kann ich schneller handeln und agieren.

Erfolgreiches Handeln einer Organisation hängt schließlich auch davon ab, ob alle Beteiligten auf das gleiche Ziel hinarbeiten. Gerade aus Sicht der Unternehmensführung leistet die Unternehmenskultur hier eine wichtige **Steuerungsfunktion**. Entsprechende Werte
und Normen unterstützen die Zielerreichung, da alle Mitglieder der Organisation wissen,
was erreicht werden soll. Das Risiko für das Abweichen von den definierten Zielen wird
damit reduziert.

Schließlich trägt die Unternehmenskultur auch über ihre **Stabilisierungsfunktion**
zum Unternehmenserfolg bei. Sie stabilisiert die Zusammenarbeit zwischen den einzelnen Mitgliedern, die sich darauf verlassen können, dass auch die anderen Mitglieder der
Organisation nach denselben Werten und Normen entscheiden, die auch ihrem Verhalten
zugrundeliegen.

Durch die „Bereitstellung" dieser Funktionen unterstützt die Unternehmenskultur eine
Organisation bei der erfolgreichen Umsetzung der zentralen Aufgaben. Dies setzt natürlich
voraus, dass die Unternehmenskultur tatsächlich auch Prägekraft entfaltet. Anders ausgedrückt: Nur wenn die Unternehmenskultur gelebt wird, wird sie die hier beschriebene
Wirkung auf eine Organisation haben können.

▶   Nur wenn Unternehmenskultur gelebt wird, d. h. auch für das tägliche Verhalten
        eine Rolle spielt, kann sie unterstützend wirken.

2.3   Fördert Unternehmenskultur Erfolg? – ein Blick auf die Forschung

Unternehmenskultur per se ist, wie in Kap. 1 bereits ausgeführt, keineswegs ein neues
Forschungsthema. Beschränkt man sich auf Studien, die sich explizit dem Zusammenhang
zwischen Unternehmenskultur und Unternehmenserfolg widmen, nimmt die Anzahl der
Untersuchungen zwar ab, ist jedoch nach wie vor umfangreich. Seit den ersten Anfän-
gen des Forschungsbereichs in den 1980er-Jahren sind eine Vielzahl von qualitativen und
quantitativen Studien entstanden.

An dieser Stelle wird nicht der Anspruch erhoben, eine komplette Übersicht über die
Forschungslandschaft zu bieten. Vielmehr sollen exemplarisch einige prominente Studien,
die sich explizit mit dem Zusammenhang zwischen Unternehmenskultur und Unternehmenserfolg auseinandersetzen, im Hinblick auf ihre Zielsetzung, Definition der Kernbe-
griffe, methodische Herangehensweise und ihre Ergebnisse dargestellt werden.[2]

---

[2] Diese Übersicht konzentriert sich auf Studien, die eine starke Rezeption in der Forschung erfahren
haben. Ebenso wurden Studien ausgeklammert, die lediglich auf Einzelfällen beruhen. Für eine
Übersicht über den Forschungsstand zum Thema Unternehmenskultur siehe Sackmann (2006) und
Baetge et al. (2007).

Das Ziel hierbei ist keine detaillierte Auseinandersetzung, sondern ein erster Zugang zu diesem Forschungsfeld.[3] Wir beginnen mit der Studie „In Search of Excellence" von Peters und Waterman (1982), die wohl zu Recht als die Studie gelten kann, die die Aufmerksamkeit erstmals auf das Thema Unternehmenskultur gelenkt hat. Danach werden die Studien von Denison (1984), Kotter und Heskett (1992) sowie Gordon und DiTomaso (1992) vorgestellt. Im Anschluss an diesen Überblick werden wir uns dann mit den Herausforderungen der Untersuchung des Zusammenhangs zwischen Unternehmenskultur und Unternehmenserfolg auseinandersetzen.

2.3.1   Peters und Waterman „In Search of Excellence" (1982)

Der Studie „In Search of Excellence" von Peters und Waterman kommt in zweifachem Sinne eine besondere Bedeutung zu. Erstens schafften es die Autoren mit ihrer Untersuchung eine der bis dato am weitesten verbreiteten und rezipierten Managementstudien vorzulegen. Zweitens – und für das hier behandelte Thema noch wichtiger – heben die Autoren die Bedeutung weicher Faktoren für den Erfolg von Unternehmen hervor, zu denen eben auch die Unternehmenskultur gezählt werden kann. Die Leitfrage ihrer Untersuchung ist, was Unternehmen exzellent macht.

Ausgangspunkt ist das von der Unternehmensberatung McKinsey entwickelte 7-S-Modell. Demnach sind sieben Faktoren für den Erfolg beziehungsweise die Exzellenz einer Organisation entscheidend: die „harten" Faktoren „Struktur" und „Strategie" und die weichen Faktoren „Systeme", „gemeinsame Werte" (im Original: Shared Values), „Fähigkeiten" (Skills), „Personal" (Staff) und „Stil"[4].

Peters und Waterman analysierten für die Jahre 1961 bis 1980 amerikanische Unternehmen aus sechs verschiedenen Industriezweigen. Die Auswahl dieser Firmen erfolgte in einem mehrstufigen Prozess. Eine erste Auswahl von 75 Firmen erfolgte zunächst aufgrund von Experteneinschätzungen. In einem zweiten Schritt legten die Autoren folgende Auswahlkriterien an.

1. Das Unternehmen wies über einen Zeitraum von 20 Jahren Wachstum auf.[5]
2. Im Untersuchungszeitraum befand sich das Unternehmen in einem guten wirtschaftlichen Zustand.
3. Das jeweilige Unternehmen hatte in der Vergangenheit erfolgreich Innovationen beziehungsweise neue Produkte und Dienstleistungen eingeführt.
4. Das Unternehmen wies die Fähigkeit zu schnellen Reaktionen auf Umwelt- und Marktveränderung auf.

---

[3] Der Beitrag von Sackmann (2006) bietet zusätzlich eine fundierte Diskussion der verschiedenen Konzepte und Instrumente zur Messung von Unternehmenskultur.

[4] Stil beinhaltet hierbei letztlich Aspekte der Unternehmenskultur.

[5] Hierbei wurden zentrale Kennzahlen, z. B. der kumulierte Vermögenszuwachs, zur Operationalisierung herangezogen.

Basierend auf diesen Kriterien reduzierten die Autoren die Auswahl auf insgesamt 43 Unternehmen, die einer qualitativen Untersuchung unterzogen wurden.

Im Ergebnis identifizieren die Autoren nun insgesamt acht Prinzipien, die sie als Erklärungsfaktoren für die Exzellenz der untersuchten Unternehmen betrachteten.

1. Primat des Handelns: Unternehmen stellen aktives Handeln in den Vordergrund.
2. Nähe zum Kunden: Unternehmen richten sich aktiv an den Bedürfnissen der Kunden aus.
3. Freiraum für Unternehmertum: Förderung der Innovation durch Freiräume für Mitarbeiter.
4. Produktivität durch Menschen: Mitarbeiter werden als Motor des Unternehmenserfolgs gesehen.
5. Sichtbar gelebtes Wertesystem: Was gesagt wird, wird auch getan.
6. Bindung an das angestammte Geschäft: Unternehmen sollten nur in dem Geschäft aktiv sein, das sie verstehen.
7. Einfacher, flexibler Aufbau: Organisationen müssen handlungsfähig sein, überbordende Verwaltungsorganisationen müssen verhindert werden.
8. Straff-lockere Unternehmensführung: Klare Orientierung durch Führung, aber wenig Kontrolle.

Ein Blick auf die acht Prinzipien verdeutlicht die Relevanz der Untersuchung für den in diesem Kapitel behandelten Zusammenhang zwischen Unternehmenskultur und Unternehmenserfolg. Fast jedes der acht Kriterien bezieht sich auf Normen und Werte, die das Verhalten der Organisationsmitglieder beeinflussen. Somit liefert die Studie einen ersten Hinweis auf den Zusammenhang zwischen Kultur und Erfolg, der als Grundlage der weiteren Forschung immer wieder herangezogen wurde. Es sollte jedoch nicht unerwähnt bleiben, dass sie trotz oder gerade aufgrund dieser Popularität immer wieder fundamentale Kritik hervorgerufen hat, die sich insbesondere auf die mangelnde Wissenschaftlichkeit und Repräsentativität bezog.

Einer der Hauptvorwürfe ist dabei, dass nur erfolgreiche Unternehmen, ohne entsprechende Kontrollgruppe untersucht wurden. Auf die „Exzellenz" von Unternehmen zu schließen, indem man nur erfolgreiche Unternehmen betrachtet, ist für belastbare Aussagen nur bedingt geeignet. Als ein weiterer Kritikpunkt wird außerdem immer wieder angebracht, dass viele der vermeintlich „großartigen" Unternehmen nach dem Untersuchungszeitraum weit weniger erfolgreich waren.

2.3.2 Daniel Denison „Bringing Corporate Culture to the Bottom Line" (1984)

Daniel Denison verwies bereits zu Anfang seiner im Jahr 1984 erschienenen Studie „Bringing Corporate Culture to the Bottom Line" auf die Tatsache, dass Unternehmenskultur zwar oft als Erklärung für den Erfolg beziehungsweise bessere Ergebnisse gegenüber vergleichbaren Firmen herangezogen wird, jedoch für diese Aussage keine solide, quantitative Erklärungsgrundlage existiert.

Ausgehend von dieser Forschungslücke schlägt Denison zunächst die Erhebung der Unternehmenskultur über einen Fragebogen vor. Der Vorteil dieses Verfahrens besteht aus seiner Sicht in der prinzipiellen Anwendbarkeit des Fragebogens auf unterschiedliche Fälle. Seine Umfrage zielt dabei auf Werte und Einstellungen ab, die für ihn Ausdruck einer bestimmten Unternehmenskultur darstellen.

Seine Analyse basierte auf einem sogenannten „Survey of Organizations". Eine Datenbank mit einem 125 Fragen beziehungsweise Items umfassenden standardisierten Fragebogen, aus der Denison insgesamt 22 Indizes bildet. Jeder dieser aus mehreren Items bestehenden Indizes bildet hierbei einen Teilaspekt der Unternehmenskultur ab.

Zur Messung des Unternehmenserfolgs beziehungsweise der unternehmerischen Effektivität wurden finanzielle Kennzahlen – zum einen die Kapitalrendite (ROI), zum anderen die Umsatzrendite (ROS) – herangezogen. Diese Beschränkung wurde letztlich damit begründet, dass diese Kennzahlen Unternehmenserfolg im Sinne einer effektiven Gewinnerzielung sinnvoll abbilden. In der Untersuchung wurden die ausgewählten Kennzahlen über einen Zeitraum von fünf Jahren erhoben.

Für seine Untersuchung zog Denison insgesamt Antworten von 43.347 Personen (beziehungsweise 6671 Arbeitsgruppen) in 34 verschiedenen Unternehmen und als Indikatoren für den Unternehmenserfolg die beiden oben genannten finanziellen Kennzahlen heran.

Die eigentliche Analyse erfolgte in Form einer Korrelation. Zur Prüfung des Zusammenhangs zwischen Unternehmenskultur und Unternehmenserfolg stellt die Studie zwei Untersuchungsgruppen gegenüber: Denison verglich die laut Fragebogen kulturell schwach ausgeprägte Gruppe mit der stark ausgeprägten Gruppe im Hinblick auf die Entwicklung der finanziellen Indikatoren über einen Zeitraum von fünf Jahren. Dabei betrachtet Denison zwei unterschiedliche Teilaspekte der Unternehmenskultur: Arbeitsorganisation und Entscheidungsprozesse.

Die Ergebnisse der Untersuchung zeigten, dass beide Aspekte der Unternehmenskultur einen Einfluss auf die den Unternehmenserfolg messenden Indikatoren haben. Die auf den beiden Skalen als überdurchschnittlich eingestuften Unternehmen wiesen gegenüber der unterdurchschnittlichen Vergleichsgruppe über den betrachteten Zeitraum überwiegend deutlich höhere Werte bei Kapitalrendite und Umsatzrendite auf. Im Ergebnis schließt Denison aus dem beobachteten Zusammenhang, dass weiche Faktoren durchaus harte Konsequenzen haben können.

Doch wie erklärte Denison diesen Zusammenhang? Letztlich decken sich die Erklärungsmuster mit denen zuvor skizzierten Funktionen der Kultur. Ein Unternehmen, das über eine „gute" Arbeitsorganisation verfügt, hat klar definierte Organisationsziele und die Fähigkeit, seine Arbeitsweisen schnell an sich ändernde Herausforderungen anzupassen. Aufgrund dieser besseren Reaktionsfähigkeit können auch Änderungen und externe Schocks schneller verarbeitet werden.

Im Hinblick auf Entscheidungsprozesse argumentiert Denison, dass eine stärkere Partizipation, die sich durch Einbeziehung verschiedener Ebenen und Akteure auszeichnet, zu (im Sinne des Umsatzes) besseren Entscheidungen führt. Insbesondere könne davon ausgegangen werden, dass eine stärkere Einbindung der Organisationsmitglieder die Nachvollziehbarkeit und die Akzeptanz von Entscheidungen erhöht. Dies würde sich wiederum in entsprechend konsequenterer Verfolgung der mit der Entscheidung verbundenen Ziele niederschlagen.

Eine solche, von ihm als partizipativ beschriebene Unternehmenskultur wirkt sich verstärkend auf die Inklusion des Einzelnen, die Koordination der einzelnen Akteure, ein erweitertes Verantwortungsgefühl (nicht nur für den eigenen Verantwortungsbereich, sondern für die Organisation als Ganzes) und die Fähigkeit zu kollektiver Problemlösung aus.

Denison wies jedoch darauf hin, dass der gefundene positive Zusammenhang auch vom jeweiligen Unternehmenskontext abhängt. In einem stabilen Unternehmensumfeld sei denkbar, dass ein Unternehmen auch ohne eine entsprechende kulturelle Ausprägung erfolgreich wirtschaften kann. Dies verdeutlicht die Bedeutung des jeweiligen Kontexts für die Wirkungskraft bestimmter kultureller Merkmale. Unternehmen, so eine Interpretation der Ergebnisse von Denison, können auch ohne eine partizipative Kultur erfolgreich sein. Je höher jedoch der Anpassungsdruck und die Volatilität des Umfelds, desto höher wird die Bedeutung einer partizipativen Kultur, da diese die externe Anpassungsfähigkeit der Organisation erhöht.

Im Ergebnis liefert die Studie von Denison eine Bestätigung für den grundlegenden Zusammenhang zwischen Unternehmenskultur und Unternehmenserfolg. Allerdings betont Denison selbst, dass für belastbarere Aussagen eine noch umfangreichere Datenbasis notwendig sei.

2.3.3 Kotter und Heskett „Corporate Culture and Performance" (1992)

Mit der 1992 erschienenen Studie legten John P. Kotter und James L. Heskett neben der Arbeit von Peters und Waterman eine der am häufigsten zitierten Studien zum Zusammenhang zwischen Unternehmenskultur und Unternehmenserfolg vor.

Die Leitfragen der Studie waren, ob ein Zusammenhang zwischen Unternehmenskultur und langfristigem Unternehmenserfolg besteht, was diesen Zusammenhang ausmacht, und wie dieser Zusammenhang zu einer Steigerung des Unternehmenserfolgs „genutzt" werden kann.

Die beiden Autoren gingen dabei von einem zweistufigen Konzept der Unternehmenskultur aus, das sich aus geteilten Werten (Shared Values) und Verhaltensnormen (Group Behaviour Norms) zusammensetzt.

Für ihre eigentliche Untersuchung entwickelten Kotter und Heskett aufbauend auf einer Befragung von Experten einen Index der kulturellen Stärke.

Hierbei wurde jeweils das Topmanagement der in der Unternehmensstichprobe befindlichen Unternehmen um eine Einschätzung gebeten, wie stark das Entscheidungsverhalten von Managern durch die Unternehmenskultur geprägt wurde.

Interessanterweise wurde jedoch nicht nach der „Prägekraft" der Kultur im eigenen Unternehmen gefragt, sondern um eine Einschätzung anderer Firmen auf einer fünfstufigen Skala gebeten. Aus den Durchschnittswerten für jedes Unternehmen bildeten Kotter und Heskett dann den Index der kulturellen Stärke.

Definiert wurde eine starke Unternehmenskultur dadurch, dass bestimmte Werte von der Mehrheit der Mitarbeiter geteilt werden. Der (langfristige) Unternehmenserfolg wurde über den Durchschnittswert der Steigerung des Jahresüberschusses, der Gesamtkapitalrendite oder des Aktienkurses operationalisiert. Die beiden Indizes für die Unternehmenskultur und den Unternehmenserfolg wurden dann miteinander korreliert.

Datengrundlage der Untersuchung bildete ein Datensatz, der sich aus 600 Befragten aus 207 amerikanischen Unternehmen zusammensetzte. Welche Ergebnisse förderte die Untersuchung zutage?

Kotter und Heskett stellen dar, dass Unternehmen mit einer stärkeren Kultur über den mehrjährigen Untersuchungszeitraum ein deutlich höheres Umsatzwachstum (682 % versus 166 % bei kulturell schwächeren Unternehmen) und ein exorbitant höheres Gewinnwachstum auswiesen (756 % versus ein Prozent). Damit liefert die Studie weitere empirische Unterstützung für die These, dass Unternehmenskultur einen Unterschied macht.

2.3.4   Gordon und DiTomaso „Predicting Corporate Performance from Organizational Culture" (1992)

In der auch im Jahr 1992 erschienenen Studie „Predicting Corporate Performance from Organizational Culture" steht die Frage nach der Stärke der Unternehmenskultur im Vordergrund. Gordon und DiTomaso gehen grundsätzlich davon aus, dass sich eine starke Kultur im Sinne einer hohen internen Geschlossenheit positiv auf das Geschäftsergebnis auswirke. Damit adressiert die Studie die in diesem Kapitel bereits eingeführte Integrations- und Orientierungsfunktion der Unternehmenskultur.

Diese Vermutung wird über drei Thesen konkretisiert.

1. Je stärker eine Unternehmens- beziehungsweise Organisationskultur ausgeprägt ist, desto höher der unternehmerische Erfolg.
2. Je stärker eine Kultur auf Adaptabilität ausgerichtet ist, umso höher wird der unternehmerische Erfolg sein.
3. Je stärker eine Kultur auf Stabilität ausgerichtet ist, umso geringer wird der unternehmerische Erfolg sein.

Unternehmenskultur wird im Rahmen des Artikels als ein festes Muster von Normen und Werten definiert. Für die Erhebung der Unternehmenskultur greifen die Autoren auf eine Datenbank (Survey of Management Climate) zurück, die auf Einschätzungen von Managern zu den Arbeitsweisen und Werten ihrer Organisation beruht. Diese wurden durch insgesamt 61 Einzelfragen beziehungsweise Items abgebildet.

Diese 61 Fragen repräsentieren aus Sicht der Autoren acht verschiedene kulturelle Dimensionen:

1. Klarheit strategischer Ziele
2. Systematische Entscheidungsprozesse
3. Integration/Kommunikation
4. Innovation/Risikobereitschaft
5. Verantwortlichkeit
6. Handlungsorientierung
7. Fairness der Belohnung
8. Entwicklung und Förderung von innen heraus.[6]

Für die eigentliche Operationalisierung wurden Fragen verwendet, die eine besonders hohe Abdeckung der kulturellen Dimension gewährleisteten[7] und daraus entsprechende Durchschnittswerte für die untersuchten Firmen gebildet. Unternehmenserfolg wurde in der Studie primär als ökonomischer Erfolg definiert und im späteren Verlauf über finanzielle Kennzahlen operationalisiert.

Die Operationalisierung des Konzepts erfolgte über drei Indikatoren. Die *kulturelle Stärke* wurde über die jeweiligen Standardabweichungen der oben genannten acht Skalen gemessen: Je stärker die Werte für ein Unternehmen streuen (d. h., je mehr unterschiedliche Meinungen in einem Unternehmen vorliegen), desto geringer ist die kulturelle Stärke ausgeprägt.

Die *Anpassungsfähigkeit* eines Unternehmens wurde über die beiden Skalen „Handlungsorientierung" und „Innovation/Risikobereitschaft" operationalisiert. Hier gehen die Autoren davon aus, dass eine starke Ausprägung der durchschnittlichen Werte eine hohe Anpassungsfähigkeit widerspiegelt.

Die *Stabilität* wird schließlich über die Kombination der drei Faktoren, „Integration/ Kommunikation", „Fairness der Belohnung" sowie „Entwicklung und Förderung" gemessen. Auch hier liegt dieselbe Logik zugrunde. Hohe Durchschnittswerte bilden eine entsprechend höhere Stabilität ab.

Als Indikatoren für den Unternehmenserfolg werden in der Studie die Gewinn- (Asset Growth Rates) sowie die Umsatzsteigerung (Premium Growth Rates) verwendet. Diese Auswahl wird durch die spezifischen Rahmenbedingungen der in der Untersuchung verwendeten Stichprobe erklärt. Insgesamt ziehen die Autoren elf Unternehmen der Versicherungsbranche für ihre Untersuchung heran, für die über einen mehrjährigen Zeitraum Daten erhoben wurden. Der Test der Hypothesen erfolgt über Korrelationen.

---

[6] Die Autoren verweisen hier darauf, dass diese Faktoren letztlich die in der Literatur diskutierten Dimensionen und Elemente der Unternehmenskultur abbilden.

[7] Diese Identifikation erfolgte über eine Faktorenanalyse. Es wurden also nicht alle 61 Fragen für die Erhebung verwendet.

In Übereinstimmung mit der durch die Autoren formulierten ersten These ergibt sich ein Zusammenhang zwischen kultureller Stärke und (zukünftigem) Unternehmenserfolg.

Im Hinblick auf die zweite und dritte These bestätigt die Untersuchung ebenfalls die aufgestellte Vermutung. Unternehmen mit einer stärkeren kulturellen Ausprägung im Hinblick auf Adaptabilität wiesen einen höheren Unternehmenserfolg auf als jene Unternehmen, die eine stärkere Betonung der Stabilität in den Vordergrund stellten.

Damit legt die Untersuchung zum einen nahe, dass eine einheitliche Unternehmenskultur einen grundsätzlich positiven Einfluss auf den Unternehmenserfolg hat, jedoch auch der Schwerpunkt einer Kultur (Stabilität versus Adaptabilität) einen Einfluss auf ihre Wirkungskraft hat.

In Tab. 2.1 sind nochmals die wesentlichen Aspekte der dargestellten Studie zusammengefasst.

Tab. 2.1 Übersicht über wesentliche Studien zu Unternehmenskultur und Unternehmenserfolg

Studie	Jahr	Leitfrage	Datengrundlage	Ansatz/ Methode	Wesentliche Ergebnisse
In Search of Excellence	1982	„Was macht Unternehmen exzellent?"	43 amerikanische Unternehmen aus sechs Industriezweigen	Qualitative Analyse	Normen und Werte spielen eine wesentliche Rolle für den Unternehmenserfolg
Bringing Corporate Culture to the Bottom Line	1984	„welchen Einfluss hat Unternehmenskultur auf Unternehmenserfolg?"	43.347 Personen aus 34 amerikanischen Unternehmen	Qualitative & quantitative Analyse	Unternehmen mit stark ausgeprägter Kultur weisen eine höhere Umsatz- und Kapitalrendite auf
Corporate Culture and Performance	1992	„Welcher Zusammenhang besteht zwischen Unternehmenskultur und langfristigem Unternehmenserfolg?"	600 Personen aus 207 amerikanischen Unternehmen	Qualitative & quantitative Analyse	Unternehmen mit einer stärkeren Kultur weisen ein deutlich höheres Umsatzwachstum und ein deutlich höheres Gewinnwachstum auf
Predicting Corporate Performance from organizational Culture	1992	„Sind Unternehmen mit ausgeprägter Kultur erfolgreicher?"	11 amerikanische Unternehmen	Qualitative & quantitative Analyse	Unternehmen mit einheitlicher Unternehmenskultur weisen einen überdurchschnittlichen Unternehmenserfolg auf

2.4 Zwischenfazit: Unternehmenskultur und Unternehmenserfolg – eine Glaubensfrage?

Welches Fazit kann man vor dem Hintergrund der hier dargestellten Studien nun für den Zusammenhang zwischen Unternehmenskultur und Unternehmenserfolg ziehen? Die „gute" Nachricht ist: Die genannten Studien stützen diesen Zusammenhang.

Ohne diesen Zusammenhang nun grundlegend relativieren zu wollen, dürfen die methodischen Einschränkungen und Unterschiede der Untersuchungsansätze nicht gänzlich übersehen werden. Denn auch das wurde von den Studienautoren immer wieder betont: Eine Verallgemeinerung der Ergebnisse sei nur bedingt möglich. Doch woran liegt das?

Zunächst muss festgehalten werden: Die meisten Studien zur Unternehmenskultur basieren auf einer eher begrenzten Fallzahl und sind, wie im Fall der Studie von Kotter und Heskett, zumeist methodisch eher qualitativ ausgerichtet.[8]

> ▶ Eine beschränkte Fallzahl lässt keine Verallgemeinerung der Ergebnisse zu.

Dies lässt schlichtweg keine Verallgemeinerung eines im individuellen Fall gültigen Zusammenhangs zu. Einfacher ausgedrückt: Der Beitrag der Unternehmenskultur für ein bestimmtes Unternehmen kann vorhanden sein und uns plausibel erscheinen. Wir können jedoch daraus keine Verallgemeinerung ableiten. Hierfür sind quantitative Studien aufgrund der höheren Fallzahl und der Anwendbarkeit statistischer Verfahren weit besser geeignet.

Quantitative Studien bieten im Gegensatz zu qualitativen Ansätzen die Möglichkeit oder zumindest die Chance der Generalisierbarkeit – also der Verallgemeinerung von Ergebnissen. (In unserem Fall: Unternehmenskultur wirkt sich – über Branchen und Unternehmen hinweg – immer positiv auf den Unternehmenserfolg aus.).

Sie sind jedoch ebenfalls mit spezifischen Problemen und Herausforderungen behaftet. Zunächst stellt sich bei quantitativen Studien immer die Frage der Datenverfügbarkeit. Umfangreiche Datensätze, die die Vielfalt der Unternehmenswelt wirklich ganz abbilden, liegen nur bedingt vor.[9] Vielmehr ist hier die Entwicklung eines eigenen Messinstruments notwendig. Die Messung von etwas setzt voraus, dass ich meinen Untersuchungsgegenstand auch sinnvoll abgrenzen und definieren kann. Wie wir bereits Kap. 1 dargestellt haben, ist eine „allgemeingültige" Definition der Unternehmenskultur nicht ohne weiteres zu leisten, und auch wir schlagen im vorliegenden Buch eine zumindest nuancierte Definition vor.

> ▶ Eine einheitliche Definition der Unternehmenskultur liegt nicht vor.

---

[8] Zwar werden Indizes gebildet, die eigentliche Analyse nutzt jedoch keine komplexen statistisch/quantitativen Verfahren sondern vergleicht letztlich nur.

[9] Dies gilt ja auch für die hier zitierten Studien, die letztlich nur Datensätze nutzen, die bestimmte Branchen beziehungsweise Unternehmenstypen repräsentieren.

Darüber hinaus besteht im Hinblick auf die abhängige Variable „Unternehmenserfolg" keine eindeutige und allgemeingültige Definition. Sie kann sowohl in einem sehr engen beziehungsweise betriebswirtschaftlichen Sinn z. B. als EBITDA oder Unternehmenswert, als auch weit, z. B. Kunden- und Mitarbeiterzufriedenheit oder sozialer Mehrwert, definiert werden.

Diese Definitionsprobleme setzen sich bei der eigentlichen Messung fort. Schließlich ist für eine Untersuchung nicht nur wichtig, was man messen will, sondern auch, wie es gemessen wird. Die Auswahl geeigneter Indikatoren ist jedoch bei einem nicht ohne Weiteres greifbaren Konzept wie der Unternehmenskultur alles andere als trivial.

▶   Für die Messung der Unternehmenskultur werden teilweise sehr unterschiedliche Indikatoren verwendet.

Vergessen wir für einen Moment die bisherigen Messungsvorschläge und versuchen uns an einer kurzen Übung

Übungsfrage

1. Stellen Sie sich die Frage: „Was macht aus Ihrer Sicht eine Unternehmenskultur aus?"
2. Überlegen Sie sich, wie Sie methodisch an die Bestimmung der Unternehmenskultur herangehen würden.

Wenn Sie das zurückliegende Kapitel dieses Buches aufmerksam gelesen haben, dürfte Ihnen schnell eine Definition der Unternehmenskultur einfallen. Nehmen wir an, Sie haben Unternehmenskultur als „Sammlung von Normen und Werten" definiert. Im zweiten Schritt sollen Sie nun einen entsprechenden Indikator zur Messung der Kultur bestimmen.

Sie könnten sich für den folgenden Indikator „Wie stark ist die Unternehmenskultur in Ihrem Unternehmen ausgeprägt?" entscheiden, der auf einer mehrstufigen Skala beantwortet werden kann.

Das Problem dieses Umfrageinstruments ist jedoch: Man kann nicht sicherstellen, dass es von allen Personen gleich interpretiert wird.[10] Zu vermuten ist, dass eine Person, die diese Frage beantwortet, eigene Kriterien zur Bewertung der Unternehmenskultur heranziehen wird: „Wie stark identifiziere ich mich mit dem Unternehmen", „Welche Rolle spielen Unternehmenswerte in meiner täglichen Arbeit". Der vermeintlich „direkte" Indikator wird also durch die Heranziehung anderer Konzepte beziehungsweise indirekter Indikatoren beantwortet.

Natürlich stehen Mitarbeiteridentifikation und die Bedeutung von Unternehmenswerten in einem Zusammenhang mit der Unternehmenskultur; es sind jedoch indirekte

---

[10] Ein zusätzliches Problem ist, dass dieser Indikator lediglich die Stärke, jedoch keine qualitative Dimension aufweist.

Merkmale beziehungsweise Ausdruckformen der Kultur selbst. Unternehmenskultur kann also nur indirekt gemessen werden.

Diese kleine Übung verdeutlicht: Eine unterschiedliche Operationalisierung der Unternehmenskultur ist fast unausweichlich. Und damit wird eben nicht immer das Gleiche gemessen, wenn wir Unternehmenskultur erfassen. Das stellt nicht den Zusammenhang zwischen Unternehmenskultur und Erfolg infrage, aber es ist eine Hürde für die Verallgemeinerung der Ergebnisse.[11]

2.5 Fazit: Unternehmenskultur und Unternehmenserfolg

Unternehmenskultur macht einen Unterschied. Näher zu betrachten, inwiefern dies auch im Hinblick auf den Unternehmenserfolg gilt und wie dieser Effekt theoretisch erklärt werden kann, war Ziel dieses Kapitels.

Aus Sicht der Theorie kann die Wirkung der Unternehmenskultur auf den Unternehmenserfolg über die grundlegenden Anforderungen an eine Organisation erklärt werden. Unternehmenskultur sorgt für eine bessere interne Zusammenarbeit und externe Anpassungsfähigkeit. Zusätzlich wurde über die Funktionen der Unternehmenskultur eine differenziertere Erklärung dafür vorgestellt, warum die Unternehmenskultur erfolgsfördernd für eine Organisation ist.

Unternehmenskultur hilft der Organisation durch die Bereitstellung wesentlicher Funktionen bei der Bewältigung dieser Aufgabe. Mit der erfolgreichen Erledigung dieser organisatorischen Aufgabe steigt auch die Chance des (ökonomischen) Erfolgs.

Unternehmenskultur kann somit eher als Katalysator denn als Auslöser des Unternehmenserfolgs verstanden werden. Die Bedeutung der Unternehmenskultur für eine Organisation hängt dabei auch von den externen Umständen ab. Insbesondere in einem volatilen Umfeld beziehungsweise in Zeiten der Instabilität kommt der Unternehmenskultur eine wichtige Rolle zu.

▶   Unternehmenskultur wirkt als Katalysator des Unternehmenserfolgs.

Die vorgestellten Studien haben gezeigt, dass sich dieser theoretische Zusammenhang auch empirisch belegen lässt. Ebenso wurde jedoch deutlich, dass die Untersuchung des Zusammenhangs zwischen Unternehmenskultur und Unternehmenserfolg auf sehr unterschiedliche Weise erfolgt und eine Verallgemeinerung dieser Ergebnisse nur begrenzt möglich ist.

Insgesamt legen die Ergebnisse der Studien den Schluss nahe, dass ein Unternehmen von einer starken Kultur profitiert. Einfacher ausgedrückt: je stärker die Kultur, umso

---

[11] Auf dieses Problem weisen Baetge (2003) und seine Koautoren in einer Metastudie zur Messung des Zusammenhangs zwischen Unternehmenskultur und Unternehmenserfolg hin. Als Lösungsansatz wird hierbei vorgeschlagen, als Grundlage zukünftiger Untersuchungen eine „allgemeingültige" Definition der Unternehmenskultur und ihrer Merkmale zu entwickeln. Siehe hierzu auch Sackmann (2006).

erfolgreicher die Organisation. Aber hier ist Vorsicht geboten: Eine zu starke kulturelle Ausprägung kann ebenso zu unerwünschten Ergebnissen führen.

Eine starke Unternehmenskultur ist also nicht zwangsläufig eine leistungsfähige Unternehmenskultur (Collins und Porras 1997). Wenn eine Unternehmenskultur nicht mehr stark, sondern rigide wird, verliert sie ihre unterstützende Funktion zunehmend. Sie mag zwar die interne Aufgabe der Orientierung leisten können, die externe Funktion der Umweltanpassung wird jedoch nicht mehr geleistet.

Die Kultur ähnelt in einer solchen Situation weit mehr einem Kult, der blind für die Notwendigkeit der externen Anpassung und der Anpassung der Handlungs- und Denkweisen macht. Im folgenden Kap. 3 werden wir uns näher mit der Frage beschäftigen, was eine leistungsfähige Unternehmenskultur ausmacht.

Reflektionsfragen zum Kapitel

1. Welche Aussagen über den Zusammenhang zwischen Unternehmenskultur und Unternehmenserfolg lassen sich treffen?
2. Welche Probleme können sich bei der Untersuchung der Unternehmenskultur ergeben?
3. Wieso wirkt Unternehmenskultur auf den Unternehmenserfolg?
4. Muss eine leistungsfähige Unternehmenskultur eine starke Kultur sein?

Im Online-Material auf springer.com finden Sie Hinweise zur Bearbeitung.

Literatur

Baetge, J., Schewe, G., Schulz, R., & Solmecke, H. (2007). Unternehmenskultur und Unternehmenserfolg: Stand der empirischen Forschung und Konsequenzen für die Entwicklung eines Messkonzeptes. *Journal für Betriebswirtschaft, 57,* 183–219.

Collins, J., & Porras, J. (1997). *Built to last – successful habits of visionary companies.* New York: HarperCollins

Denison, D. (1984). Bringing corporate culture to the bottom line. *Organizational dynamics, 13,* 5–22.

Gordon, G., & DiTomaso, N. (1992). Predicting corporate performance from organizational culture. *Journal of management studies, 29*(6), 783–798.

Homma, N., & Bauschke, R. (2010). *Unternehmenskultur und Führung: Den Wandel gestalten – Methoden, Prozesse, Tools.* Wiesbaden: Gabler.

Kotter, J., & Heskett, J. (1992). *Corporate culture and performance.* New York: The Free Press.

Peters, T., & Waterman, R. (1982). *In search of excellence.* New York: Harper & Row.

Sackmann, S. (2004). *Erfolgsfaktor Unternehmenskultur.* Wiesbaden: Gabler.

Sackmann, S. (2006). *Assessment, evaluation improvement: Success through corporate culture.* Gütersloh: Verlag Bertelsmann Stiftung.

Worauf Unternehmenskulturen reagieren müssen

Norbert Homma

Zusammenfassung

In diesem Kapitel werden Veränderungen der Rahmenbedingungen beschrieben, die heute auf Unternehmen und ihre Kulturen einwirken und denen sie sich stellen müssen. Die Berücksichtigung des Unternehmenskontextes ist entscheidend, weil sowohl die Komplexität der gesellschaftlichen, politischen und ökonomischen Zusammenhänge als auch das Tempo der Veränderung zunimmt. Unternehmen sind daher immer häufiger und in kürzeren Abständen gezwungen, sich auf diese Veränderungen einzustellen. Wichtige Themen sind in diesem Zusammenhang:

- der gesellschaftliche Wertewandel (z.B. Stellung von Frauen in Unternehmen, zunehmende Bedeutung der Generation Y, Kritik am Wirtschaftssystem und seinen Auswüchsen, Corporate Governance, Corporate Social Responsibility)
- der gesellschaftliche Strukturwandel (z.B. demografischer Wandel und seine Auswirkungen auf die Arbeitswelt, Integration von Minderheiten)
- die rasante Wissensproduktion (z.B. Know-how-Management und Networking)
- Veränderungen im Geschäftsumfeld (z.B. bei Wettbewerbern, Märkten und Kunden)
- die Anforderungen an eine adaptive Unternehmenskultur, um angemessen auf externe Herausforderungen reagieren zu können.

Alle Unternehmen operieren in einem Umfeld aus soziopolitischen, kulturellen, technologischen und ökonomischen Faktoren, das der ständigen Veränderung unterworfen ist. Was sich dort an Entwicklungen und Trends abzeichnet, hat über kurz oder lang Auswirkungen

---

Soweit im Folgenden personenbezogene Bezeichnungen nur in männlicher Form angeführt sind, beziehen sie sich auf Frauen und Männer in gleicher Weise.

© Springer Fachmedien Wiesbaden 2014
N. Homma et al., *Einführung Unternehmenskultur,*
DOI 10.1007/978-3-658-02411-6_3

auf die Unternehmen. Am auffälligsten dürfte das Tempo der Veränderung sein, das allenthalben zu beobachten ist. Die Beschleunigung in vielen Bereichen ist in jüngster Zeit vermehrt in den Blickwinkel der soziologischen Forschung geraten. Hartmut Rosa, einer der profiliertesten Forscher zu diesem Thema, kommt zu dem Schluss, dass „… die technische Beschleunigung, die Beschleunigung des sozialen Wandels und die Beschleunigung des Lebenstempos – ein sich selbst verstärkendes „Feedback-System" gebildet haben, das sich ohne Unterlass selbst vorantreibt." Umfangreiche Analysen und Beobachtungen legen für ihn den Schluss nahe, dass die Beschleunigung zu einer eigenständigen Triebfeder des allgemeinen sozialen Wandels geworden ist (Rosa 2013, 42).

Was bedeutet dies für Unternehmen? Wie schnell oder wie häufig werden frühere Erfahrungen entwertet? Welche Konsequenzen ergeben sich daraus für das Management, für die Mitarbeiter? Welche Anpassungen sind sowohl mental als auch im Verhalten erforderlich?

Werfen wir zunächst einen Blick auf die wichtigsten Entwicklungen im soziopolitischen, ökonomischen und technologischen Umfeld. Die von uns ausgewählten Themen erheben keinen Anspruch auf Vollständigkeit. Vielmehr konzentrieren wir uns auf einige Entwicklungen, die von grundlegender Bedeutung für Unternehmen sind beziehungsweise die aktuelle Diskussion beeinflussen. Diese Entwicklungen und ihre Konsequenzen für die Unternehmenskultur werden in den Kap. 5 bis Kap. 13 erneut thematisiert.

Abbildung 3.1 zeigt einen Überblick dieser Entwicklungen und ihrer möglichen unternehmensinternen Auswirkungen.

3.1 Der gesellschaftliche Wertewandel

Bei der Betrachtung wichtiger gesellschaftlicher Entwicklungen und ihrer Einflüsse auf die Unternehmenskultur konzentrieren wir uns auf folgende Themen:

- Stellung der Frauen in Unternehmen
- Zunehmende Bedeutung der Generation Y
- Gesellschaftliche Verantwortung der Unternehmen
- Kritik am Wirtschaftssystem und seinen Auswüchsen
- Bedeutung der Corporate Governance
- Bedeutung der Corporate Social Responsibility

Stellung der Frauen in Unternehmen
Obwohl die Gleichstellung der Geschlechter im Grundgesetz fest verankert ist, wird die Realität diesem Anspruch häufig nicht gerecht. In vielen Berufen und Branchen werden Frauen – bei gleicher Leistung – immer noch schlechter als ihre männlichen Kollegen bezahlt. Auch der Frauenanteil in Führungspositionen ist erneut Gegenstand heftiger Kritik geworden. Europaweit sind Bestrebungen im Gange, Frauen verstärkt Zugang zu

Externe Einflüsse	Ebene	Interne Auswirkungen
– Verstärkte Kritik an der Rolle der Frau in der Arbeitswelt	**Der gesellschaftliche Wertewandel**	– Regelungen für Frauenanteile in Führungspositionen
– Wachsende Kritik an den Werten und Konsequenzen unseres Wirtschaftssystems		– Mehr Aufmerksamkeit für Gesundheitsthemen und Work-Life-Balance
– Zunehmende Bedeutung der Generation Y		– Umgang mit Generationskonflikten/unterschiedlichenAnsprüchen
– Gesellschaftliche Forderung nach allgemein verbindlichen Standards in der Unternehmensführung		– Konsequente Umsetzung von Corporate GovernanceStandards
		– Wahrnehmung der sozialen Verantwortung eines Unternehmens (Corporate Social Responsibility)
– Demografischer Wandel und Auswirkungen auf die Arbeitswelt	**Der gesellschaftliche Strukturwandel**	– Wachsende Bedeutung von Gesundheitsthemen und altersgerechterArbeitsmodi
– Akuter Arbeitskräftemangelerfordert mehr Zuwanderung		– Integration von Zuwanderern aus der EU und anderen Ländern
– Vermeidung sozialer Diskriminierung und Verbesserung der Chancengleichheit		– Aktive Nutzung der Vielfalt im Unternehmen (Diversity)
– Rasante Zunahme des verfügbaren Wissens	**Wissensproduktion / Technologische Entwicklungen**	– Effektives Wissensmanagement Überwindung des Silodenkens
– Technologische Innovationsschübe		– Öffnung gegen über allem Neuen („Not inventedhere" Syndrome)
		– Verstärktes Networking intern und extern
– Volatilität Erwartungen/Bedürfnisse	**Geschäftsumfeld: Wettbewerber / Märkte / Kunden**	– Notwendigkeit der durchgängigen Kundenorientierung im Unternehmen
– Weitere Ausdifferenzierung der Kunden und Marktsegmente		– Bereitschaft, schneller und effektiver auf externe Anforderungen zu reagieren

Abb. 3.1 Umfeldeinflüsse und ihre Auswirkungen auf die Unternehmenskultur

vormals unangefochtenen Männerdomänen zu verschaffen, notfalls über den Gesetzgeber und per Quotenregelung, wenn Selbstverpflichtungen der Wirtschaft nicht den gewünschten Effekt erzielen.

Die Resonanz in der Wirtschaft auf die Forderung nach Gleichstellung der Geschlechter – insbesondere auf den Führungsebenen – kam bislang eher zögerlich. Dennoch gibt es einige Beispiele von Unternehmen, die auf freiwilliger Basis eine Quotenregelung für Frauen in Führungspositionen festlegten. Die Deutsche Telekom beispielsweise führte als erstes Dax-Unternehmen eine Frauenquote ein. Bis Ende 2015 sollen 30 % der oberen und mittleren Führungspositionen in dem Unternehmen mit Frauen besetzt sein, kündigte der Konzern an. Für diese Maßnahme sprechen aus der Sicht der Telekom auch handfeste wirtschaftliche Gründe. Man erhofft sich davon langfristig eine „höhere Wertschöpfung" und eine Anpassung an gesellschaftliche Realitäten, denn rund 60 % der Absolventen von wirtschaftswissenschaftlichen Studiengängen an deutschen Hochschulen sind Frauen, doch die wenigsten davon machen in Unternehmen Karriere (DIE ZEIT online, 15.03.2010).

Andere Unternehmen haben gezielt Programme zur Förderung von Frauen in Führungspositionen entwickelt. Ein Beispiel hierfür findet sich im Nachhaltigkeitsbericht der Daimler AG.

Beispiel

Diversity Programm der Daimler AG
Förderung von Frauen in Führungspositionen. 2012 waren 11,8 % unserer Führungspositionen in der Daimler AG von Frauen besetzt. Damit haben wir unser Jahresziel auf dem Weg zu einem Frauenanteil in leitenden Führungspositionen von 20 % (2020) erreicht. Für die Erhöhung des Anteils der tariflich beschäftigten Frauen in allen Arbeitsbereichen haben wir Zielkorridore bestimmt und unser Reporting um die Ebene der Teamleitung erweitert. Auch hier haben wir 2012 unsere freiwilligen Selbstverpflichtungen in den einzelnen Divisionen übertroffen und befinden uns mit einem Frauenanteil von 13,8 % in der Daimler AG auf einem guten Weg.
Quelle: Daimler Nachhaltigkeitsbericht (2012: S. 63)

Mit einer Änderung der gesetzlichen Rahmenbedingungen allein ist es nicht getan. Ebenso notwendig ist die Bereitschaft der Frauen, sich in der männerdominierten Managementwelt zu behaupten. Betrachtet man die Barrieren für den beruflichen Aufstieg der Frauen, so ist die geschlechtsspezifische Sozialisation nach wie vor einer der Gründe, die zu einer beruflichen Benachteiligung von Frauen führen (Wehler 2013, S. 111) Verstärkt wird dies durch den Fortbestand patriarchalischer Strukturen in vielen deutschen Unternehmen. „Sie äußern sich z. B. in dem sprichwörtlichen männlichen Zweifel an der Kompetenz, der Belastbarkeit, der Führungsfähigkeit von Frauen. Diesem Vorurteilsyndrom des Machismo steht – wie vergleichende Studien schlüssig nachgewiesen haben – die berufliche Realität diametral gegenüber." (Wehler 2013, S. 117).

Untersuchungen belegen, dass Frauen, die sich den in ihrem Arbeitsumfeld dominanten Gepflogenheiten, Verhaltensweisen und ungeschriebenen Regeln anpassen (ohne „typische" männliche Verhaltensweisen zu kopieren) in der Lage sind, Karriere zu machen. Diese Fähigkeit, sich in komplexen sozialen Situationen „richtig" zu verhalten (Makropolitische Kompetenz) wird im Falle von Frauen als ein wesentlicher Erfolgsfaktor für ihren beruflichen Aufstieg gesehen. Situative Anpassungen an die jeweiligen Gegebenheiten der Unternehmenskultur sind dabei eine wesentliche Voraussetzung für den beruflichen Aufstieg. Aufschlussreich ist in diesem Zusammenhang auch die Tatsache, dass – dieser Studie zufolge – die Frauen selbst die Bedeutung der Unternehmenskultur und ihrer praktizierten Werte und Normen für ihr berufliches Fortkommen unterschätzen (Cornils et al. 2012, siehe hierzu auch Kap. 13.

Zunehmende Bedeutung der Generation Y

Die Generation Y umfasst die zwischen 1980 und 2000 Geborenen, also junge Menschen, die erst vor Kurzem ins Berufsleben gestartet sind beziehungsweise noch am Anfang ihres Studiums oder ihrer Ausbildung stehen. Umfangreiche Studien mit Jugendlichen verdeutlichen, wie sehr diese Generation sich eine bessere Balance von Arbeit und privaten Interessen wünscht. Die völlige Identifikation mit der Arbeit zulasten persönlicher Bedürfnisse ist nicht mehr angesagt. Stattdessen wollen sie mehr Zeit für sich oder die (junge) Familie.

Hier entsteht eine neue Arbeitnehmergeneration, die sich in hohem Maße der neuen Kommunikationsmöglichkeiten bedient. Sie googlen, skypen und simsen, ganz anders als ihre älteren Kollegen der vorangegangenen Generation. Eigenständigkeit, modernste Informationstechnologien kompetent anwenden gehört zu den Wesensmerkmalen.

Das Phänomen der Generation Y ist nicht auf Deutschland beschränkt. Ähnliche Entwicklungen sind im europäischen Ausland und in den USA zu beobachten. Die „Millenials", wie sie in den USA genannt werden (Computerwoche, 28.02.2007), verfügen in aller Regel über ein Hochschulstudium, sind selbstbewusst und ehrgeizig. Auch wenn die wirtschaftlichen Rahmenbedingungen nicht übermäßig günstig sind, schaut man zuversichtlich in die Zukunft (Spiegel-Online, 07.06.2011).

Mit dieser Generation kommen neue Ansprüche auf die Unternehmen zu. Unterschiedliche Wertevorstellungen und Erwartungen an das Berufsleben prallen im Unternehmen aufeinander. Für viele Berufseinsteiger ist es nicht mehr das oberste Ziel, schnell die Karriereleiter emporzusteigen. An erster Stelle stehen für sie eine ausgeglichene Work-Life-Balance, gefolgt von dem Wunsch nach Selbstverwirklichung im Beruf (und nicht nur dort).

In Deutschland zeigen sich Unterschiede zwischen jungen Erwachsenen mit Migrationshintergrund und ihren deutschen Altersgenossen(innen). Auf Ein- und Zuwanderern lastet ein weitaus größerer Leistungsdruck. Wo ihre Alterskollegen von der Work-Life-Balance sprechen, sind sie eher bereit, sich dem traditionellen Leistungsethos zu unterwerfen. Sie glauben, sich als Migranten erst beweisen zu müssen (FAZ-NET, 25.06.2013).

Damit stehen viele Personalchefs vor neuen Herausforderungen. Die Anspruchshaltung der Generation Y führt häufig zu Konflikten mit Vertretern der älteren Generation, für die es selbstverständlich war und ist, einen Großteil ihrer Zeit in den Beruf und das berufliche Fortkommen zu investieren – auch auf Kosten des Privatlebens oder der Freizeit. Diese Konflikte müssen moderiert oder geschlichtet werden.

Die Generation Y wiederum erwartet attraktive flexible Arbeitsstrukturen und -zeiten. Die Karrierepläne der Vergangenheit, die ganz auf hierarchischem Aufstieg und Leistungsbereitschaft basierten, passen heute nicht mehr in die Zeit. Da die Vertreter der Generation Y in der Regel über ein vergleichsweise gutes Einkommen verfügen, begnügen sich nicht wenige mit Teilzeitarbeit (meist Frauen). Um diesen Erwartungen gerecht zu werden, bieten immer mehr Arbeitgeber sogenannte Familienleistungen, neben flexiblen Arbeitszeiten auch die Vermittlung von Betreuungsplätzen oder die Möglichkeit einer Auszeit zur Pflege von Angehörigen. Andere Angebote sind unbezahlter Urlaub oder Investmentfonds für das Sabbatjahr (Faz-NET, 22.08.2013).

Das Verhalten dieser Generation kann in Teilen auch als Reaktion auf die Beschleunigungstendenzen in der Gesellschaft und im Arbeitsleben verstanden werden, denen man sich bewusst entziehen möchte und nach Möglichkeiten versucht, das eigene Lebenstempo „zu entschleunigen".

Kritik am Wirtschaftssystem und seinen Auswüchsen
Die Wirtschafts- und Finanzkrise der vergangenen Jahre hat ein ernsthaftes Nachdenken über die Qualitäten und Zielsetzungen unserer Wirtschaftsordnung ausgelöst. Wenn auch die Mehrheit der Bevölkerung einer radikalen Änderung des Wirtschafts- und Gesellschaftssystems eine klare Absage erteilt, so mehren sich doch die Stimmen jener, die sich für die Notwendigkeit von Reformen einsetzen. Reformen das Wort reden.

Sollen alle gesellschaftlichen Bereiche dem Diktat des Marktes und seiner Mechanismen unterworfen werden? Michael Sandel, Wirtschaftsprofessor an der Harvard Universität demonstriert, in welchem Ausmaß viele Lebensbereiche bereits nach Angebot und Nachfrage organisiert werden und damit automatisch all jene begünstigen, die über die entsprechenden Finanzmittel verfügen. Eine Entwicklung, die sich in den vergangenen 20 Jahren – und nicht nur in den USA – deutlich verschärft hat (Sandel 2012).

Ähnliche Kritik entzündet sich auch an einer der Grundfesten wirtschaftsliberaler Überzeugungen, dass die Optimierung des individuellen ökonomischen Vorteils zwangsläufig auch zum Vorteil der größten Zahl gereicht. Wer diesem Credo konsequent huldigt, wird erkennen, dass wesentliche Merkmale eines funktionierenden Wirtschaftssystems sträflich vernachlässigt werden. Dazu gehören gelebte Werte wie ehrliche Kommunikation, Verlässlichkeit, Integrität und Rücksichtnahme, allesamt Voraussetzungen einer funktionierenden Unternehmenskultur (Nida-Rümelin 2011).

Die Frage nach den Werten, die unternehmerisches Handeln leiten sollten, stellt sich verschärft, nachdem besonders in der Finanzindustrie zweifelhafte Geschäftspraktiken ruchbar wurden beziehungsweise renommierte Unternehmen (z. B. Siemens) der systematischen Bestechung und dem Führen schwarzer Kassen überführt wurden (siehe hierzu auch Kap. 11 Unternehmensethik, Corporate Governance & Nachhaltigkeit).

Ein Umdenken bei der Gestaltung unserer Arbeitswelt wird auch mit der Forderung nach einer „neuen Arbeitsmoral" verbunden, die sich von dem „Anwesenheitswahn" verabschiedet. Kernpunkt der Kritik ist die fehlende Flexibilität am Arbeitsplatz, die Arbeitnehmern gestatten würde, das Verhältnis von beruflichem Engagement und privaten Interessen zu ihren Gunsten zu optimieren (Nahles, 18.12. 2013). Diese Forderung wird auch vor dem Hintergrund der wachsenden psychischen und physischen Belastungen am Arbeitsplatz erhoben, die nachweislich zu Gesundheitsproblemen führen (Stichwort: Stress und Burnout) und die Unternehmen zum Handeln zwingen. Maßnahmen zur Reduktion von Stress und Überforderung bilden mittlerweile einen wichtigen Schwerpunkt betrieblicher Gesundheitsvorsorge (Schweiß-Gerwin 2013, S. 4, siehe auch Kap. 13 Unternehmenskultur und (Gender) Diversity).

Bedeutung der Corporate Governance

Die Managementpraxis großer, börsennotierter Unternehmen (und nicht nur dieser) ist ins Kreuzfeuer der Kritik geraten. Undurchsichtige Entscheidungsprozesse sowie Bilanzfälschungen im großen Stil mit katastrophalen Folgen für gutgläubige Aktionäre und Investoren ließen den Ruf nach staatlichen regulatorischen Eingriffen laut werden.

Corporate Governance ist ein vielschichtiger Begriff und beinhaltet sowohl obligatorische als auch freiwillige Maßnahmen. Dazu gehören zum einen die Einhaltung bestehender Gesetze und Vereinbarungen, zum anderen die Umsetzung von eigenen Unternehmensleitlinien sowie die Implementierung von Leitungs- und Kontrollstrukturen.

Eine wesentliche Verschärfung der gesetzlichen Bestimmungen – mit Auswirkungen auf andere Länder – wurde in den USA vorgenommen (Sarbanes-Oxley Act 2008). Danach sind alle börsennotierten Unternehmen in den USA gezwungen, für mehr Transparenz zu sorgen und ihre Bilanzen verstärkter öffentlicher Kontrolle auszusetzen (siehe hierzu auch Kap. 11).

Bei den Corporate-Governance-Maßnahmen geht es in erster Linie um die Gewährleistung einer verantwortungsbewussten Unternehmensführung, um Schäden für Anteilseigner und Investoren zu vermeiden. Dies erfordert ein Umdenken in den Managementetagen.

So sind verschiedene Maßnahmen vonseiten der EU-Kommission geplant, um eine größere Transparenz hinsichtlich der Zusammensetzung des Aufsichtsrats oder der Höhe der Vorstandsvergütung zu erreichen. Erste Maßnahmen zur Begrenzung der Top-Gehälter sind in der Schweiz ergriffen worden, wo neuerdings die Aktionärsversammlung (also die Eigentümer und nicht die Manager selbst) über die Höhe der Vorstandsbezüge entscheiden.

Es sind vornehmlich die ins Maßlose gestiegenen Gehälter und Boni-Zahlungen an Top-Manager, bei gleichzeitiger Verschärfung der Einkommensunterschiede in der Gesellschaft, die zu massiver Kritik, selbst in den USA geführt haben (Stiglitz 2012). So stieg dort die Diskrepanz zwischen den Managementgehältern und den durchschnittlichen Arbeitseinkommen in ein nicht mehr zu vermitteln des Verhältnis. Einer Studie zufolge lagen die durchschnittlichen Top-Gehälter in den 80er-Jahren um das 42-Fache höher als das durchschnittliche Arbeitseinkommen. Im Jahre 2013 war die Differenz auf das 331-Fache angestiegen (Executive Paywatch 2013).

In Deutschland ist die Entwicklung nicht so dramatisch, aber auch hier nehmen die Spitzengehälter disproportional zu. In diesem Zusammenhang ist es nicht verwunderlich, dass eine gesetzliche Begrenzung der Spitzengehälter für Top-Manager gefordert wurde. Dieses Thema betrifft ausschließlich die Führungskultur und das Selbstverständnis der Top-Manager. Ob nachhaltige Beschränkungen über gesetzliche Vereinbarungen erzielt werden können, ist fraglich. Es bleibt abzuwarten, ob die wachsende Einkommensdiskrepanz zu einem Legitimations- und Loyalitätsverlust der Manager führt und damit den Rechtfertigungsdruck auf das Management erhöht.

Vor diesem Hintergrund ist es nur zu verständlich, dass der Ruf nach stärkerer Einflussnahme des Staates und nach mehr Kontrollen laut wird, vor allem überall dort, wo es die Wirtschaft an Eigeninitiative und Selbstkontrolle fehlen lässt.

Corporate Social Responsibility

Von Unternehmen wird heute erwartet, dass sie ihrer gesellschaftlichen Verantwortung nachkommen, die weit über das Einhalten von gesetzlichen Vorgaben hinausgeht. Hierfür steht der Begriff Corporate Social Responsibility (CSR). Der Begriff selbst wurde bereits im letzten Jahrhundert geprägt und hat zwischenzeitlich deutliche inhaltliche Erweiterungen erfahren. Eine einheitliche Definition von CSR gibt es nicht.

▶ **Definition Corporate Social Responsibility der Europäischen Kommission** Unter der Corporate Social Responsibility wird ein Konzept verstanden, „das den Unternehmen als Grundlage dient, auf freiwilliger Basis soziale Belange und Umweltbelange in ihre Unternehmenstätigkeit und in die Wechselbeziehungen mit den Stakeholdern zu integrieren". (Europäische Kommission 2001, S. 8)

Corporate Social Responsibility (CSR) und Corporate Citizenship (CC) werden häufig synonym verwendet. Teilweise wird unterschieden zwischen der CSR, die die gesellschaftliche Verantwortung von Unternehmen in allen Bereichen der Unternehmenstätigkeit umfasst, während Corporate Citizenship lediglich die Beziehung des Unternehmens zu den lokalen Gemeinschaften bezeichnet, und damit ein Teil von CSR ist.

Damit ist der ursprünglich auf ökonomische Effizienz fokussierte Ansatz um verschiedene Stakeholder erweitert worden, deren Erwartungen und Interessen zu berücksichtigen sind. CSR stellt damit heute ein dynamisches Konzept dar, welches einen gesellschaftlichen Dialog um die moralische Verantwortung von Unternehmen für die ökologischen und sozialen Konsequenzen ihrer Aktivitäten reflektiert (Bassen 2005, S. 235). An dem gesellschaftlichen Dialog zur CSR sind mehrere Akteure beteiligt: die Zivilgesellschaft/ NGO, Unternehmen, Medien, staatliche Politik, Konsumenten und Investoren (Dubielzig und Schaltegger 2005, S. 240).

CSR stellt damit eine wesentliche Voraussetzung für die Nachhaltigkeit (Sustainability) unternehmerischen Handelns dar (siehe hierzu auch Kap. 11 Unternehmensethik, Corporate Governance & Nachhaltigkeit).

Zusammenfassend lässt sich festhalten: Heute ist Corporate Social Responsibility weniger ein Akt der Großzügigkeit eines einzelnen Unternehmers, sondern vielmehr Gegenstand der strategischen Planungen im Unternehmen und damit integraler Bestandteil der internen Entscheidungsprozesse. Und von außen betrachtet ist die CSR ein Aspekt des Employer Branding, das bei Stellenbewerbern zunehmend Beachtung findet. Ob ein Unternehmen den Anspruch auf Corporate Social Responsibility auch tatsächlich einlöst, hat unmittelbar etwas mit der Verankerung dieser Thematik in seiner Unternehmenskultur zu tun.

3.2 Gesellschaftlicher Strukturwandel

Wir fokussieren uns in diesem Themenbereich auf:

- den demografischen Wandel und seine Auswirkungen auf die Arbeitswelt
- die Integration von Minderheiten

Der demografische Wandel und seine Auswirkungen auf die Arbeitswelt
Die Bevölkerung Deutschlands wächst nicht mehr. Heute leben circa 82 Mio. Menschen in der Bundesrepublik. Nach einer Prognose der Vereinten Nationen wird die Bevölkerung im Jahre 2060 um 12,1 % kleiner sein und nur noch 72 Mio. Menschen betragen (United Nations 2011). Gleichzeitig geht auch die Zahl der Erwerbstätigen geht zurück. Und diese hängt wesentlich mit der Verschiebung der Alterspyramide zusammen. Insgesamt wird der Anteil der älteren Menschen an der arbeitenden Bevölkerung in den nächsten Jahren und Jahrzehnten deutlich steigen.

Der demografische Wandel in Deutschland wird dazu führen, dass im Jahre 2030 in etwa sechs Millionen weniger Personen erwerbstätig sein werden. Diese Entwicklung führt zu der Konsequenz, dass immer weniger Erwerbstätige für eine wachsende Zahl von Rentnern und Pensionären die Renten erwirtschaften müssen (Richter et al. 2012, S. 2).

Was kann in dieser Situation unternommen werden?

Eine Schlussfolgerung ist, dass die Menschen im Durchschnitt länger arbeiten müssen. Die Einführung der Rente mit 67 ist ein Schritt in diese Richtung. Doch wenn die Beschäftigen länger im Arbeitsprozess verbleiben sollen, müssen sie auch länger motiviert und leistungsfähig sein.

Den Unternehmen fällt in dem Zusammenhang eine zentrale Aufgabe zu. Umfangreiche Studien haben nachgewiesen, dass die Arbeitsbedingungen und die Arbeitsgestaltung (Ergonomie, Arbeitsorganisation, Qualifizierung und Weiterbildung) einen wesentlichen Einfluss auf die Leistungsfähigkeit der Mitarbeiter haben.

Ob jemand auch im fortgeschrittenen Alter noch leistungsfähig ist, hat viel mit der ausgeübten Tätigkeit (und weniger mit dem erlernten Beruf) zu tun. Aktuellen Zahlen zufolge gehen heute nur etwa 50 % der Rentner regulär in Rente. Die restlichen 50 % verteilen sich auf den Bereich der Vorruhestandsregelung (22,2 %) beziehungsweise scheiden aus gesundheitlichen Gründen (27,8 %) aus (Richter et al. 2012, S. 6). Damit wird deutlich, welch hohen Stellenwert das Thema Gesundheit für die Verlängerung der Lebensarbeitszeit hat.

Welche Konsequenzen ergeben sich daraus für die Unternehmen und insbesondere für die Gestaltung der Unternehmenskultur?

Unter anderem besteht die Notwendigkeit, einen lebenslangen Lernprozess im betrieblichen Alltag zu etablieren, der die Anpassungsfähigkeit des Einzelnen an sich wandelnde Anforderungen erhöht, oder durch gezielte, berufsspezifische Arbeitsmodelle den eigenen

Arbeitsbereich attraktiver und stressfreier gestalten. Die Schaffung eines Gesundheits-
bewusstseins im Unternehmen wäre ein weiterer Baustein. Für Großunternehmen gehört
dies seit Jahren zum Standardprogramm. Mitunter erfordert dies auch einen Einstellungswandel, weg von der Vorruhestandskultur bei gleichzeitiger Entwicklung einer Kultur des
Arbeits- und Gesundheitsschutzes (Richter et al. 2012, S. 8, siehe auch Kap. 13 Unternehmenskultur und (Gender) Diversity).

Bessere Integration von Minderheiten
Deutschland braucht qualifizierte Arbeitskräfte. Ohne eine entsprechende Zuwanderung
von Arbeitskräften aus dem Ausland ist der aktuelle, noch weniger der erwartete Bedarf
an Fachkräften nicht zu decken. Allein aufgrund der demografischen Entwicklung wird
Deutschland auf Zuwanderung angewiesen sein. Zu dieser Schlussfolgerung gelangt das
Institut der Deutschen Wirtschaft (IW 2011) und argumentiert für eine verbesserte Integra-
tion dieser Menschen. Deutschland müsse mehr Anreize für Zuwanderer schaffen, um den
Bevölkerungsschwund abzufedern und im internationalen Wettbewerb um ausländische
Fachkräfte nicht „ins Hintertreffen" zu geraten.

Doch mit der Integration der Zuwanderer tun sich so manche Unternehmen noch
schwer. Das gilt für Mitarbeiter mit Migrationshintergrund, die bereits seit Längerem in
Deutschland leben. Aber noch viel mehr trifft es auf Arbeitssuchende zu, die mit Zeit-
verträgen ausgestattet, in deutschen Unternehmen qualifizierte Arbeiten übernehmen.
Die kulturellen Unterschiede und die damit verbundenen Vorerfahrungen und Prägungen
führen immer wieder zu Missverständnissen, Spannungen und Konflikten. Unternehmen
haben keine Alternative: Sie müssen sich dem Thema der Integration stellen. Dabei geht
es nicht primär um eine „Wohlfühl-Komponente". Qualifizierte Mitarbeiter aus anderen
Kulturräumen stellen ein erhebliches Leistungspotenzial dar, das zu nutzen eine Herausforderung und Bereicherung für Unternehmen bedeutet.

Unter dem Begriff der „Diversity" werden schon seit Jahren Forderungen an Unternehmen herangetragen, die besonderen Bedürfnisse von gesellschaftlichen Teilgruppen stärker zu berücksichtigen. Dazu gehören Frauen, aber auch Homosexuelle, alleinerziehende
Mütter und andere soziale Gruppen, die unter dem Begriff der „Inklusion" subsumiert
werden. Was ursprünglich auf den schulischen Bereich beschränkt war, nämlich die Integration von benachteiligten oder behinderten Kindern in den normalen Schulunterricht,
ist zwischenzeitlich auch zu einem Anliegen in Unternehmen geworden. Dort geht es beispielsweise um die Schaffung von rollstuhlgerechten Arbeitsplätzen oder überhaupt um
die Bereitstellung von Arbeitsplätzen für Behinderte.

Auf diese mannigfaltigen Erwartungen und Anforderungen müssen Unternehmen eine
Antwort finden – eine große Herausforderung für viele Personalabteilungen, insbesondere
für kleinere Unternehmen, die darauf am wenigsten vorbereitet sind (siehe Kap. 12 Unternehmenskultur im multikulturellen Kontext).

3.3 Wissensproduktion

Hier geht es vor allem um:

- Know-how-Management
- Effektives Networking

Am Beispiel der Expansion des Internets lassen sich die grundlegenden Veränderungen im Bereich der Informations- und Wissensproduktion demonstrieren. Kaum ein Lebens- oder Arbeitsbereich ist davon unberührt geblieben. Allein die Quantität der jährlichen Wissensproduktion ist sprunghaft angestiegen.

Technologieschübe in einzelnen Branchen setzen die wirtschaftlichen Akteure massiv unter Druck. Die Entwicklungen der letzten Jahre in der Telekommunikation veranschaulichen das enorme Veränderungstempo und die Quantensprünge, die weltweit zu einer Kommunikationsdichte geführt haben, die sich noch vor wenigen Jahren kaum jemand hätte vorstellen können. Und der technologische Fortschritt ist nicht auf die Kommunikation beschränkt. In vielen Branchen sind ähnliche Entwicklungen erkennbar. Das erfordert ein entsprechend intelligentes Wissensmanagement und eine Kultur, die den offenen Wissensaustausch – nicht nur im Unternehmen selbst – aktiv fördert.

Einige Experten sehen in der Digitalisierung einen Paradigmenwechsel in der Art, wie Unternehmen operieren (Tapscott und Ticoll 2012). Die Digitalisierung führt zu einer zunehmenden Vernetzung der Menschen und der Dinge. Diese Vernetzung wirkt Hierarchien entgegen und führt zu Veränderungen in Prozessen und in der Organisation von Unternehmen. Beispielsweise wird durch den zunehmenden Einsatz von Robotertechnik in vielen Bereichen das Zusammenspiel von Produktion, Logistik und Vertrieb immer intelligenter. Sich-selbst-steuernde Autos sind bereits heute Realität, ebenso wie der 3D-Drucker.

Wissen wird heute an den unterschiedlichsten Orten produziert. Die Zeiten, in denen ein Unternehmen quasi ein Monopol einschlägiger Erkenntnisse besaß, gehören längst der Vergangenheit an. Heute kommt es auf die aktive Nutzung des verfügbaren Wissens und der Erfahrungen an, sowohl im Unternehmen selbst als auch von externen Kompetenzzentren. Damit wird es in Zukunft verstärkt auf das interne und externe Networking ankommen. Viele Unternehmen tun sich noch sehr schwer damit. Statt Offenheit und Austausch dominieren Silodenken und Bereichsegoismen im Unternehmen, die einem effektiven Wissensaustausch sowohl intern als auch extern im Wege stehen.

Die maßgebliche Veränderung, wie man mit dieser Entwicklung und Informationsflut am effektivsten umgehen kann, spielt sich in den Köpfen der Menschen ab. Wie sehr ist man bereit, aus eingefahrenen Denkstrukturen auszubrechen, sich für neue Erkenntnisse und Entwicklungen zu öffnen sowie neue Formen der Zusammenarbeit zu suchen? All das sind zentrale Herausforderungen für die Unternehmenskultur, denn mit einer Optimierung der Organisationsstrukturen allein wird es nicht getan sein.

Wachsende Komplexität verbunden mit einem rasanten Veränderungstempo zwingen Unternehmen dazu, ihr gesamtes Know-how-Management zu optimieren, um den ständig wachsenden und weltweit verfügbaren Fundus an Wissen optimal nutzen zu können. Denn eines ist im Rahmen der globalisierten Wirtschaft sicher: Die Konkurrenz schläft nicht!

3.4   Geschäftsumfeld: Wettbewerber – Märkte – Kunden

Das ehrlichste Feedback erhalten Unternehmen von ihren Kunden: Spätestens, wenn sie wegbleiben, wird klar, dass etwas falsch läuft. Aber soweit möchte es niemand kommen lassen. Das Produktangebot ist riesig und die Marktforschung analysiert seit Jahren erfolgreich die wichtigsten Kundenbedürfnisse und Erwartungen, um frühzeitig auf mögliche Veränderungen reagieren zu können. Die Moden und Ansprüche wechseln, so auch die Gewohnheiten und Erwartungen der Käufer. Natürlich variieren die Anforderungen der Kunden stark in Abhängigkeit von der Branche. Über alle hinweg gilt jedoch, dass die Ansprüche sich ständig ändern. Für die kundenspezifischen Bedürfnisse und Erwartungen sensibel zu sein, gleichgültig, ob es sich um Kunden in der Textil- oder Autoindustrie oder einer anderen Branche handelt, erfordert Flexibilität. In vielen Fällen auch Mut und Entschlossenheit, Bestehendes zu hinterfragen und ggfs. zu ändern.

In vielen Bereichen erwarten Kunden von einem Hersteller mehr, als nur dessen Produkte zu kaufen. Sie erwarten umfassende Angebote, die ihre wichtigsten Probleme lösen. Ein Lösungsanbieter (Solution Provider) zu sein, stellt allerdings auch die Unternehmen vor große Probleme.

Beispiel

Beispiel Solution Provider im Agrarbereich

Um ein Bespiel aus dem Landwirtschaftsbereich aufzugreifen: Bauern war in der Vergangenheit mit der Lieferung von Düngemitteln und Pestiziden gedient. Das deckt allerdings nur einen Teil ihrer Tätigkeiten ab, die von der Anbautechnik über die Feldbestellung, Wartung der Gerätschaften bis hin zur Vermarktung ihrer Produkte reichen. Was Landwirte zunehmend benötigen, ist die Optimierung des gesamten landwirtschaftlichen Produktionsprozesses vom Anbau bis zum Verkauf.

Dieser ganzheitliche Lösungsansatz erfordert ein Umdenken in der Industrie, die allen Bekundungen zum Trotz, immer noch stark auf die Produktion ihrer traditionellen Produkte fixiert ist. Das rüttelt am Selbstverständnis der Organisation und damit an der Unternehmenskultur.

Mit der fortschreitenden Globalisierung existiert eine Wettbewerbssituation, der sich mittlerweile selbst kleine Unternehmen stellen müssen. Damit gewinnt die systematische Beobachtung des Wettbewerbs (Competitive Intelligence) sowie die Umsetzung der dabei gewonnenen Erkenntnisse an Bedeutung. Das ist nur möglich, wenn dieser Prozess durch eine entsprechende Unternehmenskultur unterstützt wird.

3.5 Entwicklung einer adaptiven Unternehmenskultur

In den bisherigen Abschnitten haben wir wichtige Entwicklungen skizziert, denen sich Unternehmen stellen müssen. Doch wie müsste nun eine Unternehmenskultur beschaffen sein, damit die Organisation angemessen damit umgehen kann?

Darauf gibt es keine allgemeingültige Antwort. Zuviel hängt von der jeweiligen Situation des Unternehmens, seiner Historie, seinem Marktumfeld, den speziellen Anforderungen der Branche ab. Dennoch lassen sich einige wenige Grundprinzipien skizzieren, die sich an der zentralen Herausforderung für Unternehmen orientieren, wie sie der Organisationspsychologe Edgar H. Schein (2004) umschrieben hat. Danach müssen Organisationen ganz allgemein einerseits höchst sensibel sein für Veränderungen in ihrem Umfeld und andererseits intern eine stabile Organisation zur Durchsetzung ihrer Unternehmensziele schaffen. Je besser es gelingt, die externen Anforderungen und die interne Verfasstheit auf einander abzustimmen, desto größer sind die Chancen, erfolgreich zu sein.

Wir beschreiben im Folgenden vier Handlungsfelder, die maßgeblichen Anteil daran haben, die Anpassungs- und Reaktionsfähigkeit der Unternehmen zu gewährleisten. Wir fassen diese Themenbereiche unter dem Begriff der „adaptiven Unternehmenskultur" zusammen. Abbildung 3.2 zeigt die Kernelemente einer Adaptiven Unternehmenskultur.

Was die **Außenbeziehungen des Unternehmens** betrifft,

- Verfügt das Unternehmen über die **Sensibilität**, wichtige Veränderungen im Umfeld (z. B. im Wettbewerberverhalten, in den Kundenerwartungen oder bei technologischen Entwicklungen) wahrzunehmen? Praktisch bedeutet dies, dass das Unternehmen genau beobachtet, welche Entwicklungen und Trends im Markt erkennbar sind. Ähnliches gilt beispielsweise für die Entwicklung der Distributionskanäle oder für regulatorischer Vorgaben durch nationale oder internationale Institutionen.
  Damit diese externen Signale aufgenommen werden können, bedarf es eines internen Resonanzbodens, d. h. organisatorischer Strukturen und Ressourcen, z. B. eine Funktion Competitive Intelligence, die derlei Informationen und Erkenntnisse für die weitere betriebsinterne Umsetzung aufarbeitet.
- Sucht das Unternehmen außerhalb der eigenen Mauern ganz gezielt nach Synergie- und Lerneffekten (**Networking**)? Werden Kontakte zu externen Organisationen und Institutionen gezielt gefördert? Längst ist das größte Innovationspotenzial nicht mehr nur in den Unternehmen selbst zu finden. Startup-Unternehmen oder Universitätsinstitute verfügen über hochqualifizierte Experten, die sich an vorderster Front innovativer Techniken und Applikationen bewegen. Diese Unternehmen und Institutionen aktiv in interne Netzwerke oder Kooperationen einzubinden und damit Zugang zu innovativem Know-how zu gewinnen, das anderweitig nicht verfügbar ist, bedeutet einen wesentlichen Schritt zur Überwindung des verbreiteten „Not-invented-here"-Syndroms.
  Heute schon weisen einzelne Branchen einen hohen Grad der Vernetzung auf. Die Automobilbranche ist ein klassisches Beispiel, wo sowohl das Design als auch die Produktion schon seit Langem in Netzwerken erfolgen. Dieser Trend wird sich in Zukunft

Abb. 3.2 Hauptmerkmale der adaptiven Unternehmenskultur

auch in anderen Branchen durchsetzen. Die Organisationsforschung zum Thema soziale Netzwerke hat auf den unmittelbaren Zusammenhang zwischen der Leistung
und dem Grad der (internen und externen) Vernetzung hingewiesen. Die am besten
vernetzten Teams sind ungleich leistungsstärker als ihre weniger vernetzten Kollegen.
Ähnliches trifft auch auf die Leistungsfähigkeit von Einzelpersonen zu. Überhaupt ist
die Chance, kreativ zu sein, ungleich größer, wenn systematisch Informations- und Erfahrungsquellen angezapft werden (Cross und Parker 2004).

Hinsichtlich der **Binnenstrukturen des Unternehmens** ist zu fragen:

- Wird die **Vielfalt** des im Unternehmen vorhandenen **Know-Hows** effektiv genutzt?
  Gibt es ein systematisches Know-How-Management, das den größtmögliche Infor-
  mations- und Wissensaustausch innerhalb und zwischen den einzelnen Funktionen
  und Bereichen fördert? Gehört dies zum Selbstverständnis der Beschäftigten auf allen
  Ebenen und wird diese Grundhaltung durch Anreiz- und Belohnungssysteme unterstützt?
  - Untersuchungen haben eindrucksvoll bestätigt, dass die in den Organisationen vor-
    handenen Wissens- und Erfahrungspotenziale oft suboptimal arbeiten, weil
  - ungenaue Kenntnisse über das im Unternehmen vorhandene Know-how existieren
    und folglich nicht genutzt werden;
  - nicht alle „Wissensträger" in dem erforderlichen Maße bei plötzlich auftretenden
    Fragen oder Problemen – aus welchen Gründen auch immer – zu Rate gezogen
    werden;

- viele Menschen weitaus lieber den direkten persönlichen Kontakt zu Kollegen suchen, als sich komplexer Informationsmanagement-Systeme zu bedienen;
- sich unternehmensinterne Interaktions- und Kommunikationswege auf die Zusammenarbeit im eigenen Arbeitsbereich beschränken (Cross und Parker 2004).

Im Allgemeinen wächst mit der Größe der Organisation nicht nur das vorhandene Knowhow, auch die Komplexität der Organisation nimmt zu und damit auch die Verselbstständigung einzelner Bereiche. Die unausweichliche Konsequenz: Keiner weiß mehr, was in anderen Bereichen gemacht wird. Wie oft kann man hören: „Wenn das Unternehmen nur wüsste, was es alles weiß"! So bietet beispielsweise die Verkaufsmannschaft nur ein limitiertes Produktsegment des Unternehmens an, obgleich der Kunde durchaus Interesse an einem breiteren, möglicherweise auch bereichsübergreifenden Produktangebot hätte, zu dem das Unternehmen in der Lage wäre. Es müsste nur angeboten werden!

Nur der bewusst gesuchte Erfahrungs- und Wissenstransfer, sowohl innerhalb als auch außerhalb des Unternehmens, bietet die Chance, in einer zunehmend interdependenten Welt das zugängliche Know-how optimal für das Unternehmen einzusetzen.

- Lässt sich der Erfahrungsschatz des Unternehmens so bündeln, dass die Geschäftsstrategien dadurch nachhaltig unterstützt werden? Voraussetzung ist die einheitliche **strategisch-operative Ausrichtung** (Alignment) der gesamten Organisation auf die Geschäftsziele (von den Führungskräften bis zu den Mitarbeitern). Sie ist erforderlich, um den optimalen Ressourceneinsatz des Unternehmens zu gewährleisten. Darunter ist die strategisch-operative Ausrichtung der gesamten Organisation zu verstehen. Dazu gehören das gemeinsame Verständnis der Unternehmensvision/-mission, der strategischen Ziele und ihrer operativen Ausgestaltung. Es gehört zu den größten Herausforderungen für Unternehmen, dieses Alignement über alle Unternehmensbereiche und -ebenen hinweg zu gewährleisten (siehe Kap. 5 Unternehmenskultur und Strategie)

Ob und wie Unternehmen auf diese Anforderungen reagieren, hängt in entscheidendem Maße von der Unternehmenskultur ab. Wesentlichen Anteil an dem Anpassungsprozess haben die Führungskräfte, die wie keine andere interne Gruppe den Veränderungsprozess steuern und beeinflussen können. (Ihre Rolle beleuchten wir ausführlich in Kap. 5 Die Rolle der Führungskräfte im Kontext der Unternehmenskultur.).

3.6 Zusammenfassung

Mit den Begriffen

- **Sensibilität** und **Networking**, sowie
- **Know-How-Vielfalt** und **strategisch-operative Ausrichtung**

sind die Voraussetzungen für die Entwicklung einer adaptiven Unternehmenskultur umschrieben. Dass es in dieser Hinsicht noch einigen Nachholbedarf in deutschen Unternehmen gibt, unterstreicht die bis dato umfangreichste weltweit angelegte empirische Untersuchung zum Verhältnis von Kultur (national und organisational) und Führung, die GLOBE-Studie. Die Autoren schlussfolgern, dass im wiedervereinten Deutschland (bei vergleichsweise minimalen Unterschieden zwischen Ost und West) nach wie vor ein stark ausgeprägtes Sicherheitsdenken existiert, das sich in umfangreichen Regeln, Vorschriften und bürokratischen Prozessen niederschlägt (Brodbeck and Frese 2008). Allein diese Erkenntnis sollte Ansporn genug sein, dem Thema einer adaptiven Unternehmenskultur größte Aufmerksamkeit zu widmen.

Die Offenheit gegenüber Neuem, verbunden mit der Fähigkeit einer Organisation, daraus praktische Schlussfolgerungen für das kollektive und individuelle Handeln zu ziehen, ist längst ein wichtiger Produktionsfaktor geworden. Es sind nicht die Technologieschübe allein, die zu Quantensprüngen in der Leistungsfähigkeit der Unternehmen führen. Oftmals liegt es mehr an den „Soft Factors" wie Motivation und Beziehungsmanagement, ob Unternehmen in der Lage sind, den ständig erforderlichen „Anpassungsprozess" zu leisten (Schein 2013, S. 7).

Der Kit, der soziale Gebilde wie Unternehmen zusammenhält, kann nicht allein mit dem ökonomischen Kalkül erklärt werden. Essenziell sind Vertrauen, offene und glaubwürdige Kommunikation, Integrität etc. Ohne diese Wertebasis ist ein zielführendes Miteinander nicht möglich. (siehe Nida-Rümelin 2011). Damit sind Kernbereiche einer Unternehmenskultur angesprochen, die „intakt" sein muss, um wirklich erfolgreich zu sein.

All dies setzt ein lebenslanges Lernen, nicht allein der Beschäftigen, sondern auch der Organisationen voraus, das individuelle und kollektive Lernprozesse (und damit auch das Fehlermachen) bewusst und gezielt fördert.(siehe Kap. 8). Eine adaptive Unternehmenskultur wird – nolens volens – auf gesellschaftliche, technische und wirtschaftliche Entwicklungen reagieren müssen, wenn sie nicht Gefahr laufen will, den Anschluss zu verlieren.

Es gibt kein Rezept für die richtige Kultur. James C. Collins und Jerry I. Porras (1994) haben in ihrer vielbeachteten (und kritisierten) Studie „Built To Last" darauf hingewiesen, dass für den Erfolg einer Unternehmenskultur vor allem eines entscheidend ist: Dass ein Unternehmen seinen Kernwerten (Core Ideology) treu bleibt.

Reflektionsfragen zum Kapitel

- Welche Aspekte des gesellschaftlichen Wertewandels sind für Unternehmenskulturen relevant?
- Welche Auswirkungen aufgrund des gesellschaftlichen Strukturwandels sind erkennbar?
- Sind Veränderungen im Bereich Arbeitswelt sind zu erkennen?
- Welche Auswirkungen ergeben sich aus der Wissensexpansion und veränderten Kundenerwartungen?
- Welches sind die Hauptelemente einer adaptiven Unternehmenskultur?

Literatur

Act, S. O. (2002). Public Law No. 107-204. Washington, DC: Government Printing Office, 107.

Bassen, A., et al. (2005). Corporate Social Responsibility – eine Begriffserläuterung. *zfwu, 6/2,* 235.

Brodbeck, F. C., & Frese, M (2008). Societal culture and leadership in Germany. In J. S. Chhokar et al. (Hrsg.), *Culture and leadership across the world* (S. 147–214). New York: Psychology Press.

Chhokar, J. S. et al. (2008). *Culture and leadership across the world.* New York: Psychology Press.

Computerwoche. 28.02.2007. http://www.computerwoche.de/a/millenials

Collins, J. C., & Porras, J. I. (1994) *Built to last.* New York: Harper Collins.

Cornils, D., Mucha, A., & Rastellter, D. (2012) Zur Bedeutung von mikropolitischer Kompetenz für den Aufstieg von Frauen in Führungspositionen – am Beispiel der Handlungsfelder Unternehmenskultur und Selbstdarstellung. *Gruppendyn Organisationsberat, 43,* 225–244. doi:10.1007/s11612-012-0182-y.

Cross, R., & Parker, A. (2004). *The hidden power of social networks.* Boston: HBS Press.

Dubielzig, F., & Schaltegger, S. (2005). Corporate social responsibility. In Althaus, M., et al. (Hrsg.). (2005). *Handlexikon Public Affairs.* Münster: Lit Verlag.

Europäische Kommission. (2001).Europäische Rahmenbedingungen für die soziale Verantwortung der Unternehmen. Grünbuch, Lixembourg: Amt für amtliche Veröffentlichungen der Europäischen gemeinscahft, COM (2001) 336 final Brüssel.

Executive Paywatch. (2013). http://www.aflcio.org/corporatewatch/paywatch/pay/index.cfm.

Institut der Deutschen Wirtschaft. (2011). *Karriere und Beruf 50plus: Wege zur demografischen Fitness und mehr Beschäftigung.* Köln.

Nahles, A. *Die Zeit.* 18.12. 2013.

Nida-Rümelin, J. (2011). *Die Optimierungsfalle.* München: Irisiana.

Richter et al. (2012). Demografischer Wandel in der Arbeitswelt. http://www.baua.de/de/Publikationen/Fachbeiträge/artikel30.html

Rosa, H. (2013). *Beschleunigung und Entfremdung.* Frankfurt: Suhrkamp.

Sandel, M. J. (2012). *What money can't buy. The moral limits of markets.* New York: Farrar, Straus & Giroux.

Schein, E. H. (2004). *Organizational culture and leadership.* San Francisco: Jossey-Bass.

Schein, E.H. (2013). *Humble inquiry-The gentle art of asking instead of telling.* San Francisco: BK-Publishers.

Schweiß-Gerwin, G. (2013). Europa investiert in die psychische Gesundheit am Arbeitsplatz Gesund im Job *Das Magazin für Betriebliches Gesundheitsmanagement.,* Juni.S. 4.

Stiglitz, J. E. (2012). *The price of inequality.* New York: W.W. Norton & Company.

Tapscott, D., & Ticoll, D. (2012). *The naked corporation.* New York: Free Press.

United Nations. (2011). Department of Economic and Social Affairs, Population Division. World Population Prospects: The 2010 Revision; *Eurostat: Jahrbuch der Regionen* 2010, Online-Datenbank: Bevölkerungsprognosen.

Wehler, H.-U. (2013). *Die neue Umverteilung – Soziale Ungleichheit in Deutschland.* München: C.H. Beck.

Eine Unternehmenskultur verändern

4

Norbert Homma

Zusammenfassung

Wenn Unternehmen in Schwierigkeiten geraten, werden häufig auch Merkmale der Unternehmenskultur dafür verantwortlich gemacht. In diesem Kapitel werden folgende Fragen beantwortet:

- Wann stehen Veränderungen der Unternehmenskultur an?
- Wo setzt man den Hebel der Veränderung an?
- Wozu dient ein Kultur-Audit?
- Wie lässt sich der individuelle und kollektive Lernprozess beim Kulturwandel gestalten?
- Wie offen sind Menschen für Veränderung?
- Welches sind die wichtigsten Erfolgsfaktoren für einen Kulturwandel?
- Was sind die wichtigsten Prozessschritte eines Kulturwandels?
- Kann ein Kulturwandel überhaupt gezielt herbeigeführt werden?

4.1 So kann es nicht mehr weitergehen...!

Es läuft vieles schief im Unternehmen: Marktanteile gehen verloren, weil der Wettbewerb viel schneller mit innovativen Produkten auf den Markt kommt. Offensichtlich mangelt es an neuen Produktideen und der Flexibilität, auf neue Marktanforderungen effektiver reagieren zu können. Oder Befragungen zeigen, dass immer weniger Kunden mit den

---

Soweit im Folgenden personenbezogene Bezeichnungen nur in männlicher Form angeführt sind, beziehen sie sich auf Frauen und Männer in gleicher Weise.

© Springer Fachmedien Wiesbaden 2014
N. Homma et al., *Einführung Unternehmenskultur*,
DOI 10.1007/978-3-658-02411-6_4

Serviceleistungen des Unternehmens zufrieden sind. Insbesondere wird bemängelt, das Unternehmen sei zu wenig qualitätsorientiert. Das ist die Außenwahrnehmung. Aber auch unternehmensintern kommt es häufig zu Reibereien und Abstimmungsproblemen. Sucht man nach den Gründen, so stößt man auf fehlendes Vertrauen in andere Unternehmensbereiche. Wer mit diesen (oder ähnlichen) Problemen konfrontiert wird, kann bereits erste Anzeichen für mögliche Defizite in der Unternehmenskultur, sowohl im Einstellungs- als auch im Verhaltensbereich, erkennen.

Wie aus zahlreichen Untersuchungen bekannt ist, verursachen Defizite in der Unternehmenskultur erhebliche Reibungsverluste, die sich nachteilig auf die Motivation und Leistungsbereitschaft der Mitarbeiter und damit auch auf den Unternehmenserfolg auswirken.

Weitere mögliche Beispiele für „kulturrelevante" Themen sind:

- Das Unternehmen weist eine hohe Fluktuation der Führungskräfte und/oder Mitarbeiter auf.
- Der Führungsstil einiger Manager führt zu Frustrationen und Spannungen bei den Mitarbeitern.
- Die Reaktionszeiten auf Kundenanfragen sind zu lang und bieten häufig Anlass zu Kritik.
- In weiten Teilen des Unternehmens dominieren Bereichsegoismen und Silodenken.
- Die Organisation ist mehr mit sich selbst beschäftigt als mit ihren Kunden.
- Es gibt einen vergleichsweise hohen Krankheitsstand.
- Sicherheitsdenken und Fehlervermeidung kennzeichnen die internen Arbeitsbeziehungen.
- Selbst wenn interne Vereinbarungen und Zusagen nicht eingehalten werden, hat dies keine Konsequenzen für die Verantwortlichen.
- Zwischen einigen Abteilungen herrscht ein Klima des Misstrauens und der mangelnden Kooperation.

Wenn diese oder ähnliche Symptome zu beobachten sind, – spätestens dann – müssen bei den Verantwortlichen alle roten Lampen angehen: Es muss sich etwas Grundlegendes an der Art und Weise ändern, wie im Unternehmen gedacht und gehandelt wird. Ein klassischer Fall von Kulturveränderung!

Das komplette „Umkrempeln" einer Unternehmenskultur dürfte nur in Ausnahmefällen erforderlich sein. Eher geht es um die Frage, welche speziellen Einstellungen oder Verhaltensweisen zu Schwierigkeiten führen, sowohl im Unternehmen selbst als auch im Kontakt mit der Außenwelt. Ganz gravierend ist es, wenn ersichtlich wird, dass bestimmte

„Mindsets" und Verhaltensmuster eindeutig den Unternehmenszielen und Geschäftsstra-tegien zuwider laufen. Dann ist Handeln angesagt.

4.2   Wo den Hebel der Veränderung ansetzen?

Die Probleme zu kennen, genügt allein nicht. Es bedarf auch einer Vorstellung, was ver-ändert werden soll und mit welchem Ziel. Häufig ist dazu eine differenzierte Problem-analyse erforderlich. Handelt es sich um grundsätzliche Werte oder Überzeugungen, z. B. ein neues Qualitätsbewusstsein zu etablieren? Oder geht es um den Führungsstil von Vorgesetzten, der zu heftiger Kritik Anlass gibt? Oder handelt es sich gar um „grund-legende Annahmen" (beispielsweise darüber, wie mit Fehlern umgegangen wird). Diese Annahmen stehen nicht in den Unternehmensbroschüren, sind aber häufig viel verhaltens-relevanter (siehe hierzu auch die unterste Ebene in Edgar H. Scheins Modell in Kap. 1 Einleitung)

Wie können Probleme mit der Unternehmenskultur aufgedeckt werden? Vieles ist leicht zu beobachten, z. B. der Umgang mit Kunden oder in der internen Kommunikation. Andere Aspekte sind nicht so offenkundig (z. B. grundlegende Annahmen) und müssen erforscht werden. Genaues „Hinschauen" oder persönliche Gespräche (Interviews) mit den Beteiligen/Betroffenen geben Aufschluss darüber, wo die Probleme liegen.

Bei kleineren Unternehmen ist eine Problemanalyse leicht durchzuführen. Bei größe-ren Veränderungsprojekten dagegen ist ein umfassender Kultur-Audit erforderlich (z. B. bei M&A-Aktivitäten). Wir werden im nächsten Abschnitt diesen Kultur-Audit näher beschreiben. Grundsätzlich ist hervorzuheben, dass jeder systematische Veränderungs-prozess eine differenzierte **Gap-Analyse** voraussetzt, die Auskunft darüber gibt, wie die Unternehmenskultur beschaffen ist und welche Kultur zukünftig gewünscht wird. Erst aus der Gegenüberstellung von aktueller und erwünschter Kultur lässt sich der konkrete Handlungsbedarf ermitteln.

4.3   Der Kulturwandel als Lernprozess

Verhaltensänderungen können angeordnet werden, bei Werten und Einstellungen ist das schon deutlich schwieriger oder auch unmöglich. Werte und Einstellungen steuern aber das Verhalten. Das heißt, ein Kulturwandel setzt einen Lernprozess voraus, der über die Einsicht in die Notwendigkeit der Veränderung einen Einstellungswandel und damit auch einen Verhaltenswandel erreichen kann. (Da gibt es aber keinen Automatismus und den Erfolg kann niemand garantieren). Wie geschieht dies am effektivsten? Hierzu gibt es einige grundsätzliche Überlegungen und Erfahrungen, die für jeden erfolgreichen Kultur-wandel Gültigkeit haben.

- **Kulturwandel ist in der Regel ein „Top-Down Approach"**: Die entscheidenden Impulse kommen vom Management. Entscheidend ist die Unterstützung durch das (Top-) Management. Es ist eine Illusion, zu glauben, diese Verantwortung schnellstmöglich an untere Managementebenen delegieren zu können.
- **Die Führungskräfte für die Veränderung gewinnen**: Bei aller strategischen und symbolischen Bedeutung des Managements, aus eigner Kraft kann es nicht viel bewegen. Es bedarf der aktiven Unterstützung durch die Führungskräfte auf allen Unternehmensebenen. Sie sind der entscheidende Hebel oder „Transmissionsriemen" im operativen Geschäft. Ohne ihr Engagement ist ein Veränderungsprogramm schnell Makulatur. Sie schnellstmöglich für den Kulturwandel zu gewinnen, ist eine der Top-Prioritäten. Erst wenn diese „Hürde" genommen ist, sind die Voraussetzungen für eine systematische Ausweitung des Veränderungsprozesses auf die gesamte Organisation gegeben.
- **Jedes Unternehmen muss seinen eigenen Weg finden**: Praktische Lösungen werden im Laufe des Prozesses mit der Organisation, d. h. den Führungskräften und Mitarbeitern, erarbeitet. Auch wenn Erfahrungen aus anderen Unternehmen herangezogen werden können, eine Unternehmenskultur ist etwas sehr Spezifisches, das die besonderen Belange und Bedürfnisse der jeweiligen Organisation verkörpert. Von außen übergestülpte Verhaltensvorschriften werden dann schnell als Fremdkörper abgestoßen. Niemand kann präzise vorhersagen, wie schnell und effektiv die Maßnahmen greifen werden. Wer sich auf unbekanntes Terrain vorwagt, muss auch mit Ambiguität und Rückschlägen leben können – als Führungskraft und als Mitarbeiter.
- **Fehler zu machen, ist unvermeidlich**: Wer neue Lösungswege beschreitet – und das ist bei Kulturveränderung immer der Fall – wird nicht gleich die richtigen Antworten finden. Es muss nachgebessert werden. Und darauf sollten alle vorbereitet sein. Entscheidend ist, wie schnell die Organisation und der Einzelne bereit sind, aus diesen Fehlern zu lernen und Verhaltenskonsequenzen zu ziehen.

Wenden wir uns nun nach diesen grundsätzlichen Hinweisen dem eigentlichen Ablauf des Lernprozesses zu. Der organisationale Lernprozess kann in drei Schritte unterteilt werden.

- Er beginnt mit der **Schaffung eines Bewusstseins für notwendige Veränderungen**. Was ist zu erhalten beziehungsweise zu verstärken? Welche Werte, Einstellungen, Verhaltensweisen sind davon betroffen? Bei welchen Themen besteht (dringender) Handlungsbedarf?
- In der zweiten Phase werden die **Vorstellungen über die zukünftige Kultur entwickelt** (alte Werte bestätigen, neue Werte definieren, Verhaltensprinzipien vereinbaren).
- Schließlich geht es in der dritten Phase um die praktische **Umsetzung der neuen Anforderungen**. Abb. 4.1 zeigt das Phasenmodell für den individuellen und kollektiven Lernprozess beim Kulturwandel

Auf die besondere Rolle und Funktion der Führungskräfte bei einem Kulturwandel wird ausführlich in Kap. 6 Unternehmenskultur und Führung eingegangen.

Abb. 4.1 Lernprozess
Kulturwandel

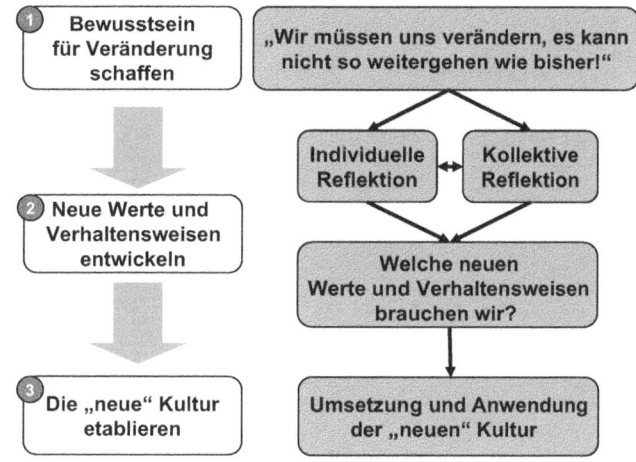

4.4   Wie offen sind Menschen für Veränderung?

Ehe wir uns näher mit Aufbau und Inhalt des Kulturwandelprozesses beschäftigen, befassen wir uns mit der Psychologie des Wandels. Wie reagieren Menschen, wenn sie mit der Notwendigkeit konfrontiert werden, dass sich möglicherweise ihre Einstellungen, vor allem jedoch ihr Verhalten ändern müssen. Edgar H. Schein (1999) hat sich mit den psychologischen Mechanismen auseinandergesetzt, die bei Veränderungsprozessen greifen. Die meisten Menschen schrecken vor größeren Veränderungen zurück. Wandel ist nicht unbedingt positiv besetzt, außer man befindet sich in einer ausgesprochen unangenehmen Situation. Wenn sie frei entscheiden können, wählen die meisten Menschen die Stabilität und Kontinuität.

Der psychologische Anpassungsprozess bei wichtigen Veränderungen lässt sich nach Kübler-Ross (1969) wie folgt darstellen (Abb. 4.2):

Die einzelnen Stadien sind wie folgt:

Schock (1)
Ein Individuum oder eine Organisation werden mit einer kritischen Nachricht konfrontiert, die tiefgreifende Veränderungen erforderlich machen wird. Ein Weiter-so-wie-bisher ist nicht mehr möglich. Da die Nachricht (weitgehend) aus heiterem Himmel kommt, ist die erste Reaktion Schock und Erschrecken.

Ungläubigkeit (2)
Ein klassisches Reaktionsmuster heißt dann zunächst: „Das kann doch nicht sein. Bislang hat doch alles gut funktioniert und das Unternehmen war doch erfolgreich." Ungläubigkeit macht sich breit. Wenn die Nachricht nicht wahr sein kann, dann besteht auch keine Notwendigkeit, etwas zu verändern.

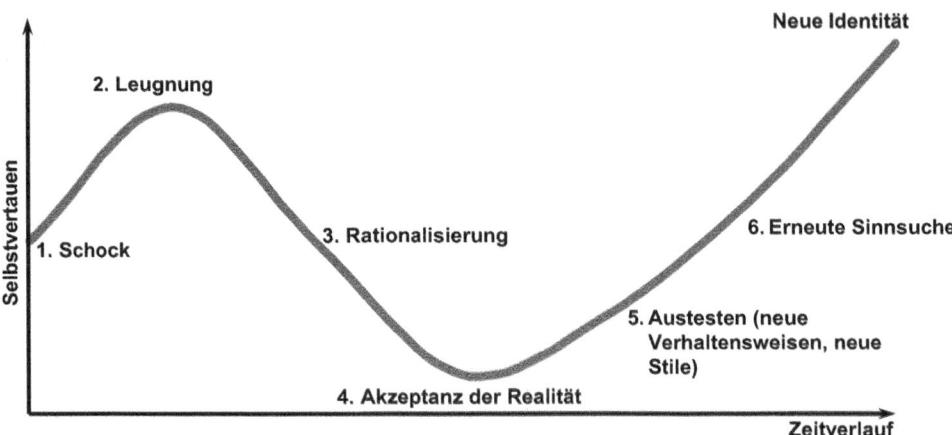

In Anlehnung an Kübler-Ross (1969)

Abb. 4.2 Veränderungskurve

Rationalisierung (3)

Man weigert sich zunächst, der Realität ins Auge zu sehen und sucht nach Ausreden oder Begründungen, weshalb sich nichts zu ändern braucht, weil „man schon viele Turbulenzen überlebt hat" oder weil mit dem nächsten Management-Wechsel ohnehin wieder alles anders sein wird. Aber die Zeit schreitet voran und die Probleme nehmen nicht ab. Im Gegenteil, der Zustand verschlechtert sich zunehmend.

Akzeptanz der Realität (4)

Die Botschaft ist endlich angekommen. Das Unternehmen kann nicht ohne weitgehende Eingriffe wieder auf die Beine kommen. Was auf der rationalen Ebene längst verstanden, aber nicht eingestanden wurde, wird jetzt auch emotional akzeptiert. Wenn das Problem mit den bisherigen Mitteln nicht gelöst werden kann, dann müssen neue Mittel und Wege gefunden werden.

Austesten (5)

Die Suche nach praktischen Lösungen wird ernsthaft in Angriff genommen. Verschiedene Optionen und Maßnahmen werden ausprobiert. Nicht alles gelingt auf Anhieb. Notgedrungen passieren auch Fehler. Damit muss man leben. Aber letztendlich sind Fortschritte erkennbar. Langsam gewinnt die Organisation wieder das Vertrauen in die eigenen Fähigkeiten zurück, das Problem in den Griff zu bekommen.

Neue Sinnsuche/Identität (6)

Im Laufe des Prozesses hat sich ein neues Verständnis davon entwickelt, was die Organisation in Zukunft leisten muss und was sie bereits hinter sich gelassen hat. Am Ende steht eine neue Identität, mit erstarktem Selbstbewusstsein, auf die neue Situation kompetent und wirkungsvoll reagiert zu haben.

Hierbei gilt zu beachten, dass sich Menschen zu Beginn eines Veränderungsprozesses an den unterschiedlichsten Stellen der Veränderungskurve befinden. Jemand, der bereits an neuen Lösungen arbeitet, reagiert anders als jemand, der gerade mit der Tatsache konfrontiert wurde, dass seine bisherige Arbeit nicht mehr den Anforderungen entspricht. Diese unterschiedlichen Ausgangslagen müssen berücksichtigt werden. Das hat unmittelbare Konsequenzen für Art und Inhalt der Kommunikation. Auch das Veränderungstempo muss eventuell den Gegebenheiten angepasst werden. Vor allem sollte eine Überforderung wichtiger Teile der Organisation vermieden werden. Dies zu erkennen und entsprechend zu handeln, gehört zu den wichtigen Leistungen des Top- Managements und der Führungskräfte im Veränderungsprozess.

Nicht jeder durchläuft diesen Prozess gleich schnell. Bei einigen geht es sehr schnell. Sie finden sich schnell mit der Situation ab und suchen konkret nach Lösungen. Andere wiederum verharren in der Rationalisierungsschleife und suchen hartnäckig nach Argumenten oder Gründen, weshalb sich nichts ändern sollte.

Wie kann man bei Menschen die Einsicht reifen lassen, dass sie ihre Einstellung und damit auch ihr Verhalten ändern müssen? Edgar H. Schein kommt zu dem Schluss, dass es einer „**Survival Anxiety**" (1999, S. 121) bedarf, um Menschen zu nachhaltigen Veränderungen zu veranlassen. Das klingt zunächst sehr dramatisch. Was ist darunter zu verstehen?

Wenn wir von wichtigen Verhaltensänderungen sprechen, dann bedarf das laut Schein eines erheblichen Drucks – von innen oder von außen. Überzeugungen, eingefahrene Denkstrukturen und Verhaltensweisen werden nicht so schnell abgelegt. Es braucht die Erkenntnis, dass man nicht mehr so weiter machen kann wie bisher.

Einen Einstellungswandel als Voraussetzung für einen Verhaltenswandel zu vollziehen, ist ein Lernprozess, der gezielt initiiert werden muss. Das kann auf vielfältige Weise geschehen. Oft helfen Informationen (Zahlen und Entwicklungstrends), die die zu erwartende Entwicklung und die damit verbundenen Konsequenzen aufzeigen. Extrem wichtig sind die persönliche Kommunikation und Überzeugungsarbeit – die ist am effektivsten, wenn auch zeitintensiv.

Eng damit verbunden ist das Konzept der „**Learning Anxiety**", d. h. die Angst vor dem Neu-Lernen, weil man plötzlich nicht mehr der Experte ist, nicht mehr für andere Entscheidungen treffen kann, selbst auf der Suche nach dem richtigen Weg ist. Das kann – in der Eigenwahrnehmung – zu Status- und Bedeutungsverlust führen. Entscheidend ist, dem Betroffenen die Angst vor dem Neu-Lernen zu nehmen. Wie kann man das erreichen?

Zwänge und Notwendigkeiten aufzuzeigen, bedeutet nicht, Angst zu verbreiten. Vielmehr sollte in dieser Situation der Verunsicherung ein Klima von psychologischer Sicherheit (Vertrauen, Zuversicht, Klarheit) geschaffen werden. Dafür gibt es kein Allheilmittel, sondern einen ganzen Strauß von Möglichkeiten und Aktivitäten: z. B. eine attraktive Perspektive aufzeigen, wie das Unternehmen beispielsweise durch eine Umstrukturierung der Arbeitsprozesse effektiver wirtschaften kann und damit wiederum Mittel für Investitionen in anderen Bereichen frei werden; oder ein Pilotprojekt aufsetzen, mit dem neue Ideen und ihre Anwendungen auf ihre Realisierbarkeit getestet werden (siehe hierzu die Liste der Möglichkeiten in Abb. 4.3).

Abb. 4.3 Beispiele, wie psychologische Sicherheit geschaffen werden kann

Wie kann psychologische Sicherheit erzeugt werden? Mögliche Inhalte/Maßnahmen sind:

- eine attraktive, überzeugende Vision
- formale Trainingsangebote
- Betroffene zu Beteiligten machen
- Unterstützung durch Mentoren, Change Agents
- informelles Training von relevanten Arbeitsgruppen oder Teams
- Pilotprojekte, „Übungsfelder", Coaches, Feedbackschleifen
- positive Rollenmodelle
- die Nutzung von Sparringspartnern (Gruppen) für Analyse und Reflektion
- Anerkennung und Belohnungssysteme zur Unterstützung des Veränderungsprozesses

(Adaptiert von E. H. Schein, 2004)

All das sind Signale, die der Organisation, den Menschen vermitteln, dass es einen strukturierten Weg aus der Krise gibt, der natürlich auch dem „Trial-and-Error"-Prinzip folgt und immer wieder Kurskorrekturen erforderlich macht.

Nun können bei Weitem nicht alle „Krisen" positiv gelöst werden. Wenn aus zwingenden ökonomischen Gründen Arbeitsplätze abgebaut werden müssen, führt das zu individuellen Notlagen und eventuell existenzbedrohenden Situationen. Da hilft kein Beschönigen. Da hilft nur, den Tatsachen ins Auge zu sehen. Auch das ist eine Aufgabe der Führungskräfte, die besondere persönliche und soziale Fähigkeiten erfordert. Was genau darunter zu verstehen ist, werden wir im Folgenden erläutern.

4.5   Der Prozess des Kulturwandels im Überblick

Nachdem wir uns in den vorherigen Kapiteln mit grundlegenden Aspekten der Unternehmenskultur und ihrer Veränderung beschäftigt haben, wenden wir uns nun dem eigentlichen Prozess der Kulturveränderung zu. Wie muss der Veränderungsprozess praktisch angelegt werden, um erfolgreich zu sein? Welche Prozessschritte sind erforderlich? Welche inhaltlichen und methodischen Anforderungen ergeben sich daraus für die Organisation in der Durchführung? Und schließlich, worauf sollte besonders geachtet werden, beziehungsweise welche Fehler sollten tunlichst vermieden werden?

Im Kontext dieses Kapitels vermitteln wir lediglich einen Überblick des Gesamtprozesses. Für eine vertiefende Darstellung der einzelnen Prozessschritte und deren Instrumentarien siehe Homma und Bauschke (2010). Abbildung 4.4 zeigt die wichtigsten Stadien des Kulturwandelprozesses.

Der allgemeine Prozessverlauf bedarf der Anpassung an die jeweilige Unternehmenssituation. Ein mittelständischer Betrieb wird sich mit prinzipiell ähnlichen Fragen und Themen auseinandersetzen müssen wie ein Großunternehmen, auch wenn das konkrete Vorgehen und der Investitionsaufwand für beide sehr unterschiedlich sein werden.

Grundsätzlich ist der Prozess jedoch auf alle Unternehmen und Organisationen übertragbar, unabhängig davon, wie groß sie sind oder zu welcher Branche sie gehören.

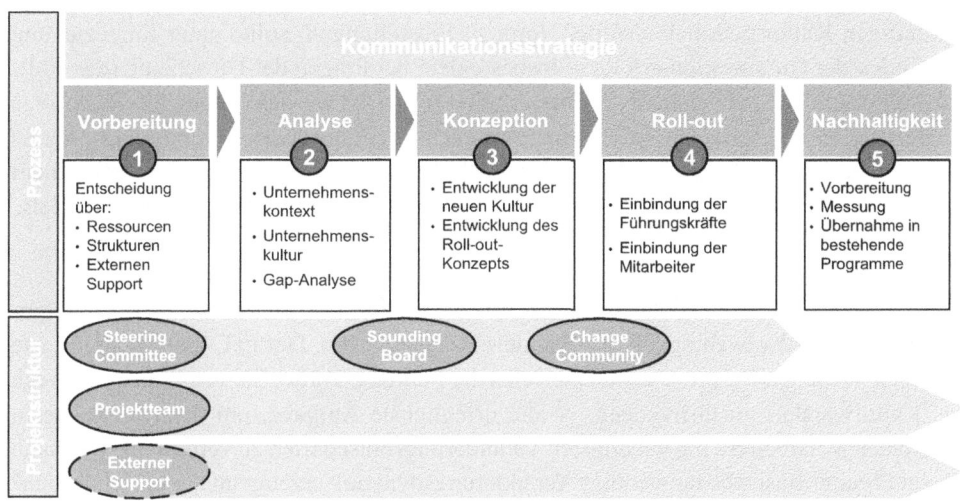

Abb. 4.4 Kulturwandelprozess im Überblick. (Quelle: Homma und Bauschke 2010, S. 63)

Vorbereitung (1)

Vorausgegangen ist die Entscheidung im (Top-)Managementteam oder in der Geschäftslei-tung, dass etwas in Sachen „Unternehmenskultur" unternommen werden muss. Wo jedoch der Hebel der Veränderung anzusetzen ist und welche Maßnahmen erforderlich sind, ist noch völlig unklar und konkrete Entscheidungen darüber sind einer späteren Projektphase vorbehalten. Praktische Fragen bedürfen der Klärung: Wie soll die Projektorganisation aussehen, welche Ressourcen (Zeit, Personen, Ausgaben) werden benötigt? Zur Organisa-tion: Ohne eine effektive Projektstruktur ist das Vorhaben nicht zu bewerkstelligen. Dazu müssen die wichtigsten Elemente einer Projektstruktur – wenigstens vorläufig – festge-legt werden (Projektleiter, Team, Steering Committee). Grundsätzlich muss entschieden werden, ob das Unternehmen selbst über die erforderlichen Ressourcen verfügt, um ein Vorhaben dieser Art erfolgreich durchzuführen (z. B. könnte es an der mangelnden Ver-fügbarkeit oder Kompetenz der eigenen Mitarbeiter scheitern). Ist dies nicht der Fall, wird man nicht umhinkommen, auf externe Unterstützung zurückzugreifen. Sobald diese Fragen geklärt sind, kann mit der inhaltlichen Arbeit begonnen werden.

Analyse (2)

Voraussetzung für eine erfolgreiche Kulturveränderung ist die Analyse des Status quo. Dieser Schritt beinhaltet sowohl eine Einschätzung der wichtigsten Umfeldfaktoren (z. B. Marktentwicklungen, Kundenerwartungen, Wettbewerberverhalten) und ihrer Bedeutung für die aktuelle und zukünftige Unternehmenskultur als auch eine kritische Bestandsauf-nahme der Stärken und Schwächen der eigenen Unternehmenskultur. Damit werden die Grundlagen für Entscheidungen über das weitere Vorgehen geschaffen.

Konzeption (3)

Die Analyse der Unternehmenssituation liefert den Verantwortlichen „schwarz auf weiß", wo die Stärken und Schwächen der Unternehmenskultur liegen. Die Festlegung der zukünftigen Kulturmerkmale (Werte, Normen, Einstellungen) sollte unter Einbeziehung von Teilen der Organisation erfolgen. Insbesondere bei Fragen der Umsetzung (des Roll-out) sollte auf den Sachverstand der Organisation rekurriert werden (Stichwort: Betroffene zu Beteiligten machen), um später einen möglichst reibungslosen Veränderungsprozess einleiten zu können, der auch nachhaltige Ergebnisse zeitigt. Die Konzeptionsphase dient also im Wesentlichen der inhaltlichen und prozessualen Vorbereitung des Kulturwandels.

Roll-out (4)
Hier liegt die eigentliche Herausforderung des Kulturwandels: die Menschen in der Organisation von der Notwendigkeit des Wandels zu überzeugen. Der mit Abstand wichtigste Hebel im Veränderungsprozess sind zunächst die Führungskräfte: Sie von Sinn und Zweck des Kulturwandels zu überzeugen, ist die dringlichste Aufgabe, um dann im nächsten Schritt den Mitarbeitern die wichtigsten Veränderungsbotschaften zu vermitteln. Wie kann also auf breiter Basis die notwendige Veränderungsdynamik erzeugt und erhalten werden? Wie gelingt es, den unmittelbaren Nutzen der Veränderungsmaßnahmen glaubwürdig zu vermitteln, mit welchen Schwierigkeiten ist zu rechnen und wie kann damit umgegangen werden? Das sind die Themen, die im Fokus der Roll-out-Phase stehen.

Nachhaltigkeit (5)
Viele mit großem Aufwand und Engagement gestartete Projekte verlaufen, nach anfänglichen Erfolgen, im Sande. In anderen Fällen bleiben die tatsächlich erzielten Ergebnisse deutlich hinter den ursprünglichen Erwartungen zurück. Nachhaltigkeit ist der „Lackmustest" jedes Veränderungsprojektes. Verbesserungen bewirken nichts, wenn sie nicht auch von Dauer sind. Neue Einstellungs- und Verhaltensweisen laufen leicht Gefahr – das liegt in der Natur der Sache –, an fest etablierten Gewohnheiten oder schlicht der Gleichgültigkeit vieler zu scheitern. Deshalb muss möglichst früh darüber nachgedacht werden, wie die Nachhaltigkeit der Veränderung sichergestellt werden kann und welche Maßnahmen im Veränderungsprozess vonnöten sind, um korrigierende Eingriffe zu ermöglichen. Dazu gibt es eine ganze Bandbreite unterschiedlicher Möglichkeiten, die im Rahmen des Veränderungsprozesses in Erwägung gezogen werden sollten (Beispiele hierzu in Homma und Bauschke 2010). Erst wenn die Frage der Nachhaltigkeit befriedigend gelöst wurde, kann von einem erfolgreichen Kulturwandel gesprochen werden.

> Details zum Projektmanagement des Veränderungsprozesses finden sich bei Homma und Bauschke (2010).

Kommunikation
Allen Lippenbekenntnissen zum Trotz gehört die Kommunikation zu den am meisten vernachlässigten Bausteinen eines Veränderungsprozesses. Die Rolle der Kommunikation als Steuerungsinstrument des Kulturwandels wird gerne unterschätzt.

Alle Veränderungsprozesse – speziell im Bereich der Unternehmenskultur – sind mit Unsicherheiten, teilweise auch Ängsten verbunden. Dieses Stadium ist spätestens dann erreicht, wenn externe Berater im Unternehmen „auftauchen" und beginnen, (potenziell unangenehme) Fragen zu stellen. Um der Gerüchteküche den Nährboden zu entziehen, ist eine kontinuierliche Kommunikation über Intentionen und Fortschritte, aber auch Misserfolge des Projektes unerlässlich. Dies wird durch eine eigenständige Kommunikationsstrategie zur Begleitung des gesamten Projektes erreicht. Die vom Veränderungsprozess Betroffenen wünschen sich vor allem eines: zuverlässige und zeitnahe Informationen. Wenn dies gegeben ist, leistet die Kommunikation einen wesentlichen Beitrag zur Glaubwürdigkeit und damit zum Erfolg des Projektes.

Am Anfang jedes Kulturwandels steht der Kultur-Audit. Er bildet die Grundlage für die Konzeption und Durchführung des Veränderungsprozesses. Wir werden deshalb in den nächsten beiden Abschnitten ausführlicher auf dieses spezielle Thema eingehen.

4.6 Der Kultur-Audit

Der Kultur-Audit kann sowohl von unternehmensinternen Kräften als auch von externen Beratern vorgenommen werden. Meist empfiehlt sich jedoch bei diesem potenziell brisanten Thema das Hinzuziehen eines neutralen Dritten. Ein Projektteam übernimmt die systematische Analyse der Unternehmenskultur.

Für die Analyse gibt es Standardthemen (siehe Liste zu mögliche Themenschwerpunkten des Kultur-Audits), die der jeweiligen Unternehmenssituation angepasst werden müssen. Wie detailliert oder umfangreich verschiedene Themen bearbeitet werden, hängt ganz vom Unternehmen und der praktischen Aufgabenstellung ab.

Bei der Analyse wird auf bereits publiziertes Materials zurückgegriffen (z. B. Geschäftsberichte, Mitarbeiterbefragungen, Unternehmensvision, Führungsprinzipien etc.). Tiefe Einblicke in die Unternehmenskultur vermitteln insbesondere Interviews mit Mitarbeitern und Führungskräften aus unterschiedlichen Unternehmensbereichen. Ziel sollte es sein, alle wichtigen Unternehmensbereiche abzudecken, um ein realistisches Bild der Unternehmenskultur zu erhalten. Je nach Größe des Unternehmens ist der dafür erforderliche Aufwand nicht unerheblich, vor allem wenn verschiedene Regionen weltweit berücksichtigt werden müssen.

Mögliche Themenschwerpunkte des Kultur-Audits sind in der folgenden Liste beispielhaft aufgeführt:

- Vision, Mission, Unternehmenswerte, Leitlinien und Prinzipien
- Strategische Ziele und Maßnahmen zu ihrer Umsetzung
- Erfolgsfaktoren des Unternehmens
- Führungsverhalten auf allen Ebenen
- Organisationsstrukturen und -prozesse
- Grundlegende Einstellungen/Annahmen im Unternehmen
- Verhaltensweisen am Arbeitsplatz

- Kommunikationsverhalten/-stile im Unternehmen
- Leistungsbewertung und Anreizsysteme
- Stilmerkmale (z. B. Kleiderordnung, Anrede)
- Räumliche Gestaltung
- Symbole, Artefakte

Wer tief in die gelebte Kultur eindringen möchte, insbesondere wenn es um ein Verständnis der „grundlegenden Annahmen" geht (siehe das Schein-Modell Kap. 1 Einleitung), wird um Face-to-face-Gespräche nicht umhin kommen. Die qualitativen Befragungen sollten jedoch nach Möglichkeit durch eine quantitative Umfrage (Online-Fragebogen an Mitarbeiter/Führungskräfte) ergänzt werden, um eine breitere Datenbasis zu erhalten.

Bei der Auswertung geht es sowohl um eine Einschätzung der aktuellen Situation als auch um den Abgleich von Zielvorstellungen und der tatsächlich gelebten Kultur (Gap-Analyse). Ein praktischer Nebeneffekt der Bestandsaufnahme: Sie kann zu einem späteren Zeitpunkt als „Null-Messung" dienen, um zu überprüfen, ob und in welchem Umfange nachhaltige Veränderungen in wichtigen Einstellungs- und Verhaltensbereichen erfolgten.

Im Rahmen des Kultur-Audits werden auch erste Vorstellungen zur zukünftigen Kultur gesammelt. In allen Unternehmen kursieren Ideen und Optimierungsvorschläge. Sie werden – aus welchen Gründen auch immer – nur nicht zur Kenntnis genommen oder nicht mit der nötigen Entschlossenheit weiterverfolgt. Diese Ideen zu identifizieren und in die weiteren Überlegungen einfließen zu lassen, stellt eine wichtige Aufgabe der Kulturanalyse dar.

4.7   Funktionen des Kultur-Audits

Der Kultur-Audit leistet ein wesentlicher Beitrag zur Planung und Umsetzung des Kulturwandels:

- **Sensibilisierung:** Die Ergebnisse des Kultur-Audits sind häufig erst der entscheidende Anstoß, um das Bewusstsein für Veränderung zu schaffen beziehungsweise zu stärken: Nicht immer besteht Einigkeit im Management über die Notwendigkeit einer Kulturveränderung, ganz zu schweigen von den Zielen und Maßnahmen, um diese zu erreichen. Differenzierte und belastbare empirische Ergebnisse begünstigen eine Versachlichung der Diskussion und tragen entscheidend zur gemeinsamen Meinungs- und Entscheidungsfindung bei.
- **Ansatzpunkte für Veränderung:** Der Kultur-Audit liefert differenzierte Erkenntnisse über die aktuellen Stärken und Schwächen der Kultur und Hinweise zur zukünftigen Gestaltung der Kultur. Durch das frühzeitige Erkennen möglicher Blockaden, aber

auch Chancen im Veränderungsprozess können diese Themen besser bei der weiteren Planung berücksichtigt werden. Es kommt zu weniger unliebsamen Überraschungen und Verzögerungen in der späteren Umsetzungsphase.

- **Vorschläge zum weiteren Vorgehen:** Die Analyse bietet eine fundierte Entscheidungsgrundlage für das Top.Management, wie weiter verfahren werden kann, welches die besten Hebel für den Kulturwandel sind. Der Kultur-Audit liefert differenzierte Informationen im Originalton zu Meinungen und Überzeugungen im Unternehmen. Für so manchen Manager haben die unverblümten, direkten (wörtlichen) Aussagen der Mitarbeiter einen größeren Wahrheitsgehalt als dürre Prozent- und Durchschnittswerte. Diese Befunde liefern auch wichtige Erkenntnisse für die spätere Gestaltung der Kommunikation hinsichtlich Themenschwerpunkte, inhaltlicher Aufbereitung und sprachlicher Formulierungen (Tonart).

Beispiel

Ein Kulturwandel: Der Bayer Pharma – Schering AG Merger in 2006
Ausgangslage
Für die Bayer AG bot sich im Jahre 2006 die Gelegenheit, den Berliner Pharmakonzern Schering AG vollständig zu übernehmen. Die Produktportfolios von Bayer Pharma und der Schering AG ergänzten sich hervorragend. Bayer Pharma hatte sein Stärken in den Bereichen Onkologie und Cardio-Vascular, während Schering hauptsächlich mit der Antibabypille Jasmin seit vielen Jahren erfolgreich im Bereich Women's Health aufgestellt war. Der Merger der beiden etablierten und erfolgreichen Unternehmen versprach hohe Synergieeffekte und würde die Position des neuen Unternehmens auf dem Gebiet der Specialty Medicine im globalen Wettbewerb erheblich stärken.

Die Vorstände beider Unternehmen waren sich einig, dass eine erfolgreiche Integration der beiden traditionsreichen deutschen Unternehmen, neben Restrukturierungsmaßnahmen (Neuordnung der Geschäftsfelder und des Operating Model) auch eine Anpassung der beiden Unternehmenskulturen erforderlich machen würde. Beide Unternehmen verfügten über eine lange, erfolgreiche Unternehmensgeschichte, in deren Verlauf sich ganz unterschiedliche Unternehmenskulturen entwickelt hatten. Folglich einigten sich beide Unternehmen, einen Kultur-Audit durchführen zu lassen, um ein klares Bild von den Stärken und Schwächen der beiden Kulturen zu erhalten. Die Erkenntnisse sollten in die weitere Planung des Integrations- und Change-Prozesses einfließen.

Kultur-Audit
Im Rahmen eines Change-Projektes wurde ein globaler und systematischer Kultur-Audit durchgeführt. Ziel waren die Status-quo-Analyse der aktuellen Kulturen beider Unternehmen. Darüber hinaus sollten Erkenntnisse hinsichtlich der Gestaltung der zukünftigen Bayer-Schering-Unternehmenskultur gewonnen werden. Im Fokus standen

Unternehmenswerte, Normen und Leitlinien sowie die praktisch-konkreten Entscheidungs- und Kommunikationsprozesse in beiden Unternehmen. Dazu wurden weltweit Interviews in den unterschiedlichsten Unternehmensbereichen geführt. Die Ergebnisse förderten deutliche Unterschiede zutage. Während es auf der generellen Werteebene weitgehende Übereinstimmung gab, zeigten sich im Alltagshandeln erhebliche Differenzen. Es waren mehrere Themen, die im Hinblick auf die Post Merger Integration (PMI) von Bedeutung waren. Erhebliche Unterschiede zeigten sich in den Führungsstilen sowie in der Art und Weise, wie Entscheidungen getroffen und umgesetzt wurden. Während bei Bayer Pharma Entscheidungsprozesse in der Regel kürzer und handlungsorientierter verliefen, waren sie bei der Schering AG konsensorientierter, was Entscheidungsprozesse aufwändiger gestaltete und verlangsamte. Ein Schwachpunkt bei beiden Unternehmen war die geringe (interne und externe) Kundenorientierung. Man war in starkem Maße mit sich selbst beschäftigt.

Damit waren die Schwerpunktthemen für das **Culture-Change-Programm** während der Integrationsphase definiert.

Change-Prozess

Ziel war es, die neuen kulturellen Anforderungen (Einstellungen und Verhalten) möglichst schnell und umfassend in die neue Organisation zu tragen. Zu allererst galt es, die Führungskräfte auf allen Ebenen von der Notwendigkeit des Veränderungsprozess zu überzeugen und sie in den Umsetzungsprozess einzubinden. Dazu wurde ein aufwändiges Veränderungsprogramm etabliert, das sicherstellte, dass nahezu alle Führungskräfte und Mitarbeiter der neuen Firma (ca. 42 000) innerhalb eines Zeitraumes von zwölf Monaten Gelegenheit hatten, sich mit den Kernbotschaften der neuen Kultur (Ziele und erwartete Verhaltensweisen) auseinanderzusetzen und konkrete Aktivitäten davon abzuleiten. Um Nachhaltigkeit zu erzielen, gab es im Verlauf dieses Jahres für (fast) alle Beschäftigte weltweit mindestens drei „Kontaktpunkte" (in Form von Workshops unterschiedlicher Formate, Kommunikationsveranstaltungen etc.), bei denen sich Führungskräfte und Mitarbeiter gemeinsam über das Erreichte austauschten und weitere Maßnahmen im Rahmen des Culture-Change-Programms vereinbarten.

Ergebnisse

Die Ergebnisse gaben den Initiatoren des Culture-Change-Projektes Recht. Es war gelungen, innerhalb der ersten beiden Jahre der Post Merger Integration, Veränderungen anzustoßen, die deutliche Verbesserungen auf der praktischen Verhaltensebene zeigten.

Entscheidungsprozesse in vielen Bereichen konnten effektiver organisiert werden, ohne Qualitätseinbußen. Ebenso wurde die interne Zusammenarbeit (interne Kunden) nachhaltig verbessert. Auch im externen Kundenkontakt zeigten sich deutliche Erfolge, die teilweise hinter den Erwartungen zurückblieben, aber dennoch eine spürbare Leistungssteigerung gegenüber der Vor-Merger-Zeit aufwiesen.

4.8   Erfolgsfaktoren des Kulturwandels

Abschließend wollen wir noch einen Blick auf die Erfolgsfaktoren werfen, die generell für Veränderungsprojekte und speziell für Veränderungen von Unternehmenskulturen relevant sind.

- **Entschlossenheit und Einigkeit im Top Management:** Ein spürbarer (und meßbarer) Kulturwandel ist nur mit einem geschlossen agierenden Management Team möglich. Die Organisation wird sehr genau jede Meinungsäußerung und jeden Schritt der obersten Führungsebene verfolgen. Bei offenkundigen Diskrepanzen zwischen Anspruch und Wirklichkeit im Führungsverhalten wird es dem Veränderungsprojekt an der erforderlichen Glaubwürdigkeit mangeln – mit eindeutigen Konsequenzen.
- **Begründung der Notwendigkeit des Kulturwandels:** Nicht jeder kann sofort nachvollziehen, weshalb Veränderungen erforderlich sind. Um zu überzeugen, müssen die Gründe für den klar und unmissverständlich kommuniziert werden. Am besten mit robusten, empirisch untermauertem Datenmaterial.
- **Eine Vision oder Perspektive aufzeigen:** Gibt es eine Vision zur zukünftigen Entwicklung der Unternehmenskultur, die die Mitarbeiter anspricht und motiviert, sich einzubringen und ihr Bestes zu geben? Wem neue (und potentiell attraktive) oder wenigstens akzeptable Perspektiven geboten werden, ist leichter für Veränderungen zu gewinnen. Wer dagegen bereits häufiger Veränderungsprozesse durchlaufen hat, wird möglicherweise auf die Ankündigung einer neuen Vision mit einer gewissen Abgeklärtheit reagieren. Begeisterungsstürme dürfen in solchen Situationen nicht erwartet werden.
- **Festlegung der Veränderungsziele:** Was soll durch den Kulturwandel konkret und praktisch erreicht werden. Welche Erwartungen werden mit der Kulturveränderung verknüpft? Je präziser der Erwartungshorizont definiert wird, desto mehr Klarheit besteht über die Intentionen des Unternehmens. Umso eher ist auch der Einzelne in der Lage, für sich und seinen Verantwortungsbereich praktische Schlussfolgerungen zu ziehen.
- **Klare Beschreibung der erwarteten Einstellungen und Verhaltensweisen:** Je konkreter diese Erwartungen formuliert sind, desto größer die Wahrscheinlichkeit ihrer Realisierung sowie die Chancen einer effektiven Erfolgskontrolle.
- **Eindeutige Prioritäten setzen:** Viele Veränderungsprogramme versuchen zu viel auf einmal zu erreichen. Der Bedarf an Veränderung ist meistens größer als das, was bewältigt werden kann. Dann ist es besser, sich auf wenige Prioritäten zu einigen (im Top Management). Anstatt gleichzeitig die Kundenorientierung zu optimieren, Entscheidungsprozesse zu vereinfachen und den Netzwerkgedanken im gesamten Unternehmen zu verankern, ist es realistischer, lediglich ein oder zwei Themen zu verfolgen, diese dann aber sehr konsequent über die gesamte Organisation hinweg.
- **Einen Dialog starten:** Ein Kulturwandel, der seinen Namen verdient, ist nur über eine inhaltliche Auseinandersetzung mit den Betroffenen zu leisten. Im Dialog können die

unterschiedlichen Wahrnehmungen, Einschätzungen, auch Sorgen und Bedenken thematisiert werden. Die Fähigkeit, diesen Dialog effektiv zu führen, setzt gewisse persönliche und soziale Kompetenzen voraus – die allerdings nicht immer vorhanden sind. Einen Dialog führen heißt persönliche Überzeugungsarbeit zu leisten. Ein Kulturwandel kann nicht angeordnet werden.

- **Mitgestaltung ermöglichen:** In Konsens-orientierten Ländern wie Deutschland ist die Einbindung der Betroffenen in den Veränderungsprozess entscheidend (Brodbeck und Frese 2008, S. 147). Trotzdem die neuen Werte und Leitlinien vorgegeben werden, ist die situationsspezifische „Übersetzung" der einzelnen Abteilung oder dem einzelnen Mitarbeiter überlassen. Je mehr Einflussmöglichkeiten bestehen, desto größer die prinzipielle Bereitschaft, sich auf den Kulturwandel einzulassen. „Mitreden zu können" entspricht der Erwartungshaltung in vielen deutschen Unternehmen. Wer nur anordnet oder von oben herab einen Kulturwandel initiieren möchte, wird in deutschen Unternehmen eher auf Widerstand stoßen oder sich mit Lippenbekenntnissen zufriedengeben müssen.
- **Den Fahrplan für den Kulturwandel vereinbaren:** Darin enthalten sind die wichtigsten Strategien, Maßnahmen und Verantwortlichkeiten sowie genau definierte Meilensteine der Umsetzung. Nur so sind die Voraussetzungen für eine effektive Erfolgskontrolle gegeben.
- **Schnell erste Erfolge erzielen.** Viele, die zunächst abwarten und Veränderungen ablehnend gegenüberstehen, werden erst dann zu potentiellen Unterstützern, wenn sich greifbare Erfolge einstellen. „Quick wins" sind für die entsprechende Dynamik des Kulturprojektes unerlässlich.
- **Den praktischen Nutzen erfahren:** Je direkter und schneller man aus den neuen Verhaltensanforderungen praktischen Nutzen für sich und/oder das Unternehmen ziehen kann, desto größer ist die Bereitschaft zum Engagement.
- **Am Ball bleiben:** Man soll möglichst nahe am Pulse der Organisation sein und erkennen, wo Fortschritte im Veränderungsprozess erzielt werden oder wo es auch Rückschläge gibt. Hier sind alle Akteure, besonders jedoch das Projektmanagement, gefordert, ihre Fühler in die Organisation auszustrecken, um als Frühwarnsystem zu agieren und bei Bedarf korrigierend eingreifen zu können.

Einen Einstellungs- und Verhaltenswandel zu initiieren und effektiv umzusetzen, ist kein leichtes Unterfangen, das sehr viel Zielstrebigkeit und Entschlossenheit von allen Beteiligten abverlangt.

4.9   Ist ein gezielter Kulturwandel überhaupt steuerbar?

Wer jemals mit einem Veränderungsprozess befasst war weiß, wie beschwerlich es sein kann, nachhaltige Kulturveränderungen nicht nur anzustoßen, sondern auch erfolgreich „abzuschließen". Kulturelle Veränderungen, d. h. ein Wandel in den grundlegenden

Einstellungen und Verhaltensweisen ist nicht über Nacht zu bewerkstelligen, zumal dann nicht, wenn es sich um tief verwurzelte und festgefügte Gewohnheiten handelt. Veränderungen dieser Art erfordern Beharrlichkeit, Geduld und viel Überzeugungsarbeit. Mit Anordnen allein ist es nicht getan

Wenn es um Einstellungs- und Verhaltensänderungen bei Einzelpersonen oder Gruppen/Teams geht, dann genügen häufig (aber nicht immer!) einschlägige Trainings oder ein persönliches Coaching um nachhaltige Verbesserungen zu erzielen. Der zeitliche und finanzielle Aufwand hält sich in Grenzen.

Soll hingegen die Innovationsfähigkeit eines Unternehmens spürbar gesteigert werden, sind erhebliche finanzielle, personelle und zeitliche Investitionen erforderlich. Größere Kulturveränderungsprozesse brauchen Jahre, bis sie die gewünschten Erfolge erzielen.

Unsere Eingangsfrage war jedoch, ob ein Veränderungsprozess gezielt steuerbar ist? Erfahrene Manager wissen zur Genüge, dass es Vetopositionen im Unternehmen gibt, die Managemententscheidungen verwässern, unterlaufen oder gar torpedieren können und dass damit die ursprünglichen Ziele nicht (immer) erreicht werden. Auch wird niemand von einer 100 % Realisierung von Veränderungszielen ausgehen (können). Dafür gibt es zu viele Imponderabilien. Aber auch wenn der Erfolg eines Kulturveränderungsprozesses nicht eindeutig vorherbestimmt werden kann, so ist dennoch eine teilweise oder weitgehende Umsetzung der Veränderungsziele – unterstützt durch ein entsprechendes Prozessmanagement – in vielen Fällen (und unter großen Anstrengungen) sehr wohl möglich.

4.10 Zusammenfassung

Unternehmen müssen flexibel und schnell auf Veränderungen im Markt oder in der Gesellschaft reagieren können, wollen sie auf mittlere und längere Sicht wettbewerbsfähig bleiben. Das bedeutet auch, dass sich die Unternehmenskultur den veränderten Bedingungen anpassen muss. Kulturwandel betrifft die Unternehmenswerte, Normen, Einstellungen und Grundannahmen und damit in letzter Konsequenz das Verhalten der Organisationsmitglieder.

Ein Kulturwandel ist kein einfaches Unterfangen. Fest gefügte Überzeugungen und langjährige Gewohnheiten sind nicht einfach aufzugeben. Ist dies dennoch notwendig, bedarf es dazu guter (überzeugender, attraktiver oder zwingender) Gründe. Ein tiefgreifender und nachhaltiger Kulturwandel findet nur dann statt, wenn es einen Einstellungswandel und damit verbunden, einen Wandel im Verhalten gibt. Kulturwandel ist in der Regel ein langwieriger und kräftezehrender Prozess.

Wichtige unternehmenskulturelle Veränderungen erfordern eine kulturelle Due Diligence (systematische Gap-Analyse von aktueller versus zukünftiger Kultur). Zu den wichtigsten Erfolgsfaktoren gehören eine ehrliche Kommunikation, die sichtbare Unterstützung des Managements und ein entschiedenes Projektmanagement.

Reflektionsfragen zum Kapitel

- Woran erkennt man die Notwendigkeit einer Kulturveränderung?
- Was kennzeichnet die Psychologie des Wandels?
- Wie kann „psychologische Sicherheit" geschaffen werden?
- Wie sieht der Prozess eines systematischen Kulturwandels aus?
- Was ist unter einem Kultur-Audit zu verstehen und welches sind seine wichtigsten Funktionen?
- Was sind die Erfolgskriterien für einen Kulturwandel?

Literatur

Brodbeck, F. C., & Frese M. (2008). Societal culture and leadership in Germany. In J. S. Chhokar, et al. (Hrsg), *Culture and leadership across the World*. New York: Psychology Press.

Homma, N., & Bauschke, R. (2010). *Unternehmenskultur und Führung: Den Wandel gestalten – Methoden, Prozesse, Tools*. Wiesbaden: Gabler Verlag.

Kübler-Ross, E. (1969). *On death and dying*. New York: Collier Books.

Schein, E. H. (1999). *The corporate culture survival guide*. San Francisco: Jossey-Bass.

Schein, E.H. (2004). *Organizational culture and leadership*. San Francisco: John Wiley & Sons.

Unternehmenskultur und Strategie

5

Rafael Bauschke

Zusammenfassung

In diesem Kapitel lernen Sie,

- was grundsätzlich unter Strategie verstanden wird;
- welcher Zusammenhang zwischen Unternehmenskultur und Strategie besteht;
- welche Aspekte der Strategie mit der Unternehmenskultur in Konflikt geraten können und wie diese Spannung gelöst werden kann.

Wenige Begriffe haben eine solche Karriere gemacht wie „Strategie".[1] Nicht nur im Unternehmensalltag sondern auch in der Politik und zunehmend im Alltag wimmelt es von Strategien. Damit einher geht auch, dass dem Begriff der Strategie schon fast etwas Beliebiges anhaftet.

Wenn wir in diesem Kapitel also den Zusammenhang zwischen Unternehmenskultur und Strategie näher beleuchten wollten, ist zunächst eine Begriffsbestimmung notwendig. Im nächsten Schritt werden wir uns dann mit der Beziehung zwischen Strategie und Unternehmenskultur beschäftigen.

5.1 Strategie – was ist das überhaupt?

Strategie und Unternehmenskultur verbindet schon im Hinblick auf eine entsprechende Definition vieles. Wie der Begriff der Unternehmenskultur wird der Begriff Strategie auf sehr unterschiedliche Weise verwendet und benutzt. Diese Breite in diesem Kapitel

---

[1] Soweit im Folgenden personenbezogene Bezeichnungen nur in männlicher Form angeführt sind, beziehen sie sich auf Frauen und Männer in gleicher Weise.

© Springer Fachmedien Wiesbaden 2014
N. Homma et al., *Einführung Unternehmenskultur,*
DOI 10.1007/978-3-658-02411-6_5

abdecken zu wollen, ist ein denkbar hoffnungsloses Unterfangen und ist für unsere Diskussion auch nicht zwingend notwendig.[2]

Für eine Begriffsbestimmung besinnen wir uns zunächst auf die ursprüngliche Verwendung beziehungsweise den Ursprung des Begriffs. Der Begriff „Strategie" kommt aus dem militärischen Kontext und leitet sich vom altgriechischen Begriff „stratēgus", zu Deutsch „Feldherr" beziehungsweise „Heerführer", ab. Hier wird schon deutlich, dass Strategie mit der Frage der Führung von Menschen beziehungsweise Organisationen zu tun hat.

Übertragen in den Bereich der Organisation beziehungsweise der Unternehmung wird unter dem Begriff Strategie dann das (langfristig orientierte) Verhalten und Handeln einer Organisation, um bestimmte (im Vorfeld definierte) Ziele zu erreichen, verstanden.

▶ Strategie meint das (langfristig orientierte) Verhalten und Handeln einer Organisation, um bestimmte (im Vorfeld definierte) Ziele zu erreichen.

Dazu muss – wir erinnern uns an die grundlegenden Aufgaben einer Organisation (siehe Kap. 1) – eine Strategie sowohl die internen Gegebenheiten als auch die Umweltbedingungen (siehe Kap. 3) „in Betracht ziehen". Strategien dienen aber letztlich immer dazu, Ziele zu erreichen und damit das Überleben der Organisation durch kontinuierliche Anpassung an Umweltveränderungen zu sichern.

Eine Strategie „zerfällt" bei genauerer Betrachtung in zahlreiche **Teilstrategien**[3]: einzelne aber aufeinander abgestimmte Maßnahmen und Handlungen, die alle auf dasselbe strategische Ziel einzahlen. Strategie will also letztlich dazu beitragen, dass Organisationen an einem Strang ziehen.

Zugegebenermaßen ist diese Vorstellung von Strategie relativ mechanistisch: Ein Ziel wird vorgegeben und dieses Ziel wird durch die unter dem „Dach" der Strategie gesammelten Maßnahmen und Handlungen erreicht. Ebenfalls wird auch von einer grundsätzlichen Planbarkeit ausgegangen. Unter dem Eindruck der Beschleunigung und der Volatilität (siehe Kap. 3) kommen jedoch zunehmende Zweifel daran auf, dass eine solche Planbarkeit zumindest über sehr lange Zeiträume wirklich möglich ist.

In der Managementforschung wird der Aspekt der Planbarkeit zunehmend kritisch gesehen. Henry Mintzberg (1978) stellt für das Verständnis der Strategie dann auch weniger die Abfolge von Planung und Handlung in den Vordergrund, sondern eher das Vorhandensein eines Musters in einer Reihe von Entscheidungen – oder um es mit Mintzbergs Worten zu sagen: „… als Grundmuster des Handelns in einem Strom der Entscheidungen eines Unternehmens". Darüber hinaus betont Mintzberg, dass Strategien eben nicht nur vorgegeben werden, sondern auch „im Verlauf" entstehen können. Strategien sind somit nicht als starr anzusehen, sondern können sich verändern.

---

[2] Für eine Diskussion der Definition von Strategie siehe unter anderem Mintzberg (1978).

[3] Zum Beispiel Vertriebsstrategien, Forschungsstrategien oder Wettbewerbsstrategien.

►   Strategien sind nicht starr, sondern können sich auch verändern beziehungsweise verändert und angepasst werden.

Michael Porter, der wohl bekannteste Autor zum Thema Strategie, stellt ebenfalls weniger auf die langfristige Planung als das zentrale Kriterium der Strategie ab. Vielmehr ist es die Fähigkeit zu einer langfristigen Betrachtungsweise, die Unternehmen in die Lage versetzt, Wettbewerbsvorteile zu realisieren (Porter 1985).

Mit diesen Einschränkungen bewegt sich das Strategieverständnis eher weg von einer Prozessperspektive hin zur **Strategie als Fähigkeit** einer Organisation. Die zeitliche Dimension der Strategie wird aus dieser Perspektive ebenfalls notwendigerweise verkürzt: Es geht weniger um die langfristige Ausrichtung sondern vielmehr um die stärker mittel- bis kurzfristige Handlungs- und Reaktionsfähigkeit.

►   Strategie ist nicht nur ein Prozess, sondern auch die Fähigkeit eines Unternehmens.

Der Wert einer so definierten Strategie für die Arbeit einer Organisation ist jedoch beschränkt. Wenn Strategien stärker als Ergebnis des Organisationshandelns betrachtet werden, statt andersherum, kann eine Strategie wohl kaum dafür sorgen, dass alle Organisationsmitglieder das gleiche Ziel verfolgen.

Diese Perspektive eignet sich jedoch für die Ex-post-Analyse von Organisationsverhalten, etwa wenn wir uns die Frage stellen: Ist im Verhalten der Organisation ein bestimmtes Muster und damit eine Strategie erkennbar?[4] Doch für den Unternehmensalltag wäre die Konsequenz dieser Perspektive: Strategie im Sinne einer Planung und Abstimmung des Organisationshandelns ist letztlich unnötig.

Als Lösung ist es daher sinnvoll, den berühmten Mittelweg einzuschlagen. Strategie kann einerseits nicht als starre Vorgabe gedacht werden, die das Verhalten des Unternehmens in seiner Gesamtheit vorschreiben kann. Andererseits ist es jedoch auch nicht unmöglich, ein Unternehmen durch strategische Vorgaben zu steuern. Vielmehr werden sich um einen festen strategischen Kern beziehungsweise strategische Ziele immer wieder Teilaspekte der Strategie ändern und auf neue externe Anforderungen einstellen. Denn genau das ist ja der Sinn einer Strategie.

Unter Strategie verstehen wir also eine Reihe von abgestimmten Maßnahmen, die auf bestimmte Ziele ausgerichtet sind. Damit gehören zu einer Strategie sowohl strategische Ziele als auch strategisch (wirkende) Maßnahmen.

Da Strategien letztlich ein abgestimmtes Handeln ermöglichen sollen, sind Strategien auf die Zukunft gerichtet – sie antizipieren also auch Entwicklungen – und werden

---

[4] Mintzberg und seine Kollegen (1998) unterscheiden in diesem Sinne auch verschiedene Strategietypen beziehungsweise Arten der Strategiebildung.

im Rahmen der Möglichkeiten vorformuliert. Es wird davon ausgegangen, dass zumindest im Kern eine Abfolge aus Strategieformulierung und Strategie-Implementierung erfolgt.

Damit lässt sich der Strategieprozess, in Anlehnung an den grundlegenden Managementbegriff, auch als Abfolge von Strategieformulierung, Strategie-Implementierung und Kontrolle der Ergebnisse beziehungsweise Zielerreichung konzipieren.[5]

> ▶ Der Strategieprozess kann als Abfolge aus Formulierung, Implementierung
>   und Kontrolle beziehungsweise Überprüfung der Ergebnisse konzipiert
>   werden.

Letztlich kann dieser Prozess aber als ein Kreislauf beziehungsweise – ohne das Bild unnötig komplizieren zu wollen – als Spirale gesehen werden. Schließlich macht eine im Wandel befindliche Umwelt (neue Wettbewerber, neue Technologien, neue Märkte) auch eine kontinuierliche Anpassung der Organisation und damit der Strategie notwendig. Damit schließt sich letztlich an jeden Strategiezyklus der nächste Strategiezyklus an.

Im Unternehmenskontext „begegnet" uns Strategie dann vor allem im Kontext des **strategischen Managements** und der **strategischen Planung**. Strategisches Management kann dabei im weitesten Sinne als die Beschäftigung einer Organisation mit der Frage verstanden werden, was ein Unternehmen erfolgreich macht.

Unter strategische Planung ist der Prozess beziehungsweise die Organisationseinheit zu verstehen, die die strategischen Ziele formuliert und Vorgaben für die Umsetzung definiert.

Dabei können die langfristige Planung, die strategische und die operative Planung unterschieden werden.

Die **langfristige Planung** konzentriert sich auf die Formulierung des strategischen Rahmens. Hier spielen grundlegende Entwicklungen im Unternehmensumfeld und im Unternehmen selbst eine wichtige Rolle. Wie wird sich die Branche langfristig entwickeln? Welche gesellschaftlichen, politischen und wirtschaftlichen Entwicklungen werden auftreten? wie wirken sich diese Faktoren auf das Unternehmen aus? Welche Produkte sollen primär vermarktet werden? in welche Länder oder Regionen soll zukünftig verstärkt investiert werden? Was wird zur Stärkung der Innovationsfähigkeit des Unternehmens getan?

Hier wird konsequenterweise ein sehr langer Zeithorizont zugrundegelegt. In manchen Organisationen bieten sich allein schon deswegen lange Zeiträume an, weil sich dies aus dem jeweiligen Produkt und seinen Eigenschaften ergibt, z. B. in der Entwicklung von pharmazeutischen Produkten.

---

[5] Die Kontrolle der Strategie kann jedoch auch als parallel laufender Prozess der Strategieumsetzung gedacht werden.

Die **strategische Planung** (und somit auch die strategische Planung im engeren Sinne) „denkt" zwar auch in längeren Zeiträumen, allerdings wird auf dieser Ebene schon stärker die Zielformulierung für den geltenden Planungszeitraum in den Blick genommen (vgl. Weber und Kabst 2009).

Im Rahmen der strategischen Planung kommen zahlreiche Konzepte und Methoden zur Anwendung, um eine Strategie zu entwickeln, die auf die verschiedenen Herausforderungen reagiert. Als Beispiel sei hier auf die sogenannte SWOT[6]-Analyse verwiesen, die Stärken, Schwächen, Chancen und Risiken für ein Unternehmen in den Blick nimmt, um daraus eine entsprechende strategische Antwort auf die Umweltanforderungen zu entwickeln.

Die **operative Planung** setzt dann die „abstrakte" Strategie beziehungsweise die formulierten Ziele um, beziehungsweise übersetzt sie in konkrete Maßnahmen. Diese Maßnahmen werden dann im Rahmen eines davor definierten Zeitraums umgesetzt und sorgen so für die Erreichung der zuvor definierten strategischen Ziele.[7]

Damit haben wir nun ein ausreichendes Verständnis der Strategie entwickelt, um uns im Folgenden Abschnitt näher mit dem Zusammenhang zwischen Strategie und Unternehmenskultur zu beschäftigen.

5.2 Unternehmenskultur und Strategie – ungleiche Geschwister?

„Warum braucht ein Unternehmen Strategie?" Aus der funktionalen Perspektive lautet die Antwort auf diese Frage: Weil sie einem Unternehmen nützt.

Wir erinnern uns an die in Kap. 1 beschriebenen Grundfunktionen der Organisation: externe Anpassung und interne Orientierung. Wie der Unternehmenskultur kommt der Strategie hier eine unterstützende Funktion zu. Denn am Anfang der Strategie steht immer eine Idee darüber, wie die Welt aussieht und wohin die Organisation sich daher bewegen muss.

Strategie ist also letztlich ein Mechanismus, der dem Unternehmen Ziele vorgibt. Wie auch im Zusammenhang mit der Unternehmenskultur lässt sich nun einwenden, dass Strategie nicht nur Ziele vorgibt, sondern ein Unternehmen in seinen Handlungsmöglichkeiten einschränkt (vorausgesetzt die Strategie hat tatsächlich eine Wirkung auf das Unternehmen).

Dem kann Folgendes entgegengesetzt werden: Jedes Unternehmen hat ohnehin mit zahlreichen internen und externen Einschränkungen zu kämpfen. Strategie – als eine Mög-

---

[6] SWOT ist das englische Akronym für Strengths (Stärken), Weaknesses (Schwächen), Opportunities (Chancen) und Threats (Gefahren/Risiken).

[7] Natürlich kann der strategische Planungs- beziehungsweise des Strategieprozess auch weiter differenziert werden: siehe dazu zum Beispiel Bea und Haas (2012).

lichkeit, diesen Herausforderungen in einer abgestimmten Weise entgegenzutreten – ist somit keine zusätzliche Beschränkung, sondern ein wichtiges Instrument.

Strategie und Organisation

Bevor wir uns der Kernfrage dieses Kapitels – welche Beziehung besteht zwischen Unternehmens- beziehungsweise Organisationskultur und Strategie – zuwenden, wollen wir noch kurz die Beziehung zwischen der Organisation und der Strategie klären.

Bisher stand bei der Frage der Strategie vor allem der Aspekt der externen Anpassung im Vordergrund. Doch welche Rolle spielt das Unternehmen beziehungsweise die Organisation für die Strategie? In der wissenschaftlichen Diskussion wird dieses Thema unter der Frage „folgt das Unternehmen der Strategie oder die Strategie dem Unternehmen?" diskutiert.[8]

Die verkürzte Antwort auf die Frage nach der Beziehung zwischen Unternehmen und Strategie ist: Ähnlich wie wir die externen Faktoren in die Strategie einbeziehen müssen, gilt dies auch für die Ressourcen der Organisation. In diesem Sinne folgt die Strategie der Organisation oder präziser ausgedrückt: Strategien können nicht losgelöst von den Möglichkeiten beziehungsweise Kapazitäten einer Organisation gedacht werden.

Natürlich ist es denkbar, eine Organisation an den strategischen Bedürfnissen auszurichten. Hierfür gibt es zahlreiche Beispiele. Und gerade wenn wir Strategien als einen Mechanismus verstehen, neue Wege zu beschreiten, dann sind dafür auch immer Veränderungen der Organisation notwendig. Eine stärkere Kundenorientierung muss auch mit einer entsprechenden Aufwertung der Organisationseinheiten, die in direktem Kontakt mit dem Kunden stehen, verbunden sein.

Gleichzeitig muss man aber auch anerkennen, dass ständige und grundlegende Anpassungen der Organisation an strategische Erfordernisse nur in Grenzen möglich sein können. Schließlich ist eine Organisation auf Kontinuität angewiesen, um die Grundfunktionen zu erfüllen. Ein „ständiger Umbau" läuft diesem Ziel entgegen.

Damit bleibt festzuhalten: Organisation und Strategie beeinflussen sich wechselseitig. Strategie wirkt also auf die organisationale Struktur ebenso wie Struktur die Rahmenbedingungen für die Strategie beeinflusst. Wenden wir uns nun der Beziehung zwischen Strategie und Unternehmenskultur zu. Important StartOrganisation und Strategie beeinflussen sich wechselseitig.

Die Beziehung zwischen Strategie und Unternehmenskultur

Wenn wir – wie oben dargestellt – davon ausgehen, dass die Strategie auf die Organisation wirkt, fällt die „Parallelität" zur Unternehmenskultur auf. Auch die Unternehmenskultur wirkt sich auf das Verhalten der Organisation und des Einzelnen aus. Während der Strategieprozess versucht, diese Steuerung sichtbar auszuüben beziehungsweise eine Managementtechnik darstellt, wirkt die Unternehmenskultur auf der Werte- und Normenebene.

---

[8] Siehe zu dieser Debatte zum Beispiel Schreyögg und Conrad (2010).

Somit kann auch die Beziehung zwischen Strategie und Kultur entweder wechselseitig ergänzend sein oder einen Konflikt darstellen.

Wenn die strategischen Ziele beziehungsweise die Richtung, in die sich das Unternehmen bewegt, mit den in der Unternehmenskultur verwurzelten Normen und Werten vereinbar sind, unterstützen sich Unternehmenskultur und Strategie wechselseitig. Die expliziten Ziele des Strategieprozesses werden durch die Organisationsmitglieder einfacher akzeptiert, da sie ihre verinnerlichten Werte abbilden.

Beispiel

Nehmen wir an, ein Premiumhersteller von Automobilen steht vor der Entscheidung, ein Unternehmen zu übernehmen, das Motoren herstellt. Für den Premiumhersteller stehen kompromisslose Qualität und hoher technischer Anspruch im Vordergrund. Es kann davon ausgegangen werden, dass diese Übernahme innerhalb des Unternehmens grundsätzlich auf Verständnis stoßen dürfte – schließlich trägt sie zur Stärkung der Innovationskraft und der Qualitätssicherung bei.

Stehen die strategischen Ziele jedoch im Konflikt mit der Unternehmenskultur, kann dies zu Spannungen führen. Denn auch wenn dieser strategische Schritt konsequent entwickelt und rational begründet wurde, die Organisation wird Schwierigkeiten haben, diesen Zielen intuitiv zuzustimmen.

Beispiel

Nehmen wir zum Beispiel an, ein Pharmaunternehmen will in den Markt mit Generika einsteigen. Das Unternehmen hat sich jedoch in seiner traditionsreichen Geschichte vor allem damit einen Namen gemacht, neue innovative Produkte zur Behandlung von Krankheiten zu entwickeln. Die strategische Entscheidung, sich (stark verkürzt) nun auf das Kopieren bestehender Medikamente zu konzentrieren, steht im klaren Gegensatz zu diesem Selbstverständnis.

Um die Beziehung zwischen Strategie und Unternehmenskultur zu vertiefen, orientieren wir uns am „klassischen" Prozessmodell des Managements aus „Planung – Umsetzung/ Realisation – Kontrolle".

Auch wenn die Strategie vor allem in der Phase der Planung zu verorten ist, wirkt sie letztlich ebenso auf die Realisation und – wenn auch in geringerem Maße – auf die Kontrolle. Denn eine Strategie wird nicht nur entwickelt, sondern auch umgesetzt und ihr Umsetzungsgrad überprüft.

Unternehmenskultur und Strategieentwicklung

Jede Strategie muss zunächst entwickelt werden. Welche Rolle spielt die Unternehmenskultur für die Strategieentwicklung?

In erster Linie ist die Strategieentwicklung ein Prozess, mit dem versucht wird, die Veränderungen der Umwelt richtig zu deuten beziehungsweise abzuschätzen und die richtigen Reaktionen der Organisation auf diese Veränderungen zu entwickeln.

Erinnern wir uns an die Ausführungen im Kap. 1: Unternehmenskultur wirkt sich auf die Sichtweise der Organisationsmitglieder aus. Damit prägt die Unternehmenskultur auch die Sichtweise auf die Umwelt. Es mag sein, dass eine Organisation dabei die Strategieentwicklung per se als nicht sinnvoll betrachtet. Dies dürfte allerdings die Ausnahme und nicht die Regel sein. So gut wie keine Organisation kann es sich erlauben, nicht bis zu einem gewissen Grad strategisch zu agieren. Das gilt insbesondere für Unternehmen in einem vielfältigen Stakeholder- und Shareholder-Umfeld.[9]

Im Rahmen der Strategieentwicklung kann sich Unternehmenskultur schließlich darauf auswirken, welcher Zeitraum als relevant erachtet wird, welche Probleme gesehen und wie diese bewertet werden. Damit beeinflusst die Unternehmenskultur den strategischen Korridor.

Doch nicht nur auf die Perspektive, sondern auch auf den Prozess selbst kann sich die Unternehmenskultur auswirken. Schließlich gibt es zahlreiche Möglichkeiten, den strategischen Prozess aufzusetzen; nicht nur durch unterschiedliche Bewertung der Faktoren, die methodisch vielfältig erfolgen kann, sondern eben auch für die Ableitung von Zielen und ihre Definition. Dieser Prozess kann zum Beispiel stärker qualitativ oder quantitativ ausgerichtet sein. Er kann stärker von unten oder von oben getrieben werden.

▶   Unternehmenskultur beeinflusst die strategische Perspektive und die Ausgestaltung des Strategieprozesses.

Die Einschätzung, inwiefern dieser Prozess sinnvolle Ergebnisse liefern kann, wird auch davon abhängen, ob er mit grundlegenden kulturellen Werten übereinstimmt oder nicht. Eine techniklastige Organisation wird den Strategieprozess erwartungsgemäß eher quantitativ und zahlengetrieben ausgestalten.

In einer Werbeagentur dürfte ein solches Vorgehen eher auf wenig Gegenliebe stoßen und der Prozess wohl weniger über quantitative sondern stärker über qualitative Ziele und einen Dialogprozess erfolgen.

In der Phase der Strategieentwicklung ist die Unternehmenskultur also als ein wichtiger interner Faktor zu berücksichtigen, soll verhindert werden, dass ein Auseinanderfallen strategischer Ziele und der kulturellen Erwartungen erfolgt.

▶   Die Unternehmenskultur muss bei der Gestaltung der Strategieentwicklung berücksichtigt werden, um Konflikte zwischen den unternehmenskulturellen Werten und dem strategischen Prozess zu verhindern.

---

[9] Dies gilt insbesondere für börsennotierte Unternehmen für die strategische Ziele und deren konsequente beziehungsweise erfolgreiche Umsetzung ein wichtiges Bewertungskriterium für Analysten und Investoren sind.

Unternehmenskultur und Strategieumsetzung

Die Phase der Strategieumsetzung zielt darauf ab, die im Vorfeld entwickelte Strategie mit operativen Maßnahmen Wirklichkeit werden zu lassen. Wie bereits in der Phase der Strategieentwicklung gilt auch hier: Die „Leichtigkeit" der Strategieumsetzung wird davon abhängen, inwiefern die Organisationsmitglieder die strategischen Ziele und den Prozess der Umsetzung als organisations- und kulturkonform betrachten. Sonst wird der mangelnde „Fit" zwischen Kultur und Strategie – der bereits in der Phase der Strategieentwicklung augenscheinlich werden dürfte – zu einem Folgefehler.

▶   Eine Strategie sollte die Werte des Unternehmens reflektieren, um Konflikte zwischen strategischen Zielen und dem „erlernten" Verhalten der Organisationsmitglieder vorzubeugen.

Das bezieht sich sowohl auf die strategischen Ziele als auch auf die Art der Umsetzung. So wie der Prozess der Strategieentwicklung unterschiedlich aufgesetzt werden kann, lässt sich die Strategie-Implementierung ebenfalls unterschiedlich ausgestalten.

Das beginnt bereits mit der Kommunikation der Strategie. Auch wenn als Grundregel gelten kann, dass eine Strategie breit und wiederholt kommuniziert werden muss, gibt es in Unternehmen teilweise große Unterschiede beziehungsweise Kommunikationsdefizite. Die Kommunikation der Strategie sollte den kulturellen Erwartungen der Organisation entsprechen. Konkret bedeutet das beispielsweise: Erwartet die Organisation, dass ihr die „Geschichte hinter der Strategie" näher gebracht wird, dann kann die Strategie nicht erfolgreich über Zahlen und Zielgrößen kommuniziert werden.

Unterschiede ergeben sich im Hinblick auf die Partizipation während des Prozesses (wird die Strategie lediglich in die Organisation „gekippt" oder findet ein abgestimmter Beteiligungsprozess über die verschiedenen Führungsebenen statt?) und auf den Einsatz von Instrumenten der Strategie-Implementierung. All diese Merkmale der Umsetzung können mit der Unternehmenskultur potenziell in Konflikt geraten.

Denn wenn eine Organisation kulturell regelmäßige Kommunikation, ein mehrstufiges Ausrollen der Strategie und straffe Führung erwartet, dann aber nur sporadische Informationen, Powerpoint-Folien und eine strategische Abfrage des Umsetzungstands nach sechs Monaten erhält, führt dies in aller Regel zu Missverständnissen, enttäuschten Erwartungen und Demotivation.

Damit gilt für die Strategieumsetzung: Die kulturell geprägten Erwartungen sollten mitgedacht werden, wenn entschieden wird, wie die Strategie in das Unternehmen ausgerollt wird.

Unternehmenskultur und Strategiekontrolle

Die Strategiekontrolle dient letztlich dazu, den Umsetzungsgrad der Strategie zu überprüfen und gegebenenfalls für eine Rückkopplung und Kurskorrektur der Strategieumsetzung beziehungsweise Änderung der Annahmen des nächsten Strategiezyklus zu sorgen.[10] Damit kann die Strategiekontrolle auch streng genommen nicht als ein eigener, nachgeordneter Prozessschritt betrachtet werden. Vielmehr beginnt die Kontrolle der Strategie ja schon mit ihrer Umsetzung. Allerdings gilt natürlich trotzdem, dass eine Strategie erst operativ umgesetzt werden muss, bevor man ihre Umsetzung kontrollieren kann.

Auch wenn die Unternehmenskultur im Vergleich zur Strategieentwicklung und Umsetzung weniger Relevanz für die Kontrolle haben dürfte, wirkt sie sich auch hier aus. Dies gilt grundsätzlich für die Akzeptanz der Kontrolle. Organisationen unterscheiden sich teilweise stark, was den Grad formaler Kontrolle angeht.

Es gibt Organisationen (und natürlich vor allem bestimmte Organisationsteile, wie etwa das Controlling), die ihre Mitglieder etwa durch regelmäßige Berichtspflichten, ritualisierte Feedbackgespräche und Bewertungen eher stärker kontrollieren. Das ist das Standardvorgehen in größeren Unternehmen. Ebenso verbreitet sind Organisationen, in denen solche Strukturen nicht vorhanden sind. Jenseits der strukturellen Erfordernisse sind solche Prozesse letztlich auch Ergebnis einer bestimmten Unternehmenskultur. Es ist davon auszugehen, dass in einer stärker kontrollorientierten Organisation die „Toleranz" für eine formelle strategische Kontrolle höher ist.

Soll also verhindert werden, dass es im Rahmen der strategischen Kontrolle zu Spannungen kommt, muss der Kontrollprozess so ausgestaltet werden, dass er den kulturell bedingten Erwartungen der Mitarbeiter zumindest nicht gänzlich zuwiderläuft. Praktisch gesprochen heißt das zum Beispiel, dass das Ausmaß der Berichtspflichten und die Nutzung von Kennzahlen möglichst gering gehalten werden sollten, wenn dies dem Unternehmen kulturell „entspricht".

5.3 Fazit: Folgt die Strategie der Kultur oder umgekehrt?

Im vorherigen Abschnitt wurde die Beziehung zwischen Unternehmenskultur und Strategie vertieft. Dabei wurde auch deutlich: Unternehmenskultur kann einen positiven aber auch einen beschränkenden Effekt auf die Strategiefähigkeit einer Organisation entwickeln. Doch was bedeutet das für den Unternehmensalltag, für die konkrete Strategieentwicklung, deren Umsetzung und Kontrolle?

Letztlich schärft diese Auseinandersetzung den Blick für die organisationalen Ressourcen. Es reicht für eine erfolgreiche Strategie und insbesondere die Umsetzung eben nicht, nur die Umweltveränderungen richtig einzuschätzen. Vielmehr gilt es, sich die Möglichkeiten der Organisation und auch ihrer Werte bewusst zu machen. Wenn die Abstimmung zwischen Strategie und Werten funktioniert, ergibt sich ein positiver Effekt für die Strategieumsetzung.

---

[10] Damit reduziert sich die Kontrolle nicht nur auf die operative Umsetzung sondern auch auf die Überwachung von externen (und internen) Veränderungen und ihrer Wirkung auf die Strategie.

Wenn jedoch die Strategie immer nur im Rahmen der „kulturellen" Grenzen erfolgreich sein kann, dann werden auch die strategischen Möglichkeiten reduziert. Praktisch gesprochen: Wenn die Reaktion „die Strategie passt nicht zum Unternehmen" kommt, hilft es dann nur noch, die Strategiepräsentation einzustampfen und nochmals neu anzufangen?

▶   Strategie und Unternehmenskultur können gerade bei strategischen Brüchen
     in ein Spannungsverhältnis geraten.

Das kann natürlich nicht das Fazit sein. Es geht darum, eine Abstimmung zwischen Unternehmenskultur und Strategie zu erreichen. Und das kann nicht nur über die Anpassung der Strategie an die Unternehmenskultur, sondern ebenso über die Anpassung der Unternehmenskultur an die Strategie erfolgen.

Eine solche Kulturveränderung wird im Rahmen grundlegender strategischer Veränderungen auch notwendig werden. Denn oft geht es bei einer tatsächlich neuen Strategie nicht nur um Anpassung, sondern um einen radikalen Bruch mit dem bisherigen Geschäftsmodell.

Es gilt also bereits im Rahmen der Strategieentwicklung abzuwägen, inwiefern es zu Spannungen zwischen Unternehmenskultur und Strategie kommen könnte. Abhängig davon, ob es sich bei der neuen strategischen Ausrichtung um eine Anpassung, eine leichte oder eben grundlegend neue Ausrichtung handelt, muss über eine begleitende Neuausrichtung der Unternehmenskultur nachgedacht werden.

Das Problem ist nur: Ein Kulturwandel braucht Zeit.[11] Durch das Bewusstsein für die Bedeutung der Unternehmenskultur kann aber bereits in der Phase der Strategieentwicklung dafür Sorge getragen werden, dass der Faktor Kultur entsprechend berücksichtigt wird. Damit kann zumindest das Risiko minimiert werden, dass potenzielle Konflikte zwischen Kultur und Strategie erst im Laufe der Umsetzung aufbrechen. Betrachten wir nun an einem konkreten Beispiel, wie Unternehmenskultur und Strategie im Unternehmensalltag aufeinandertreffen.

5.4   Fallstudie: vom Elfenbeinturm zur Marketingmaschine

Thomas Hansen, der neue Geschäftsführer von Skarabäus, blickt aus seinem Büro auf den Bodensee. Es wird langsam Abend. Gerade eben hat er noch mit seinem Vorstand telefoniert. Und dieses Gespräch hat ihn nachdenklich werden lassen.

Seit gut drei Monaten ist Hansen Geschäftsführer des Unternehmens. Nach drei Jahren bei einer Unternehmensberatung wechselte Hansen in die strategische Planung des Mutterkonzerns SYLESIA und hatte danach zunächst die Leitung einer Landesgesellschaft übernommen. Die Übernahme des neuen Postens erschien ihm damals eine gute Lösung:

---

[11] Siehe hierzu auch Kap. 4.

ein vergleichsweise junges Unternehmen, näher am operativen Geschäft und endlich mehr Spielraum für Eigeninitiative und Engagement.

Skarabäus ist eine erfolgreiche Ausgründung aus der Universität. Ihr Gründer, Professor Dr. Justus Trojan, entwickelte Ende der 90er-Jahren ein höchst erfolgreiches Mittel im Bereich der Krebstherapie. Aus einem kleinen Team von Forschern wurde im Laufe der Jahre ein erfolgreiches Unternehmen mit rund 200 Mitarbeitern. Der Erfolg des Unternehmens ist dabei vor allem einem Produkt zu verdanken.

Nach rund 15 Jahren hatte sich Professor Trojan entschieden, sein Unternehmen zu verkaufen, war jedoch immer noch als Berater aktiv. Die Übernahme und Eingliederung von Skarabäus in den Mutterkonzern SYLESIA verlief alles in allem zufriedenstellend – auch dank der Unterstützung von Professor Trojan.

Hansen hatte sich an die Eigenheiten des Unternehmens gewöhnt. Es ging vergleichsweise familiär zu. Viele der Mitarbeiter arbeiteten schon seit Jahren für die Firma. Ein Großteil war direkt von der Universität in das Unternehmen gewechselt, die meisten von ihnen Mediziner und Chemiker und nur vereinzelt Kollegen mit einem betriebswirtschaftlichen Hintergrund.

Und so ertappte sich Hansen öfter bei dem Gedanken, dass Skarabäus ihm wie ein Dauerforschungsprojekt vorkam. Der Umgang der Mitarbeiter und Führungskräfte war sehr höflich, Diskussionen sehr akademisch und Zahlen spielten dabei zwar eine Rolle, aber keine sonderlich große. Das Controlling bestand aus sechs Mitarbeitern, die gleichzeitig auch noch für die strategische Planung des Unternehmens zuständig waren. Die auf den Fluren als „Taschenrechnerbande" bezeichnete Einheit beschränkte sich aus Hansens Sicht – was Kennzahlen und die Ausarbeitung von neuen Strategien anging – auf das Nötigste. Die Strategie bestand letztlich aus einer Vorgabe: das Kernprodukt weiterentwickeln und immer noch ein bisschen besser machen, um so den Marktanteil zu halten und ein wenig auszubauen.

Tatsächlich war das Unternehmen erfolgreich, wenn die Entwicklung jedoch eher als gemächlich beschrieben werden konnte. Und genau das war das Problem und Inhalt des Telefonats mit seinem Vorstand gewesen.

„Thomas, es scheint ja alles ganz gut bei euch zu laufen. Die Integration ist – soweit ich das sehe – gut vorangekommen. Ich denke, es wird Zeit, sich mit der zukünftigen Ausrichtung zu beschäftigen. Skarabäus macht seine Sache ja bisher ganz gut, aber ganz ehrlich: Da muss mehr drin sein. Die Konzentration auf ein Produkt und ein Anwendungsgebiet – an das Thema sollte man rangehen. Mir scheint auch, dass die bisherige Vertriebsstrategie ausbaufähig ist. Das wirkt ja fast so, als würdet ihr gar nicht mehr verkaufen wollen. Und das Wachstum – Thomas du kennst die Konzernvorgaben – so wird das nicht weitergehen. Aber deswegen bist du ja auch an Bord. Zeige den feinen Herren aus dem Elfenbeinturm doch mal, wie man richtig Geschäft macht." Der letzte Satz hallte Hansen in den Ohren.

Aber nicht wegen inhaltlicher Bedenken: Ihm war relativ klar, wohin die Reise gehen sollte. Vielmehr fragte er sich, wie er seine Kollegen und Mitarbeiter davon überzeugen konnte, diesen Weg mitzugehen. So schwer konnte das ja wohl nicht sein. Schließlich sollten alle für mehr Wachstum und neue Geschäftsfelder offen sein. Es ist alles nur eine

Frage der richtigen Planung und des Nachhaltens. Mit diesem Gedanken fing Hansen an, die ersten Ideen für die neue Strategie von Skarabäus zu skizzieren.

Leitfragen zur Fallstudie

1. Wieso könnte die Einführung einer neuen Strategie bei Skarabäus schwierig werden?
2. Wie würden Sie die Unternehmenskultur bei Skarabäus beschreiben?
3. Welches Vorgehen würden Sie als Geschäftsführer für die Entwicklung einer neuen Strategie vorschlagen?
4. Ist eine Anpassung der Unternehmenskultur im Falle von Skarabäus notwendig und in welcher Weise

Reflexionsfragen zum Kapitel

1. Welche Gemeinsamkeiten bestehen zwischen Unternehmenskultur und Strategie?
2. Wann kann es zu Spannungen zwischen Unternehmenskultur und Strategie kommen?
3. Wie wirkt sich Unternehmenskultur in den Phasen der Strategieentwicklung, der Strategieumsetzung und der Kontrolle aus?
4. Kann Strategie nur im Rahmen der „kulturellen" Möglichkeiten erfolgreich sein?

Im Online-Material auf springer.com finden Sie Hinweise zur Bearbeitung.

Literatur

Bea, F., & Haas, J. (2012). *Strategisches Management*. Bonn: UTB.
Mintzberg, H. (1978). Patterns in Strategy Formation, *Management Science, 24,* 934–948.
Mintzberg, H., Ahlstrand, B., & Lampel, J. (1998). *Strategy Safari*. New York: The Free Press.
Porter, M. (1985). *Competitive Advantage*. New York: Free Press.
Schreyögg, G., & Conrad, P. (2010). *Organisation und Strategie: Managementforschung 20*. Wiesbaden: Gabler.
Weber, W., & Kabst, R. (2009). *Einführung in die Betriebswirtschaftslehre*. Wiesbaden: Gabler.

Unternehmenskultur und Führung

6

Norbert Homma

Zusammenfassung

In diesem Kapitel geht es um die Frage, welche herausgehobene Bedeutung Führungskräfte für die Unternehmenskultur besitzen. Im Vordergrund stehen drei zentrale Aufgaben für die Führungskräfte:

- Welche Rolle spielen Führungskräfte für die Entstehung und Erhaltung der Unter-
nehmenskultur?
- Welchen Anforderungen müssen Führungskräfte genügen?
- Welche Bedeutung hat die Firmenkultur als Führungs- und Steuerungsinstrument?

6.1 Die Entwicklung der Unternehmenskultur und die Rolle der Führungskräfte

In diesem Abschnitt befassen wir uns mit der Entwicklung der Unternehmenskultur und
der Bedeutung der Führungskräfte in diesem Prozess.

Der Organisationspsychologe Edgar H. Schein hat den Entstehungsprozess von Unter-
nehmens-kulturen anschaulich beschrieben (2004, S. 225). Es beginnt in aller Regel mit
einer Gruppe, die in der täglichen Zusammenarbeit erste Vorstellungen davon entwickelt,
wie sie zusammenarbeiten möchte (oder muss). Alle Abläufe sind in hohem Maße informell und stark von einzelnen Individuen geprägt. In dieser **Frühphase der Entwicklung**
eines Unternehmens sind es hauptsächlich die Gründer, die der jungen Firma ihren Stempel

---

Soweit im Folgenden personenbezogene Bezeichnungen nur in männlicher Form angeführt sind,
beziehen sie sich auf Frauen und Männer in gleicher Weise.

© Springer Fachmedien Wiesbaden 2014
N. Homma et al., *Einführung Unternehmenskultur*,
DOI 10.1007/978-3-658-02411-6_6

aufdrücken. Dafür gibt es zahlreiche Beispiele. Wohl am bekanntesten ist Steve Jobs, der Gründer von Apple. Er war die treibende Kraft hinter der Entwicklung von Apple (und blieb es bis zum seinem frühen Tod). Sein ganz persönlicher Anspruch an Leistung und Innovation setzte ein Beispiel für die gesamte Organisation (Isaacson 2011). Ähnliches kann über Larry Page und Sergey Brin, die Gründer von Google, gesagt werden. Die in vielerlei Hinsicht ungewöhnliche Google Unternehmenskultur, die für manchen Beobachter eine Fortsetzung der College-Atmosphäre an amerikanischen Universitäten darstellte, wurde weitestgehend durch die Vorstellungen der beiden Unternehmensgründer geprägt (Levy 2011).

Bei etablierten, großen Unternehmen gewinnt die Unternehmenskultur ein Eigengewicht, so dass Einzelpersonen weniger Einfluss auf die Entwicklung der Kultur nehmen können. Dennoch gibt es auch hier Beispiele von herausragenden, charismatischen Persönlichkeiten, wie etwa die Managementikone Jack Welsh. Der legendäre *Chief Executive Officer* (CEO) von General Electric reorganisierte das Unternehmen komplett und initiierte innerhalb weniger Jahre eine neue, aggressive Unternehmenskultur. Ähnlich verhielt es sich im Falle von Carly Fiorina bei Hewlett-Packard (HP), die nach der erfolgreichen Akquisition von Compaq die traditionelle Unternehmenskultur von HP (den berühmten „HP Way", der auf Konsens und Kooperation setzte) umkrempelte, die alten Strukturen zerschlug und eine neue, leistungsorientierte Unternehmenskultur etablierte, nicht ohne dafür heftig kritisiert zu werden.

Nun ist es keineswegs so, dass charismatische Führungspersönlichkeiten unbedingt eine Voraussetzung für unternehmerischen Erfolg sein müssen. Collins und Porras (1994) haben früh darauf hingewiesen, dass viele visionäre (und erfolgreiche) Unternehmen eben gerade nicht von charismatischen Persönlichkeiten geführt wurden, sondern eher von bescheiden auftretenden, nicht extrovertierten Top-Managern, die allerdings sehr klare Ziele und den eisernen Willen bei deren Umsetzung besaßen.

Charismatische Führungspersönlichkeiten bilden also eher die Ausnahme. Die Mehrheit der Führungskräfte sind Menschen, die im Laufe ihrer Karriere zur Führungskräften „herangebildet" werden (siehe „6.6 Unternehmenskultur als Führungsinstrument") beziehungsweise primär aufgrund ihrer fachlichen Qualifikation in Führungspositionen aufgerückt sind.

Mit der **wachsenden Größe des Unternehmens** entwickelt die Unternehmenskultur ihre eigene Dynamik. Sie wird komplexer und es entstehen Subkulturen, die auch nicht immer miteinander harmonieren. Mit der Komplexität wird der Charakter der Unternehmenskultur – notgedrungen – unpersönlicher.

Damit steigt auch der Grad der Formalisierung der Unternehmenskultur. Werte und Zielvorstellungen sowie Verhaltensprinzipien werden kodifiziert. Sie werden in Form einer Unternehmensvision, von Mission Statements (Aufgabenbeschreibungen) und allgemeinen Führungsprinzipien als generelle Leitlinien für das Handeln etabliert. Wenn die Kultur erst einmal Gegenstand bewusster Reflexion ist, wird sie auch gezielt als Instrument eingesetzt, um das Verhalten im Unternehmen zu beeinflussen oder gar zu steuern. Dass diese Intention nicht immer von Erfolg gekrönt ist, steht auf einem anderen Blatt (zu dem Thema „Unternehmenskultur und Veränderung" siehe auch Kap. 4).

6.2 Alle Führungskräfte sind wichtig

Natürlich beeinflusst jeder, der in einer Organisation arbeitet, auf gewisse Weise die Unternehmenskultur. Deutlich „einflussreicher" sind aber die Führungskräfte. Von ihnen, mehr als von jeder anderen Gruppe im Unternehmen, hängt es ab, nach welchen Werten und Vorstellungen entschieden und gehandelt wird.

> ▶   Führungskräfte beeinflussen die Unternehmenskultur in stärkerem Maß als Organisationsmitglieder ohne Führungsverantwortung.

Wie keine andere Gruppe setzen sie Maßstäbe. Führungskräfte haben eine Vorbildfunktion. Ihre Art, Menschen zu führen, mit Kritik umzugehen, Konflikte zu entschärfen oder gar zu lösen, hat entscheidenden Einfluss auf Mitarbeiter und Kollegen. Das gilt im positiven wie im negativen Sinne (Toor und Ofori 2009, S. 31).

Auch erhebliche Diskrepanzen zwischen der „veröffentlichten Kultur" (zu bewundern auf Hochglanzbroschüren und den Internetauftritten) und der im Alltag praktizierten Kultur gehen auf das Konto der Führungskräfte. Sie sind die wichtigsten Entscheider und definieren die Verhaltensmaßstäbe für den Rest der Organisation.

In der Regel ist es der unmittelbare Vorgesetzte, der nachweislich den größten Einfluss darauf hat, ob Werte und Prinzipien auch im betrieblichen Alltag von Relevanz sind. Sie oder er ist damit in dieser Hinsicht einflussreicher als jede andere Führungsebene (Block 2003, S. 318).

> ▶   Der unmittelbare Vorgesetzte hat den größten Einfluss auf die gelebte Kultur.

Entsprechend unserem Modell von den Funktionen der Unternehmenskultur nehmen Führungskräfte eine Schlüsselrolle bei allen fünf Funktionen ein (siehe hierzu auch Kap. 1 Einleitung). Es ist primär ihre Aufgabe, dafür zu sorgen, dass die Organisation nach außen offen bleibt und sich erfolgreich im Wettbewerbsumfeld positioniert (Funktion der **Sensibilisierung** und **Abgrenzung** nach außen). Ähnliches gilt für die internen Funktionen. Hier sind es insbesondere die **Steuerungs- und Orientierungsfunktion**, die maßgeblich von den Führungskräften beeinflusst werden. Im Ergebnis führt dies zu Balance zwischen der Notwendigkeit der externen Anpassung und dem Bedürfnis nach interner Stabilität. Schauen wir uns nun die Rolle der einzelnen Führungsebenen etwas genauer an.

Top-Management
Das Top-Management ist der erste Repräsentant des Unternehmens und damit auch der Unternehmenskultur. Von ihm geht eine wichtige Signalwirkung aus, für die Belegschaft allgemein, aber ganz besonders für die folgenden Führungsebenen. Ob die Maßstäbe der Unternehmenskultur ernst genommen und gelebt werden, kann im Tagesgeschäft unmittelbar erfahren werden. Für negative Schlagzeilen sorgte vor wenigen Jahren der Siemens Bestechungsskandal. Die Konsequenz: Schadenersatzforderungen und Verurteilungen ein-

zelner Manager. Ohne aktive Unterstützung beziehungsweise Billigung der Schwarzgeld-
praktiken durch das Obere Management wäre es nie zu diesem Fehlverhalten gekommen.

Das sind zugegebenermaßen Extrembeispiele. Die Signalwirkung des Top-Managements
zeigt sich viel eher im Klein-Klein des Tagesgeschäfts. Welche Rolle dabei den persönlichen Eigenschaften des Führungspersonals, speziell den CEOs zukommt, verdeutlicht die
Studie von Tomas Giberson (2009), die als erste empirische Studie den Zusammenhang
zwischen den CEO-Merkmalen und der gewünschten Organisationskultur untersuchte.
CEOs haben wesentlichen Einfluss auf die Normen, nach denen in ihrer Organisation
gehandelt wird, auch welches Verhalten belohnt oder sanktioniert wird. Angesichts des
Einflusses des CEOs sollten Unternehmen – so die Schlussfolgerung – besonderen Wert
auf den „Cultural Fit" zwischen ihren Top-Managern und der angestrebten Unternehmenskultur legen. In besonders kritischen Situationen kann dies auch bedeuten, dass die
Unternehmensspitze personell erneuert werden muss.

▶   Alle Führungskräfte besitzen eine Vorbildfunktion – ob sie es wollen oder nicht!

Das Mittlere Management
Vertreter dieser Führungsebene stehen an der operativen Front, d. h. sie bilden das entscheidende Scharnier zwischen den strategischen Zielen des Unternehmens und deren praktischer Umsetzung. In welchem Umfang Unternehmenswerte tatsächlich gelebt werden,
hängt entscheidend von ihnen ab. Das Gewicht des Mittleren Managements wird erkennbar,
wenn man sich vor Augen führt, dass in Konzernen diese Führungsebenen leicht mehrere
tausend Mitarbeiter umfassen und damit eine zentrale Vermittlungsinstanz darstellen.

Auf diesen Ebenen entscheidet sich jeden Tag, ob eine Unternehmenskultur ihren
wichtigsten Funktionen gerecht wird. Sie sind praktisch dafür verantwortlich, wie sensibel das Unternehmen auf Veränderungen im Umfeld reagiert. Ihnen obliegt es, dafür zu
sorgen, dass diese Informationen im Unternehmen zur Kenntnis genommen, entsprechend
kanalisiert und „verarbeitet" werden.

Untere Führungsebenen
Wer ganz im operativen Alltag steht, hat selten etwas mit der konzeptionellen Entwicklung oder Veränderung der Unternehmenskultur zu tun. Daher entsteht gelegentlich der
Eindruck, „Unternehmenskultur" sei etwas, was sich ausschließlich auf den „höheren"
Ebenen abspielt. Weit gefehlt. Für das Gros der Mitarbeiter spielt sich die Unternehmenskultur in ihrem unmittelbaren Arbeitsumfeld ab. Da zeigt es sich, ob die vollmundigen und
ehrgeizigen Ansprüche, was Kommunikation, Transparenz und Offenheit oder Kundenorientierung anbelangt, im Alltag seine Bestätigung findet. Umso wichtiger ist es, dass die
Führungs- und Verhaltensprinzipien bis auf die untersten Organisationsebenen vordringen
und gelebt werden.

▶   Eine attraktive und leistungsstarke Führungskultur – als wesentlicher Bestand-
        teil der Unternehmenskultur – ist der Schmierstoff, der das Räderwerk

der Organisation am Laufen hält. Die Führungskräfte nehmen damit eine Schlüsselrolle für die Erhaltung und Weiterentwicklung der Unternehmenskultur ein.

Als Nächstes gehen wir der Frage nach, was Führungskräfte dazu beitragen können, die Lern- und Anpassungsfähigkeit einer Unternehmenskultur zu erhalten.

6.3 Wie bleibt eine Unternehmenskultur lernfähig?

Auch Unternehmenskulturen altern und passen plötzlich nicht mehr in die Zeit. Doch was muss geschehen, damit dieses schwer zu greifende Gebilde aus praktizierten Werten, Normen und Annahmen, das für das Verhalten der Menschen in Organisationen verantwortlich ist, noch oder wieder den aktuellen Erfordernissen entspricht? Wessen Aufgabe ist dies und wie kann es erreicht werden?

Die Anpassung an neue externe Rahmenbedingungen oder Einflüsse darf innerhalb der Organisation nicht zu Orientierungslosigkeit und Frustrationen oder gar zum Verlust an bewusster Steuerung führen. Trotzdem muss man akzeptieren, dass Veränderungen häufig Unsicherheit und Konflikte, gelegentlich auch Ängste verursachen. Wenn dies der Fall ist, sind besondere Führungsqualitäten gefordert. Wir haben an anderer Stelle die Bedeutung einer adaptiven Unternehmenskultur hervorgehoben (hierzu ausführlicher Kap. 4 Eine Unternehmenskultur verändern). Im folgenden Abschnitt werden wir uns mit den speziellen Anforderungen an Führungskräfte befassen, die für die Entwicklung einer adaptiven Unternehmenskultur relevant sind.

▶ **Unternehmenskultur versus Betriebsklima** An dieser Stelle wollen wir kurz eine Begriffsunterscheidung zwischen Unternehmenskultur und Betriebsklima treffen, da beide Begriffe nicht identisch sind. „Unternehmenskultur bezeichnet die für die Organisation charakteristischen und dauerhaften Werte, Einstellungen und Verhaltensweisen, während mit Betriebsklima aktuelle oder temporäre Stimmungen in einer Organisation beschrieben werden." (Sackmann 2006).

6.4 Führungsstile und die adaptive Unternehmenskultur

Veränderungen der Unternehmenskultur erfordern andere Führungseigenschaften als der „normale Geschäftsbetrieb". In der angelsächsischen Literatur wird gerne zwischen „Manager" und „Leader" unterschieden.

„Manager" sind hauptsächlich mit der Umsetzung von Zielen und Vorgaben befasst. Sie sind verantwortlich für die Einhaltung von Prozessen und operieren im Zielkorridor etablierter Unternehmensstrategien und Praktiken. Sie spielen eine essenzielle Rolle für das effektive Managen des Tagesgeschäftes.

„Leader" hingegen haben eine Vision von der zukünftigen Entwicklung des Unternehmens. Sie sind bereit, Bestehendes infrage zu stellen, Aufbruchsstimmung unter ihren Mitarbeitern zu erzeugen und sie für die Veränderungsziele zu mobilisieren. Sie bieten Perspektiven, mit denen sich der Einzelne identifizieren kann. Und sie vermitteln ein gewisses Maß an Sicherheit in turbulenten und unübersichtlichen Zeiten (Leader in diesem Sinne kann es auf allen Ebenen geben). Im Idealfall sind Führungskräfte in der Lage, flexibel zwischen den beiden unterschiedlichen Rollen zu wechseln, je nachdem, wie es die Situation erfordert (siehe ausführlicher hierzu Mintzberg 2009).

Für die Diskussion in unserem Kontext sind die „Leader"-Eigenschaften ausschlaggebend, da sie eine wichtige Voraussetzung für die Gestaltung von kulturellen Veränderungen darstellen.

Selbst wenn Führungskräfte „Leader"-Eigenschaften zeigen, verhalten sie sich noch lange nicht gleich. Es gibt unterschiedliche Führungsstile, die sich unmittelbar auf die Art und Weise der Führung auswirken. Wir betrachten an dieser Stelle das Modell der „Transactional Leadership" und der „Transformational Leadership". Abb. 6.1 bietet eine Übersicht der wichtigsten Aktivitäten von Transactional und Transformational Leadership.

Unter der Kategorie „Transactional Leadership" wird ein breites Spektrum von Führungsverhalten subsumiert, dass von weitgehender Führungsabstinenz (Laissez-faire) über gelegentliche Eingriffe (Management by Exception) bis hin zur gezielten Belohnung von Aktivitäten (Contingent Reward) reicht. Diese Führungsstile sind weniger oder überhaupt nicht geeignet, notwendige Einstellungs- und Verhaltensänderungen bei Mitarbeitern zu bewirken.

Ganz anders verhält es sich mit dem „Transformational Leadership". Dieses versucht über verschiedene motivationale Hebel, Menschen zu motivieren, ihr Leistungs-

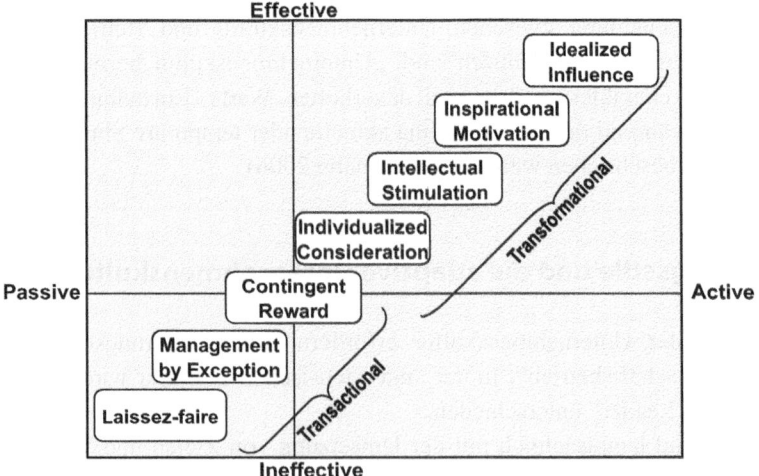

Abb. 6.1 Transactional und Transformational Leadership. (Quelle: in Anlehnung an Robbins und Judge 2008, S. 190)

potenzial voll und ganz für ein gemeinsames Anliegen (gemeinsame Ziele) einzusetzen. „Transformational Leadership" bezeichnet unterschiedliche Stufen von Führung, die speziell auf die Motivation der Mitarbeiter zielen. Die Skala der Einflussnahme reicht von der individuellen Förderung (Individual Consideration) bis hin zur Entwicklung einer Zukunftsperspektive (Idealized Influence) als Motivation dafür, Veränderungen aktiv zu unterstützen.

▶ Unternehmen, die Wert legen auf eine anpassungsfähige, flexible Kultur sollen alles daran setzen, die „transformationalen" Kompetenzen ihrer Führungskräfte zu fördern – nicht nur wegen der Kultur.

Wir haben wiederholt erwähnt, dass es wenigstens zwei fundamentale Gründe für die Notwendigkeit einer adaptiven Unternehmenskultur gibt: Zum einen wächst die Komplexität in vielen Bereichen, zum anderen hat die Veränderungsgeschwindigkeit rasant zugenommen. Wer auf diese Entwicklung mit noch mehr Regeln, Vorschriften und Prozessen antwortet, bedient vielleicht sein Sicherheitsbedürfnis, schafft aber gleichzeitig mehr Bürokratismus und Schwerfälligkeit.

Edgar H. Schein (2013) nennt als eine elementare Voraussetzung, um mit zunehmender Komplexität umgehen zu können, die Fähigkeit, eine vertrauensvolle Beziehung (Trusting Relationships) zwischen den Akteuren herzustellen. Er beschreibt diesen Sachverhalt wie folgt: Wir sind alle in unserem organisationalem Handeln (in zunehmendem Maße) von anderen abhängig. Kein Top-Manager kann ein Unternehmen erfolgreich führen, ohne dass er sich voll und ganz auf die Arbeit und Unterstützung der Menschen verlassen kann, mit denen er zusammenarbeitet. Wem diese Tatsache bewusst ist, wird sich darum bemühen, eine Beziehung zu diesen Menschen aufzubauen, die von Vertrauen und gegenseitigem Respekt geprägt ist.

Gegenseitiges Vertrauen und Wertschätzung sind wiederum die Voraussetzung für eine effektive Kommunikation, d. h. eine Kommunikation, die sich offen und konstruktiv damit auseinandersetzt, wie schwierige Aufgaben oder Herausforderungen gemeistert werden können (Schein 2013, S.7).

Welche Anforderungen ergeben sich daraus für Führungskräfte? Welche Fähigkeiten sind erforderlich, um die Anpassungsfähigkeit einer Organisation in turbulenten Zeiten zu gewährleisten?

Persönliche und soziale Kompetenzen
Wer andere motivieren und bewegen möchte, sollte erst einmal bei sich selbst anfangen und die eigenen Stärken und Schwächen kompetent einschätzen können. Unter *Persönlichen Kompetenzen* sind – vereinfacht ausgedrückt – all jene Kompetenzen zu verstehen, die es dem Einzelnen ermöglichen, mit den eigenen Emotionen kompetent umzugehen und sie gezielt einzusetzen. Das dazu nötige Selbstmanagement erfordert Selbsterkenntnis und ein großes Maß an Selbstdisziplin.

Ähnlich argumentiert auch Peter Senge, einer der profiliertesten Forscher auf dem Gebiet der lernenden Organisation in seinem Buch „The Fifth Discipline" (1993). Er vertritt die Auffassung, dass „Personal Mastery" als Prozess, d. h. das Bewusstmachen der eigenen Ziele und Fähigkeiten und der ständige Abgleich mit den Erfordernissen der Umwelt, einen der essenziellen Bausteine einer lernenden Organisation bildet. Ohne diese Fähigkeit sind Führungskräfte nicht in der Lage, einen systematischen und zielgerichteten Lernprozess in einer Organisation zu initiieren und erfolgreich zu führen. Und um nichts weniger geht es im Falle eines Kulturwandels.

Wer für Veränderungen verantwortlich zeichnet, ist nicht primär in seiner Rolle als Fachexperte gefordert. In weit stärkerem Maße kommt es in solchen Situationen auf die *sozialen Kompetenzen* an, d. h. die Fähigkeit, zwischenmenschliche Beziehungen konstruktiv und zielorientiert zu gestalten, beispielsweise vertrauensvolle Beziehungen zu anderen Menschen zu entwickeln, die auf gegenseitigem Respekt basieren.

▶   Bei kulturellen Veränderungsprozessen zählen die persönlichen und sozialen Kompetenzen der Führungskräfte.

Übertragen auf praktische Führungsaufgaben werden dadurch die Voraussetzungen für ein effektives Teammanagement geschaffen. Eine wichtige Eigenschaft in Veränderungsprozessen ist die Fähigkeit, zuhören zu können, zu verstehen was andere sagen, sich in die Situation anderer versetzen zu können (Empathie). Oder die Fähigkeit, nicht nur Feedback zu geben, sondern auch Feedback zu akzeptieren. Gegenseitiger Respekt und Vertrauen sind essenzielle Voraussetzungen, um Konflikte und Probleme konstruktiv lösen zu können (Schein 2013, S. 62).

Wer über ausgeprägte soziale Kompetenzen verfügt, ist auch eher in der Lage, Menschen dazu zu motivieren, sich einzubringen, Engagement zu zeigen, etwas zu wagen. Ganz abgesehen davon, dass die emotionale „Mobilisierung" der Mitarbeiter eine ganz entscheidende Voraussetzung für die erfolgreiche Umsetzung von Veränderungszielen darstellt.

In diesem Zusammenhang liefert das Konzept der Emotionalen Intelligenz (EI) (Goleman 1999) einen Schlüsselbegriff für das effektive Führen von Menschen (siehe hierzu die Definition von Emotionaler Intelligenz).

▶ The capacity for recognizing our own feelings and those of others, for motivating ourselves, and for managing our emotions well in ourselves and within our relationships. (Goleman 1999)

Daniel Goleman hat unter dem Begriff „Emotionale Intelligenz" diverse Kompetenzen subsumiert. Emotionale Kompetenz bezeichnet somit ein breites Spektrum von Eigenschaften und Fähigkeiten, die sich sowohl auf das Selbst-Management beziehen als auch die Fähigkeit, Beziehungen zu anderen Menschen aufzubauen. Abbildung 6.2 zeigt die verschiedenen emotionalen Kompetenzen.

Persönliche Kompetenzen

Selbstwahrnehmung
- Emotionales Bewusstsein
- Zutreffende Selbsteinschätzung
- Selbstvertrauen

Selbstregulierung
- Selbstkontrolle
- Vertrauenswürdigkeit
- Gewissenhaftigkeit
- Anpassungsfähigkeit
- Innovation

Motivation
- Leistungsdrang
- Engagement
- Initiative
- Optimierung

Soziale Kompetenzen

Empathie
- Andere verstehen
- Andere entwickeln
- Serviceorientierung
- Vielfalt nutzen
- Politisches Bewusstsein

Soziale Fähigkeiten
- Einfluss
- Kommunikation
- Konfliktbewältigung
- Führung
- Katalysator des Wandels
- Bindungen aufbauen
- Zusammenarbeit
- Teamfähigkeiten

Abb. 6.2 Die emotionale Kompetenz im Überblick. (Quelle: in Anlehnung an Goleman 2001)

Welche Rolle spielt nun die EI für eine adaptive Unternehmenskultur? Adaptieren bedeutet immer verändern, sich von Altem und (in der Vergangenheit) Bewährtem zu trennen, sich auf Neues einzulassen, Risiken einzugehen. Davon müssen Menschen überzeugt werden. Diese Führungsaufgabe kann derjenige wesentlich effektiver wahrnehmen, der sich selbst gut kennt, seine Fähigkeiten realistisch einschätzen kann, seine Emotionen kontrollieren kann und gleichzeitig in der Lage ist, Vertrauen zu schaffen, andere, seien es Kollegen oder Mitarbeiter, zu motivieren. Wer diese Fähigkeiten besitzt, kann eher überzeugen und emotional schwierige Situationen meistern.

Mitarbeiter, deren Vorgesetzte über ein überdurchschnittliches Maß an EI verfügten, bestätigten ein besseres Arbeitsklima (Indikatoren für das Arbeitsklima sind z. B. Klarheit der Kommunikation, Flexibilität der Arbeitsorganisation, Fähigkeit innovativ zu sein, Kontrolle und Verantwortung für die Arbeit). Auch die Performance der untersuchten Unternehmen war deutlich besser. Unternehmen, deren Führungskräfte einen überdurchschnittlichen EI-Quotienten hatten, waren in der Regel auch erfolgreicher (Cherniss und Goleman 2001, S. 41).

Für erfolgreiche Führung sind verschiedene Faktoren ausschlaggebend. Natürlich spielt die Intelligenz (gemessen als IQ) eine Rolle, ebenso die Erfahrung. Beide Faktoren zusammengenommen genügen jedoch nicht, um wirklich erfolgreiche Führung zu erklären. Den entscheidenden Unterschied – so das Ergebnis zahlreicher empirischer Studien – macht die Emotionale Intelligenz.

Goleman kommt auf Basis seiner Untersuchungen zu folgendem Schluss: „Für herausragende Leistungen in allen Berufen und in jedem Bereich ist emotionale Kompetenz doppelt so wichtig wie es rein kognitive Fähigkeiten sind. Erfolg auf den höchsten Ebenen, in Führungspositionen, lässt sich praktisch zu 100 % mit emotionaler Kompetenz erklären (Goleman 1999, S. 47).

Die Bedeutung der persönlichen und sozialen Kompetenzen von Führungskräften wird auch in der GLOBE-Studie über den Zusammenhang von Kultur und Führung herausgestrichen (Chhokar et al. 2008). Auf der Basis einer in 25 Ländern durchgeführten Vergleichsstudie kommen die Autoren zu dem Schluss, dass das typische Führungsverhalten in Deutschland im Wesentlichen durch eine starke Sicherheitsorientierung, hohe Leistungsorientierung, Autonomie, und Partizipation (im Sinne einer institutionalisierten Partizipation durch die Mitbestimmung) gekennzeichnet ist. Auffallend niedrig hingegen sind im internationalen Vergleich die Werte für die „Humane Orientation", d. h. persönliche Beziehungen aufbauen, Empathie zeigen, Teams motivieren und führen, Netzwerke bilden, also all das, was wir mit sozialen Fähigkeiten umschrieben haben.

In Deutschland wird – diesen Daten zufolge – immer noch nach dem Motto geführt, „Tough on the issue, tough on the person". Vor dem Hintergrund veränderter gesellschaftlicher Erwartungen, zu denen auch die Forderung nach der Gleichstellung der Frau oder der Wunsch nach weniger „sozialer Kälte" gehört, raten die Autoren Unternehmen und Führungskräften, mehr Augenmerk auf die Entwicklung interpersoneller Kompetenzen zu legen. Den Unternehmen empfehlen sie, verstärkt an einen Wandel der Unternehmenskulturen in Richtung mehr Flexibilität und Offenheit zu arbeiten. Insbesondere legen sie Unternehmen ans Herz, die Entwicklung der persönlichen und sozialen Führungskompetenzen zu fördern (Brodbeck und Frese 2008, S. 147).

▶   Je stärker die sozialen und persönlichen Fähigkeiten bei den Führungskräften
    ausgeprägt sind beziehungsweise bewusst in einer Unternehmenskultur geför-
    dert und entwickelt werden, desto besser ist diese Organisation in der Lage,
    sowohl die interne als auch externe Anpassung an veränderte Rahmenbedin-
    gungen zu leisten.

Soweit haben wir uns vornehmlich mit den gewünschten Eigenschaften von Führungskräfte befasst. Als nächstes setzen wir uns mit der Rolle der Führungskräfte bei der Entwicklung und Erhaltung einer adaptiven Unternehmenskultur auseinander.

6.5   Worauf es ankommt

Führungskräfte leisten durch ihr Verhalten einen ganz entscheidenden Beitrag, dass Unternehmen flexibel und kompetent auf Veränderungen im Umfeld reagieren können. Wir haben in Kap. 3 in groben Zügen vier Handlungsfelder einer adaptiven Unternehmenskultur skizziert, die wir im Folgenden speziell im Hinblick auf die Rolle der Führungskräfte näher beschreiben werden.

Sensibilität gegenüber dem Unternehmensumfeld
Praktisch bedeutet dies, dass das Unternehmen genau beobachtet, welche Entwicklungen und Trends in der Gesellschaft, im Markt oder im Bereich Technologie erkennbar sind. Ist man sensibel für soziale Veränderungen, etwa den Erwartungen der Generation Y (hierzu auch Kap. 3)? Wird der Wettbewerb systematischen Beobachtungen unterzogen (Competitive Intelligence)? Werden die Erfahrungen der Verkaufsmannschaft gezielt ausgewertet und genutzt? Das Bewusstsein für derlei Fragestellungen zu schaffen und im Bedarfsfall auch für die nötigen Ressourcen zu sorgen, ist Aufgabe der Führungskräfte.

Offen für externe Veränderungen und ihre internen Konsequenzen zu sein, ist also auch eine Frage der grundsätzlichen Einstellung, sprich der Unternehmenskultur. Deren Aufgabe sollte es sein, eine Grundhaltung im Unternehmen zu fördern, so dass im Grunde genommen jeder Mitarbeiter bei seiner Arbeit den (internen und/oder externen) Kunden in seine Überlegungen mit einbezieht. Wer sich so verhält, übernimmt auch gleichzeitig ein Stück Mitverantwortung für den Erfolg des Unternehmens.

▶ Die Sensibilisierung der Organisation für neue Entwicklungen und Trends gehört zu den Aufgaben der Führungskräfte.

Vielfalt als Chance nutzen (Diversität)
Die Stärke liegt in der Vielfalt! Jedes Unternehmen verfügt über einen reichen Schatz an Erfahrungen und Kenntnissen, der häufig suboptimal genutzt wird. Oft wachsen mit der Größe der Organisation nicht nur das vorhandene Know-how, sondern auch die Komplexität der Organisation und damit die Verselbständigung einzelner Bereiche. Die unausweichliche Konsequenz: Keiner weiß mehr so richtig, was bei anderen „so läuft". Wie oft kann man hören: „Wenn das Unternehmen nur wüsste, was es alles weiß!" Problematischer ist jedoch die Tatsache, dass es häufig zur bewussten Abschottung gegenüber anderen Abteilungen oder Funktionen kommt („Was die machen, interessiert uns nicht. Wir kümmern uns um unsere Aufgaben.").

Die Vielfalt des vorhandenen Know-how wird nur dann effektiv abgerufen, wenn sie als wertvolle Ressource betrachtet wird, die nicht der Indifferenz oder einem Bereichsegoismus zum Opfer fallen darf.

▶ Erst der bewusst initiierte und gesteuerte Erfahrungsaustausch über funktionale Grenzen hinweg (Aufgabe der Führungskräfte) schafft die Voraussetzung, um in einer zunehmend interdependenten Welt das verfügbare Know-how optimal für das Unternehmen einzusetzen.

Netzwerke bilden
Die formalen Organisationsstrukturen geben häufig nicht die tatsächlich relevanten Informations- und Kommunikationswege in einem Unternehmen wieder. Entscheidender sind die internen und externen Netzwerke, die unabhängig von starren Hierarchien den Informationsfluss kanalisieren. Wer interagiert mit wem? Mit wem werden neue Erkenntnisse und Erfahrungen ausgetauscht? Wer ist Ansprechpartner bei auftretenden Problemen? Wer

wird nur involviert, wenn es die Vorschriften oder „politische Rücksichtnahmen" erfordern? Die informellen Kontakte und Verbindungen entscheiden letztlich darüber, ob und wann das in den Köpfen der Mitarbeiter oder in den Systemen der Organisation vorhandene Wissen effektiv genutzt werden kann.

Netzwerkanalysen (Cross und Parker 2004) haben eindrucksvoll bestätigt, dass die in den Organisationen vorhandenen Wissens- und Erfahrungspotenziale oft suboptimal arbeiten, weil …

- ungenaue Kenntnisse über das im Unternehmen vorhandene Know-how existieren und folglich nicht genutzt werden;
- nicht alle „Wissensträger" in dem erforderlichen Maße bei plötzlich auftretenden Fragen oder Problemen – aus welchen Gründen auch immer – zu Rate gezogen werden;
- viele Menschen weitaus lieber den direkten persönlichen Kontakt zu Kollegen suchen, als sich komplexer Informationsmanagement-Systeme zu bedienen;
- sich unternehmensinterne Interaktions- und Kommunikationswege auf die Zusammenarbeit im eigenen Arbeitsbereich beschränken.

Die unternehmensinternen Probleme finden sich auch im Kontakt zu externen Wissensträgern. Längst ist das größte Innovationspotenzial nicht mehr nur in den Unternehmen selbst zu finden. Kleine Startup-Gesellschaften oder Universitätsinstitute verfügen über hochqualifizierte Experten, die sich an vorderster Front innovativer Techniken und Applikationen bewegen. Diese Unternehmen und Institutionen aktiv in interne Netzwerke einzubinden und damit Zugang zu innovativem Know-how zu gewinnen, das anderweitig nicht verfügbar ist, bedeutet einen wesentlichen Schritt zur Überwindung des verbreiteten „Not-invented-here"-Syndroms.

Die Forschung hat ferner auf den unmittelbaren Zusammenhang zwischen der Leistung und dem Grad der (internen und externen) Vernetzung hingewiesen. Die am besten vernetzten Teams sind ungleich leistungsstärker als ihre weniger vernetzten Kollegen. Ähnliches trifft auch auf die Leistungsfähigkeit von Einzelpersonen zu. Überhaupt ist die Chance, kreativ zu sein, ungleich größer, wenn systematisch Informations- und Erfahrungsquellen angezapft werden (Cross und Parker 2004). Hier die nötigen Anstöße zu liefern und nachzuhalten, gehört auch zu den Aufgaben der Führungskräfte.

▶   Das interne und externe Netzwerken sollte stärker im organisationalen Handeln verankert werden.

Ausrichtung auf gemeinsame Werte und Ziele
Ohne die verbindliche Ausrichtung (Alignment) aller wichtigen Unternehmensteile (und Mitarbeiter) auf definierte Werte und Ziele wird das Potenzial der Organisation nicht optimal genutzt. Dazu gehören eine attraktive, längerfristige Perspektive (Vision) für das Unternehmen als Orientierung – nicht nur in turbulenten Zeiten. Gleiches trifft auf Verhaltensleitlinien (Grundsätze) zu, die den Wertekanon des Unternehmens in konkrete Verhaltensrichtlinien „übersetzen". In diesem Zusammenhang sind auch verbindliche

Führungsleitlinien notwendig, die messbare und einklagbare Vorgaben für das Führungsverhalten festlegen. Entscheidend ist natürlich, dass sie nicht nur auf dem Papier bestehen, sondern gelebt werden. Das ist der „Lackmustest" für die Glaubwürdigkeit jeder Unternehmenskultur! Dies setzt auch einen Abgleich der Unternehmens- und Bereichsziele sowie -strategien voraus. Nichts verursacht größere Reibereien und Frustrationen als sich widersprechende Ziele, die dann als Begründung für den fortbestehenden Bereichsegoismus angeführt werden. Schließlich sind auch die Anreiz- und Belohnungssysteme so zu gestalten, dass sie die generellen Zielsetzungen und Verhaltensleitlinien nachhaltig unterstützen. Hier Anstöße zu geben, Entwicklungen voranzutreiben und effektiv nachzuhalten ist die primäre Aufgabe der Führungskräfte.

▶   Um erfolgreich zu bleiben, ist es erforderlich, dass sich das Organisationshandeln an den verbindlichen Werten und Zielen orientiert.

Mit den vier Handlungsfeldern …

- Sensibilität gegenüber dem Unternehmensumfeld,
- Vielfalt als Chance nutzen,
- Interne und externe Netzwerke bilden sowie
- Ausrichtung auf gemeinsame Werte und Ziele,

sind Themen identifiziert, die für die Entwicklung einer adaptiven Unternehmenskultur von zentraler Bedeutung sind, um zukünftig optimaler auf das Veränderungstempo wirtschaftlicher und gesellschaftlicher Entwicklungen reagieren zu können. Dass es in dieser Hinsicht noch einigen Nachholbedarf in deutschen Unternehmen gibt, unterstreicht die bis dato umfangreichste weltweit angelegte empirische Untersuchung zum Verhältnis von Kultur (national und organisational) und Führung, die GLOBE-Studie. Die Autoren schlussfolgern, dass im wiedervereinten Deutschland nach wie vor ein stark ausgeprägtes Sicherheitsdenken existiert, das sich in umfangreichen Regeln, Vorschriften und bürokratischen Prozessen niederschlägt (Chhokar et al. 2008). Allein diese Tatsache sollte Ansporn genug sein, dem Thema adaptive Unternehmenskultur weiterhin größte Aufmerksamkeit zu schenken.

6.6   Welche Rolle spielt die Unternehmenskultur als „Führungsinstrument"?

Die Unternehmenskultur kann gezielt genutzt werden:

- als Richtlinie für das Verhalten der Mitarbeiter und Führungskräfte,
- zur inhaltlichen Steuerung der Personal- und Führungskräfteentwicklung,
- zur Rekrutierung neuer Mitarbeiter auf allen Ebenen.

Die Unternehmenskultur umfasst bestimmte Werte und Normen, die als Orientierung für das Führungsverhalten dienen. Eine Präzisierung erfolgt in Form von Führungsleitlinien, die dann den verbindlichen Verhaltenskodex definieren. Dass Führungsleitlinien bestehen, bedeutet noch lange nicht, dass sie auch immer und überall eingehalten werden. Aber es wird damit eine Richtung vorgegeben, die ein zielgerichtetes und „einheitliches" Führungsverhalten sicherstellen soll. Insofern stellen die Führungsleitlinien eine Übersetzung der Unternehmenswerte in Handlungsanweisungen dar. Teilweise werden die Führungsrichtlinien auch mit Beurteilungs- und Entlohnungssystemen gekoppelt, um ihnen mehr Nachdruck und Wirksamkeit zu verleihen.

▶   Führungsleitlinien stellen eine Übersetzung der Unternehmenswerte in praktische Handlungsanweisungen dar.

Die Anwendung der Unternehmenswerte beschränkt sich nicht auf die Ebene der Führungskräfte. Wenn das Thema Unternehmenskultur ernst genommen wird, fließen ihre Inhalte beziehungsweise Bausteine in die Personalentwicklung ein. Damit werden Kernelemente der Unternehmenskultur zu wichtigen Elementen einer systematischen Personalentwicklung (hierzu auch Kap. 8 Unternehmenskultur und Personalentwicklung).

Nun darf man sich dieses System nicht zu idealistisch vorstellen. Die Realität fordert immer ihren Tribut. Dennoch ist es gerade die Integration der Kulturaspekte in bestehende Prozesse der Rekrutierung und Entwicklung, die eine entscheidende Voraussetzung dafür sind, dass essenzielle Kulturelemente weitergegeben werden. Erst durch die Verschränkung mit etablierten Prozessen ist eine nachhaltige Beeinflussung, in Graden auch Steuerung der Organisation und ihrer Kultur, möglich.

Und schließlich ist die Verankerung der Unternehmenskultur in Instrumenten und Prozessen im Hinblick auf die Rekrutierung neuer Mitarbeiter zu erwähnen. Es überrascht deshalb nicht, dass die Werte und Forderungen der angestrebten Unternehmenskultur beim Auswahlprozess für neue Mitarbeiter (potenziell auf allen Ebenen) gezielt eingesetzt werden.

Umgekehrt können die Unternehmen die Postulate ihrer Unternehmenskultur werbewirksam nutzen, um für sich ein attraktives Image in der Öffentlichkeit zu entwickeln (Employer Branding). Welche Bedeutung dem zukommt, lässt sich am Beispiel der Generation Y (siehe hierzu auch Kap. 3 Worauf Unternehmen reagieren müssen) ermessen, die Aspekte der Unternehmenskultur sehr bewusst zur Bewertung eines potenziellen Arbeitgebers heranzieht.

6.7   Zusammenfassung

Diejenigen, die das meiste Sagen haben, üben den größten Einfluss auf die Unternehmenskultur aus. Das sind in den Anfangsstadien einer Organisation meistens die Gründer. Wenn Unternehmen wachsen, übernehmen die Führungskräfte diese Rolle. Ihnen kommt – in Abhängigkeit von ihrer Position – eine Vorbildfunktion zu. Durch ihr Auftreten und ihr Verhalten setzen sie klare Maßstäbe für alle anderen.

Heute kommt es mehr denn je darauf an, die Lernfähigkeit, ein wichtiger Aspekt der Unternehmenskultur, zu fördern. Dies gehört mit zu den wichtigen Aufgaben der Führungskräfte. Neben der rein fachlichen Qualifikation gewinnen in diesem Zusammenhang zunehmend soziale und persönliche Kompetenzen für die Führungskräfte an Bedeutung. Nur über eine auf gegenseitigem Vertrauen und Respekt basierende Menschenführung sind Unternehmen auf Dauer in der Lage, auf die vielfältigen Herausforderungen (z. B. wachsende Komplexität und steigendes Veränderungstempo) angemessen zu reagieren.

Die Unternehmenskultur mit ihren zentralen Werten und Verhaltensprinzipien gewinnt zunehmend an Bedeutung sowohl für die Mitarbeiter und Führungskräfteentwicklung als auch für die Rekrutierung neuer Mitarbeiter. Jüngere Bewerber achten verstärkt auf das Image eines Unternehmens, zu dem auch die Unternehmenskultur gehört (Employer Branding).

Reflektionsfragen zum Kapitel

* Welche Rolle spielen Führungskräfte bei der Entwicklung von Unternehmenskulturen?
* Welche Führungskompetenzen sind für eine lernfähige Unternehmenskultur relevant?
* Welche Bedeutung hat die Unternehmenskultur für Führungs- und Steuerungsinstrument?

Literatur

Block, L. (2003). The Leadership-Culture connection – an exploratory investigation. *Leadership and Organisation Development Journal, 24*(6), 318–334.

Brodbeck, F. C., & Frese, M (2008). Societal culture and leadership in Germany. In J. S. Chhokar et al. (Hrsg.), *Culture and leadership across the world* (S. 147–214). New York: Psychology Press.

Cherniss, C., & Goleman, D. (Hrsg.) (2001). *The emotionally intelligent workplace.* San Francisco: Jossey-Bass.

Chhokar, J. S. et al. (2008). *Culture and leadership across the world.* New York: Psychology Press.

Collins, J. C., & Porras, J. I. (1994). *Built to last – successful habits of visionary companies.* New York: Harper Business.

Cross, R., & Parker, A. (2004). *The hidden power of social networks.* Boston: HBS Press.

Giberson, T. R., et al. (2009). Leadership and organizational culture: Linking CEO characteristics to cultural values. *Journal of Business and Psychology, 24,* 123–137.

Goleman, D. (1999). *Der Erfolgsquotient.* Wien: Carl-Hanser Verlag.

Goleman, D. (2001). An EI-based theory of performance. In C. Cherniss & D. Goleman (Hrsg.), *The emotionally intelligent workplace.* San Francisco: Jossey-Bass.

Isaacson, W. (2011). *Steve Jobs.* München: Bertelsmann Verlag.

Levy, S. (2011). *In the Plex – How Google thinks, works, and shapes our lives.* New York: Simon und Schuster.

Mintzberg, H. (2009). *Managing.* San Francisco: Berrett-Koehler Publishers.

Robbins, S. P., & Judge, T. A. (2008). *Essentials of organizational behavior*. Upper Saddle River: Pearson Education Inc.

Sackmann, S. A. (2006). *Welche kulturellen Faktoren beeinflussen den Unternehmenserfolg*. Universität der Bundeswehr München, Neubiberg.

Schein, E. H. (2004). *Organizational culture and leadership*. San Francisco: Jossey-Bass.

Schein, E. H. (2013). *Humble inquiry*. San Francisco: Berrett-Koehler Publishers.

Senge, P. (1993). *The fifth discipline – The art and practice of the learning organisation*. London: Century Business.

Toor, S., & Ofori, G. (2009). Ethical leadership: Examining the relationships with full range leadership model, employee outcomes, and organizational culture. *Journal of Business Ethics, 90*, 533–547.

Unternehmenskultur und Leistungsbereitschaft

7

Laila Maija Hofmann

Zusammenfassung

In diesem Kapitel erfahren Sie,

- wie der Begriff „Leistungsbereitschaft" in die Themenwelt der Motivationsforschung eingeordnet werden kann;
- wie der Zusammenhang von Unternehmenskultur und Leistungsbereitschaft aktuell beschrieben wird;
- welche Herausforderungen sich für die Messung des Zusammenhangs ergeben;
- welche Ansätze diskutiert werden, um in Unternehmen eine leistungsförderliche Kultur zu implementieren.

Ein überaus wichtiger Teil der organisatorischen Tätigkeit innerhalb eines Unternehmens bezieht sich auf die Entwicklung eines effektiven und effizienten Managements von personaler Leistung – neudeutsch: Performance Management.

- In welchem Zusammenhang stehen Leistung und Unternehmenskultur?
- Kann mittels Unternehmenskultur die Bereitschaft zur Leistungserbringung signifikant beeinflusst werden (**Steuerungsfunktion** der Unternehmenskultur)?
- Welche Bedeutung hat andererseits die Art und Weise, wie mit der Leistung von Beschäftigten in der Organisation umgegangen wird, wie sie gemessen, beurteilt und gewürdigt wird, auf die Unternehmenskultur?

Soweit im Folgenden personenbezogene Bezeichnungen nur in männlicher Form angeführt sind, beziehen sie sich auf Frauen und Männer in gleicher Weise.

© Springer Fachmedien Wiesbaden 2014
N. Homma et al., *Einführung Unternehmenskultur,*
DOI 10.1007/978-3-658-02411-6_7

• Welche Ansatzpunkte gibt es, um eine leistungsorientierte Unternehmenskultur im Betrieb zu etablieren (**Orientierungsfunktion** der Unternehmenskultur)?

Das sind die Fragen, die im Fokus des folgenden Kapitels stehen.

Erste Anhaltspunkte ergeben sich aus Untersuchungen über die verschiedenen **Dimensionen von Unternehmenskultur.** Leistungsorientierung, -bereitschaft und -fähigkeit (bei Mitarbeitern wie auch bei Führungskräften) gehören neben Kunden-, Qualitäts- und Mitarbeiterorientierung, ebenso wie Anpassungsfähigkeit und die Stärke der Kulturausprägung zu denjenigen Dimensionen, für die bereits in mehreren Studien ein stärkerer **Zusammenhang mit dem Unternehmenserfolg** nachgewiesen werden konnte (vgl. Sackmann 2006).

Abb. 7.1 Gestaltungsfelder von Unternehmenskultur. (Quelle: angelehnt an Kienbaum 2011, S. 24)

In der Kienbaum-Studie „Unternehmenskultur – ihre Rolle und Bedeutung" wurde eine Analyse der Literatur zu **Dimensionen mit engem Zusammenhang zu Unternehmenskultur** durchgeführt (Kienbaum 2011). Es konnten fünf Cluster für insgesamt 22 Items identifiziert werden, die wichtige Gestaltungsfelder von Unternehmenskultur benennen (siehe Abb. 7.1). Auch hier wurde dem Themengebiet „Leistungsorientierung" eine hohe Bedeutung für die Unternehmenskultur bescheinigt.

▶ Wir können also festhalten, dass das Thema „Leistungsorientierung" in der Literatur immer wieder als eine Dimension der Unternehmenskultur bezeichnet wird, die zum einen offenbar einen großen Einfluss auf die Ausgestaltung der Kultur hat (siehe Kienbaum-Studie) und zum anderen auch eine Kulturdimension darzustellen scheint, die starke Auswirkungen auf den Unternehmenserfolg hat (siehe Literaturanalyse von Sackmann 2004).

Lassen Sie uns im nächsten Schritt einen Aspekt von Leistung, den der Leistungsbereitschaft, genauer betrachten.

7.1 Der Einfluss von Leistungsbereitschaft auf das Handeln in Unternehmen

Eine Leistung kann von Mitarbeitern dann gezeigt werden, wenn sie die notwendigen Fähigkeiten dafür mitbringen, wenn sie also die gewünschte Leistung erbringen **können**. Dieser Aspekt steht häufig im Mittelpunkt der Personalauswahl und der -entwicklung (siehe hierzu Kap. 8). Sehr viel schwieriger ist es für Führungskräfte, die Bereitschaft zur Leistungserbringung der einzelnen Mitarbeiter abschätzen zu können, also das **persönliche Wollen** zu beurteilen. Diese beiden Faktoren sind von der handelnden Person geprägt.

Abb. 7.2 Einflussfaktoren auf das Leistungsverhalten von Menschen. (Quelle: angelehnt an Rosenstiel 2003, S. 79)

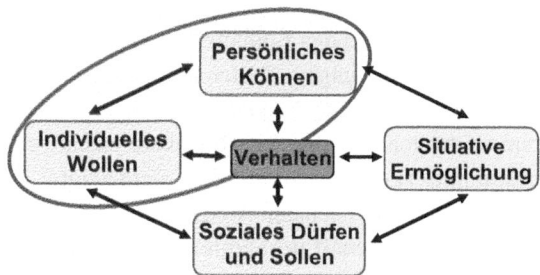

In Abb. 7.2 sind darüber hinaus zwei weitere Größen benannt, die die tatsächliche Leistungserbringung beeinflussen. Es handelt sich hierbei um Situationsfaktoren: das sogenannte **soziale Dürfen** und die **situative Ermöglichung** (Rosenstiel 2009, S. 62).

Der Faktor „**soziales Dürfen**" steht für informelle Normen genauso wie für organisatorische Regelungen (formelle Normen). Zum ersten Punkt ist beispielsweise an die Situation eines neuen Kollegen in einer Arbeitsgruppe am Fließband zu denken, dem durch Hinweise wie: „Es hat sich auch schon mal einer tot gearbeitet." oder durch das Ausschließen von der gemeinsamen Raucherpause, klar gemacht wird, dass er sein Arbeitstempo oder Ähnliches an die Gruppennorm anpassen soll, um als Mitglied des Teams akzeptiert zu werden. Es wird also Gruppendruck eingesetzt, um ein bestimmtes Leistungsverhalten zu erreichen[1].

Als Beispiele für „formelle Normen" seien Leistungsbeurteilungssysteme genannt, die explizit nennen – meist ergänzt um Gewichtungsfaktoren –, welche Dimensionen für die

---

[1] Vergleicht man die Beschreibung des Einflussfaktors „soziales Dürfen" mit der Definition von Kultur nach Edgar Schein (siehe Kap. 1), nach der Unternehmenskultur ein Muster von Annahmen darstellt, das durch eine Gruppe von Individuen beziehungsweise durch eine Organisation festgelegt beziehungsweise entwickelt wurde und seinen Ausdruck unter anderem in Normen und Regeln findet, stellt man hier große Ähnlichkeiten fest.

Bemessung der Höhe der Kompensation im jeweiligen Unternehmen eine besondere Rolle spielen.

Ein konkretes Beispiel aus der Praxis in diesem Zusammenhang ist die Regelung der Telekom bezüglich der Einschränkung des E-Mail-Verkehrs an Wochenenden etc. (Spiegel Online 2010). Hiermit soll erreicht werden, dass Mitarbeitende – insbesondere auch Führungskräfte – tatsächlich Erholungspausen einhalten, um langfristig leistungsfähig zu bleiben. Das bedeutet aber auch, dass es durchaus sein kann, dass eine Person gerne auch über das Wochenende an Projekten gearbeitet hätte, also eine Leistung erbringen wollte, die Leistungsbereitschaft demzufolge durchaus vorhanden war; das Leistungsverhalten konnte aufgrund betrieblicher Vorschriften aber eben nicht gezeigt werden.

Unter dem Faktor „**situative Ermöglichung**" werden Umstände verstanden wie beispielsweise das Vorhandensein der notwendigen Technik oder Materialien. Wenn ich zur Erstellung einer bestimmten Leistung, beispielsweise die Erstellung einer Website, die notwendige Software nicht zur Verfügung habe, oder aber mein Laptop ein technisches Problem aufweist, dann kann ich trotz hoher Leistungsbereitschaft, der notwendigen Leistungsfähigkeit und des Einhaltens der „geschriebenen und ungeschriebenen Gesetze" das gewünschte Leistungsverhalten nicht zeigen.

Zusammenfassend können wir also festhalten, dass es nicht, beziehungsweise nicht nur an der mangelnden Leistungsbereitschaft einer Person liegen muss, wenn diese ein bestimmtes (Leistungs-)Verhalten nicht zeigt.

Wir gehen im nächsten Abschnitt einen Schritt weiter und versuchen, den Begriff der Leistungsbereitschaft im Vergleich mit Phänomenen, die häufig im gleichen Zusammenhang genannt werden, abzugrenzen.

7.2   Leistungsbereitschaft – der Versuch einer definitorischen Einordnung

Die Erläuterungen des letzten Abschnitts verdeutlichen bereits die Ähnlichkeit der Begriffe „Leistungsbereitschaft" und „**Motivation**". In engem Zusammenhang hiermit und dem Thema Unternehmenskultur scheinen auch die Konstrukte „**Engagement**" und „**Arbeitszufriedenheit**" zu stehen. So hat beispielsweise das Bundesministerium für Arbeit und Soziales (BMAS) im Abschlussbericht zum Forschungsprojekt „Unternehmenskultur, Arbeitsqualität und Mitarbeiterengagement in den Unternehmen in Deutschland" festgestellt, dass in Studien über die Ansatzpunkte zur Steigerung des Engagements und der Motivation von Mitarbeitern oftmals eine zufriedenheits- und leistungsförderliche Unternehmenskultur aufgeführt wird (BMAS 2008, S. 33). Hier werden also Engagement und Motivation als abhängige Variablen gesehen, die Kultur als unabhängige. „Zufriedenheits- und leistungsförderlich" sind Adjektive und beschreiben die Kultur, sind demzufolge Ausprägungen des unabhängigen Kriteriums „Kultur" (vgl. Abb. 7.3).

Abb. 7.3 Motivation und Engagement abhängig von der Kultur?

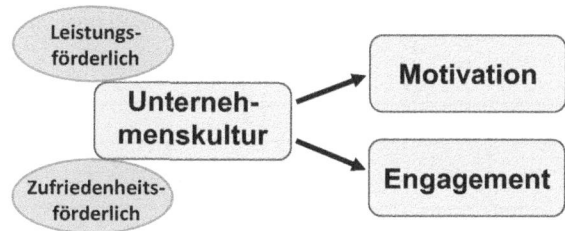

7.2.1 Zunächst zur Klärung der Fachbegriffe

Sonja Sackmann (2006) hat in ihrer Analyse der unterschiedlichen Untersuchungen über Unternehmenskultur als Indikatoren für die **Leistungsbereitschaft,** -orientierung und -fähigkeit unter anderem folgende Aspekte immer wieder gefunden:

- das Ausmaß an Herausforderung bei den vereinbarten Zielen,
- den Zielerreichungsgrad,
- das Ausmaß an selbstinitiiertem Handeln,
- die Bereitschaft, auch selbstinitiiert einen zusätzlichen Beitrag zu leisten.

Als Indikatoren auf Unternehmensseite wurden vor allem das Vorhandensein und Ausmaß an leistungsorientierten Vergütungskomponenten und Beteiligungsmöglichkeiten identifiziert.

Was versteht man nun aber unter **Motivation**? Kurz gesagt:

▶ Motivation entsteht aus der Wechselbeziehung zwischen Person und Situation. Bestimmte Persönlichkeitsmerkmale – man nennt diese Motive – werden durch die Wahrnehmung von spezifischen Bedingungen der Situation (Anreize) aktiviert (Rosenstiel 2003, S. 388). Wie im ersten Abschnitt gezeigt, erzeugt Motivation die Bereitschaft, ein bestimmtes (Leistungs-)Verhalten zu zeigen – und dies über einen bestimmten Zeitraum, in einer gewissen Intensität im Hinblick auf ein spezifisches Ziel.

Es handelt sich also nicht um eine Persönlichkeitseigenschaft, wie dies manchmal von Führungskräften in Betrieben vermutet wird, die Mitarbeiter, denen es an Motivation zu mangeln scheint, als „faule Menschen" abstempeln.

Die **Arbeitszufriedenheit** kann definiert werden als eine zeitlich relativ stabile Wertung betrieblicher Gegebenheiten (Rosenstiel 2005, S. 289). Eine hohe Arbeitszufriedenheit führt zu einer höheren Leistung! Von dieser Annahme wird häufig ausgegangen. Es liegt jedoch eine ganze Reihe an Untersuchungsergebnissen vor, die diese Annahme nicht unterstützt. Dies mag zum einen daran liegen, dass unter dem Begriff „Arbeitszufriedenheit" ganz Unterschiedliches verstanden wird (siehe hierzu beispielsweise Rosenstiel 2003,

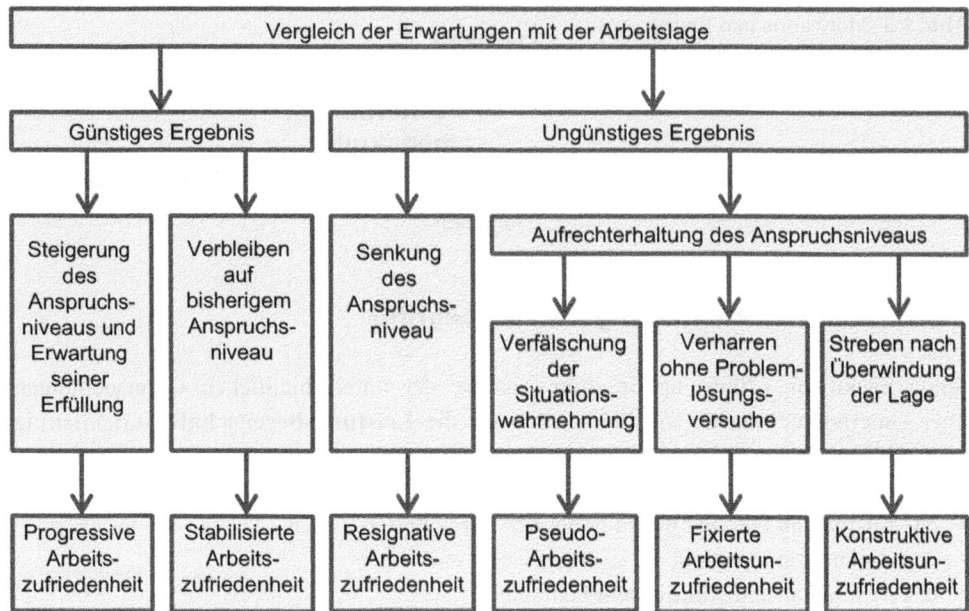

Abb. 7.4 Formen der Arbeits(un)zufriedenheit nach Bruggemann. (Quelle: Bruggemann 1975; angelehnt an die Darstellung in Rosenstiel 2007, S. 450)

S. 424 ff.); zum anderen muss berücksichtigt werden, dass der Grad an Zufriedenheit in hohem Maße vom Anspruchsniveau des Einzelnen abhängt. Dieses kann sich, je nach den gemachten Erfahrungen, verändern. Welche Formen der Arbeitszufriedenheit beziehungsweise -unzufriedenheit sich daraus ergeben, hat Bruggemann bereits 1975 zusammenfassend dargestellt (siehe Abb. 7.4).

Während Motivation und Arbeitszufriedenheit zu klassischen Begriffen der Organisationspsychologie gehören und in entsprechenden Lehrbüchern ausführlich diskutiert werden, handelt es sich beim Begriff „**Engagement**" um ein Konstrukt, das unter anderem aufgrund der seit 2001 jährlich durchgeführten repräsentativen Befragung der amerikanischen Unternehmensberatung Gallup in den Fokus des betrieblichen Interesses gerückt ist. Gallup definiert Engagement als „emotionale Bindung" der Mitarbeiter an ihr Unternehmen. Erhoben wird die Stärke dieser Bindung anhand einer Liste von zwölf Aussagen zum Arbeitsplatz und zum -umfeld (vgl. Abb. 7.5), zu denen die Befragten das Ausmaß der Zustimmung angeben sollen (Gallup 2014).

Abb. 7.5 Aspekte der emotionalen Bindung nach Gallup – die sogenannte „Q 12". (Quelle: angelehnt an Berkemeyer 2014, S. 2)

Die „Q-12"-Aspekte zum Arbeitsplatz und -umfeld, die nach Gallup die emotionale Bindung an ihren Arbeitgeber definieren:

Der Mitarbeiter/die Mitarbeiterin ...
✓ weiß, was von ihm/ihr erwartet wird
✓ hat Materialien und Arbeitsmittel ausreichend zur Verfügung
✓ kann tun, was er/sie am besten kann
✓ erhält Anerkennung
✓ wird als Mensch gesehen
✓ erhält Unterstützung
✓ weiß, dass seine/ihre Meinung zählt
✓ kann sich mit den Unternehmenszielen identifizieren
✓ sieht, dass sich seine/ihre Kolleg(innen) für Qualität engagieren
✓ hat einen guten Freund/eine gute Freundin im Unternehmen
✓ sieht einen Fortschritt
✓ kann lernen und sich entwickeln

Die Fragen, die in der Studie des BMAS das Engagement der Mitarbeiter abbilden sollen, sind dem Untersuchungsdesign des Instituts „Great-Place-to-Work"[2] entlehnt und beziehen sich auf folgende drei Bereiche:

- Stolz, für das Unternehmen zu arbeiten (Item: „Ich bin stolz, anderen erzählen zu können, dass ich hier arbeite.")
- Wunsch, noch längere Zeit für das Unternehmen tätig zu sein (Item: „Ich wünsche mir, noch mindestens fünf Jahre hier zu arbeiten.")
- Bereitschaft, zusätzlichen Einsatz zu leisten (Item: „Die Mitarbeiter sind bereit, zusätzlichen Einsatz zu leisten, um die Arbeit zu erledigen.")

In anderen Publikationen wird Engagement ganz ähnlich, nämlich als ein Verhalten beschrieben, das sich durch drei Aspekte auszeichnet (sogenanntes „3-S-Konzept"):

- SAY: Bereitschaft, sich positiv über das Unternehmen in der Öffentlichkeit zu äußern
- STAY: Bindung des Mitarbeiters an das Unternehmen
- SERVE: hohe Einsatzbereitschaft (vgl. Bismarck und Bäumer 2005)

Doch damit nicht genug der Begriffskomplexität. Der Vollständigkeit halber müssen wir uns noch zwei weitere Begriffe ansehen: Als eine bedeutende Voraussetzung für individuelle Leistungsbereitschaft wird in einigen Publikationen das **Organizational Commitment** von Personen angeführt. Dieses Konstrukt beschreibt das Bestreben eines

---

[2] siehe zu den Details BMAS 2008 und http://www.greatplacetowork.de.

Menschen, lange in einer Organisation zu bleiben, also das Gefühl der Verbundenheit mit einem Unternehmen. Dies kommt dem Aspekt „STAY" aus dem 3-S-Konzept des Engagements sehr nahe.

Sozialpsychologisch betrachtet handelt es sich beim Organizational Commitment – wie auch bei der Arbeitszufriedenheit – um eine Einstellung, also um eine bewertende Haltung einem Gegenstand, einem Menschen oder einer Begebenheit gegenüber[3]. Die Begriffe „Commitment" und „Engagement" werden in der wissenschaftlichen Diskussion oft auch synonym verwendet.

Wenn es gar um mehr als das Gefühl der Verbundenheit mit dem Unternehmen („STAY") geht, spricht man auch vom **Organizational Citizenship Behavior**. Dabei handelt sich um die Bereitschaft des/der Einzelnen, sich über das im Arbeitsvertrag Geregelte hinaus für das Unternehmen einzusetzen. Dies wiederum ähnelt sehr dem Aspekt „SERVE" aus der Definition von Engagement.

Nachdem Engagement die Phänomene „Commitment" und „Citizenship" gemäß der aktuell diskutierten Definitionen beinhaltet, darüber hinaus auch das Thema der Bereitschaft zur besonderen Leistung umfasst, konzentrieren wir uns im Folgenden auf die Zusammenhänge zwischen Unternehmenskultur und Motivation, Arbeitszufriedenheit sowie Engagement.

7.2.2   Und wie hängt das alles jetzt zusammen? – eine Begriffslandkarte

In Abschn. 7.2 haben wir die Frage aufgeworfen, inwieweit tatsächlich davon ausgegangen werden kann, dass – wie in einer Reihe von Veröffentlichungen behauptet – eine leistungs- und zufriedenheitsförderliche Unternehmenskultur signifikante Auswirkungen auf die Motivation und das Engagement der Mitarbeitenden hat (siehe Abb. 7.3).

Zunächst klingt es fast schon trivial: Nach der vorgestellten Definition von Motivation erzeugt diese ja Leistungsbereitschaft. Und Engagement beinhaltet nach den Ausführungen des letzten Abschnitts die Bereitschaft, sogar über das geforderte Maß hinaus, Leistung zu zeigen: ja – aber eben nur die Bereitschaft. Damit Leistung wirklich erbracht werden kann, müssen weitere Komponenten hinzukommen – wie ja auch in Abschn. 7.1 bereits ausgeführt.

Hiermit kommen wir dem Arbeitsmodell des Forschungsprojekts des BMAS sehr nahe. Es konnte in dieser für Deutschland repräsentativen Untersuchung gezeigt werden, dass die Unternehmenskultur einen signifikanten Einfluss auf den Erfolg eines Unternehmens hat. Dieser wird jedoch erst – wie aus Abb. 7.6 ersichtlich – über seine Wirkung auf das Engagement der Mitarbeitenden (als intervenierende Variable) in größerem Umfang bedeutsam (BMAS 2008, S. 77 ff.). Unternehmenserfolg wird in dieser Studie anhand von Fluktuation, der Anzahl von Fehltagen sowie einer Reihe von Finanzkennzahlen, die als Ausdruck für die Leistung des Unternehmens gelten, gemessen.

---

[3] Einstellungen sind weniger stabil als Werte; sie können bspw. durch Werbung beeinflusst werden.

Abb. 7.6 Arbeitsmodell des Forschungsprojekts des BMAS. (Quelle: angelehnt an BMAS 2008, S. 34)

Als besonders bemerkenswert für den von uns näher betrachteten Zusammenhang zwischen Leistungsbereitschaft (also einem Teilaspekt von Engagement) und Unternehmenskultur ist festzuhalten, dass

- der Zusammenhang zwischen Mitarbeiterengagement und Unternehmenserfolg als signifikant bezeichnet werden kann;
- die erlebte Unternehmenskultur einen sehr hohen Einfluss auf das Engagement und damit auch auf die Einsatzbereitschaft hat und hierbei insbesondere dem Unternehmenskulturaspekt der Mitarbeiterorientierung eine bedeutende Rolle zukommt;
- einzelne Aspekte der Unternehmenskultur (Identifikation, Teamorientierung, Förderung der beruflichen Entwicklung, ein faires Miteinander, Veränderungsfähigkeit der Organisation) zu einem Teil den Unternehmenserfolg direkt erklären;

und – wie gesagt – dem Engagement in diesem Zusammenhang eine besondere, vermittelnde Rolle zugeschrieben wird, über die der größere Einfluss der Unternehmenskultur auf den Unternehmenserfolg erklärt werden kann. Arbeitszufriedenheit gilt gemäß einer Reihe von Veröffentlichungen als wichtiger Einflussfaktor für das Engagement (vgl. beispielsweise Bruggemann et al. 1975; Robins et al. 2004). Auch in der Studie des BMAS konnte ein starker Zusammenhang zwischen diesen beiden Konstrukten nachgewiesen werden.

Erlaubt sei an dieser Stelle folgender Hinweis: Arbeitszufriedenheit wird in einigen Studien als Indikator für Unternehmenskultur verwendet. Andere wiederum sehen darin die Voraussetzung für die Gestaltung einer bestimmten Unternehmenskultur; wieder andere bewerten sie – auch abhängig von der Unternehmenskultur – als Bestandteil des Erfolgs betrieblichen Handelns, letzteres insbesondere infolge der Diskussion über die Humanisierung der Arbeit in den 1970er- und 1980er-Jahren. Hierbei ging es darum, dass das Ziel unternehmerischen Handelns nicht nur die Steigerung der Produktivität und/oder anderer betriebswirtschaftlicher Kennzahlen sein kann, sondern es in der Regel auch um die Arbeitszufriedenheit aller Akteure gehen sollte und infolge dessen idealerweise um deren Lebenszufriedenheit.

Der Vollständigkeit halber muss hier erwähnt werden, dass in einer ganzen Reihe von Untersuchungen der Zusammenhang zwischen Zufriedenheit, Engagement und Unternehmenskultur auf der einen und dem Unternehmenserfolg auf der anderen Seite untersucht wurde (beispielsweise Deep White 2005). Es konnten durchgängig Belege für einen Zusammenhang gefunden werden.

7.3   Herausforderungen bei der Untersuchung der Zusammenhänge

Basierend auf dem bisher Gesagten könnte man bereits die ersten zwei Fragen, die zu Beginn des Kapitels formuliert wurden, zumindest in großen Teilen, beantworten:

- In welchem Zusammenhang stehen Leistung und Unternehmenskultur?
  Offenbar in einem engen.
- Kann mittels Unternehmenskultur die Bereitschaft zur Leistungserbringung signifikant beeinflusst werden?
  Ganz klar, ja.

Es bleibt jedoch abzuklären, inwieweit die Ergebnisse der verschiedenen referierten Untersuchungen als **repräsentativ** (für Unternehmen in Deutschland) gelten können. Hierfür muss festgehalten werden:

- Einige der genannten Studien erheben keinen Anspruch auf Repräsentativität.
- Einige hatten als Stichprobe nur wenige Unternehmen in ihre Analyse einbezogen[4].
- Andere betrachteten nur Unternehmen einer Branche.
- Wieder andere befragten nur die Führungskräfte, nicht aber die Mitarbeitenden.

Dies trifft nicht zu für die Studie des BMAS und die Gallup-Befragungen. In beiden Fällen werden Belege für die Repräsentativität geboten. Umso bedauerlicher, dass die Studien, bezogen auf die Stärke des Engagements, zu deutlich unterschiedlichen Ergebnissen kommen. So berichtet Gallup seit 2001 Alarmierendes: Über die Jahre hinweg konnten jeweils maximal 16 % der jährlich über 1000 repräsentativ ausgewählten Befragten der Gruppe derer zugerechnet werden, die eine hohe emotionale Bindung an ihr Unternehmen haben. In jedem Jahr wurden mindestens 15 %, in 2013 gar 24 %, der Stichprobe aufgrund ihrer Antworten von Gallup zur Gruppe der „innerlich Gekündigten" gerechnet (Gallup 2014). Deutlich andere Ergebnisse zeigte die Untersuchung im Auftrag des BMAS, wonach rund 40 % der in 2006 repräsentativ Ausgewählten als „umfassend engagiert" bezeichnet wurden (BMAS 2008, S. 21).

Woran könnte das liegen? In Kap. 2 des Buches haben wir bereits auf die Schwierigkeiten der Messung der sogenannten „weichen" Faktoren hingewiesen. Ein klassisches Problem bei solchen Untersuchungen ist die Konkretisierung und schließlich die **Operationalisierung** der Untersuchungsgegenstände. Wie in Abschn. 7.2.1 gezeigt, werden in den verschiedenen Studien zum Teil sehr unterschiedliche Definitionen für die Begriffe verwendet. Während die BMAS-Studie sich auf das sogenannte 3-S-Konzept bezieht und die Auswertung über die Höhe des Engagements an der Beantwortung von drei Fragen festmacht, verwendet Gallup die sogenannte Q 12 (siehe Abb. 7.5) und bezieht die Antworten auf zwölf Fragen in die Ermittlung der Stärke des Engagements ein.

---

[4] Beispielsweise betrachtete die Unternehmensberatung Deep White nur 33 Unternehmen.

Eine weitere Herausforderung ist die Frage nach der **Wirkungsrichtung**. Viele der Untersuchungen zu Leistungsbereitschaft und Unternehmenskultur fokussieren auf den Zusammenhang der beiden Variablen. In der BMAS-Studie wird jedoch auch eine Analyse der Richtung vorgenommen, so dass man anhand der Forschungsergebnisse davon ausgehen kann, dass die Unternehmenskultur das Engagement sowie den Unternehmenserfolg beeinflusst.

Betrachtet man die Operationalisierungen für Unternehmenskultur und Leistungsbereitschaft, Engagement, Commitment unter anderem, steht man oftmals vor einer weiteren Herausforderung. Die **Ähnlichkeit** der Items, mit denen versucht wird, Unternehmenskultur zu erfassen, mit denen, die die jeweils andere Variable näher beschreiben sollen, ist zum Teil sehr hoch. So stellte auch die Forschungsgruppe der BMAS-Studie fest, dass das Kriterium „Identifikation" sehr nah am Thema „Bindung", also einem Aspekt der Engagement-Variable anzusiedeln ist. Hier wird es fast trivial, denn es würde bedeuten, dass eine unabhängige Variable, die teilweise durch Aspekte der abhängigen Variablen erklärt wird, selbige beeinflusst – was wohl auf der Hand liegt. In der BMAS-Studie wurde dieses Problem bei der Auswertung berücksichtigt.

Neben der Fragen der Repräsentativität (*Wer genau wurde befragt?*) und dem Untersuchungsgegenstand (*Was genau wurde gefragt?*) gibt es noch eine weitere klassische Herausforderung für solche Untersuchungen: *Wie* wurden die Daten erhoben?

In unseren Beispielen waren das im Falle der Gallup-Untersuchung Telefoninterviews auf Grundlage eines Fragenkatalogs, in der BMAS-Studie Fragebögen, die in Papierform oder online ausgefüllt wurden. Inwieweit dies geeignete Ansätze sind, einem solch „weichen" Thema gerecht zu werden, ist diskussionswürdig. Auf der anderen Seite scheint der Bedarf an quantitativen Daten zum Thema hoch zu sein, um es überhaupt auf das Management-Radar bringen zu können (siehe Ausführungen in Kap. 2).

7.4 Was heißt das jetzt für die Praxis?

Abschließend stellt sich die Frage: Was können wir ganz konkret aus dem in diesem Kapitel Diskutierten für die betriebliche Praxis ableiten? Wir haben herausgearbeitet, dass sich aus einer ganzen Reihe von Untersuchungen schließen lässt, dass eine leistungsorientierte Unternehmenskultur einen signifikant hohen positiven Effekt auf den Unternehmenserfolg hat. Es macht also unternehmerisch Sinn, diesen Aspekt der Unternehmenskultur einer genaueren Betrachtung der Anwendungsmöglichkeiten für das eigene Unternehmen zu unterziehen.

Wie man einen Kulturentwicklungsprozess im Detail angehen kann, wurde in Kap. 4 geschildert. Zu Beginn eines solchen Prozesses muss zunächst der IST-Stand im Unternehmen erhoben werden. Um den aktuellen Stand der Leistungsorientierung in meinem Unternehmen ermitteln zu können, bieten sich die Statements aus der BMAS-Studie zu dieser Dimension als Checkpunkte an (BMAS 2008, S. 251):

- Ergebnisorientierung und Kostenbewusstsein sind hier (in dem zu untersuchenden Unternehmen) stark entwickelt.
- Eine hohe Leistung und Produktivität haben hier einen herausragenden Stellenwert.
- Die Sicherung und Steigerung der Qualität sind hier ein wichtiger Bestandteil der täglichen Arbeit.

Zum anderen könnten auch die von Sackmann (2004) eruierten Indikatoren für Leistungsorientierung, -bereitschaft und -fähigkeit Hilfestellung leisten:

- Ausmaß an Herausforderung bei den vereinbarten Zielen,
- Zielerreichungsgrad,
- Ausmaß an selbstinitiiertem Handeln,
- Bereitschaft der Einzelnen, auch selbstinitiiert einen zusätzlichen Beitrag zu leisten.

Das letztgenannte Kriterium bezieht sich nun ganz konkret auf die Leistungsbereitschaft, einen Teilaspekt des Engagements. Hier zeigte sich in den Auswertungen des BMAS, dass der Aspekt „Stolz, für das Unternehmen zu arbeiten" (Item: „Ich bin stolz, anderen erzählen zu können, dass ich hier arbeite.") den stärksten Einfluss auf den Unternehmenserfolg hat.

Wenn man also eine Bestandsaufnahme zum Engagement innerhalb des Unternehmens machen und dies möglichst unkompliziert gestalten möchte, bietet sich genau diese Frage zur Datenerhebung an. Hierbei gilt es allerdings zweierlei zu bedenken: Erstens, wie stelle ich eine wahrheitsgemäße Beantwortung sicher, und zweitens, falls das Ergebnis nicht positiv ausfällt, wie erfahre ich, warum das so ist?

Hierfür hat sich laut einer Befragung der Beratungsfirma Kienbaum offenbar das Mitarbeitergespräch bewährt; zumindest gaben mehr als 70 % der Befragten an, dieses Instrument zu nutzen, wenn es um Informationen über das Engagement geht (2011, S. 10). Dies setzt natürlich ein hohes Maß an Vertrauen zwischen Mitarbeitenden und Führungskräften voraus.

Es bieten sich jedoch auch sogenannte „Narrative Approaches" zur qualitativen Erhebung der Gründe für eine niedrig ausgeprägte Leistungsbereitschaft an. Es handelt sich hierbei – ganz generell gesprochen – um Verfahren, in denen Geschichten aus dem Unternehmen gesammelt und auf den Untersuchungsgegenstand hin ausgewertet werden. Einer der intensiv in der Diskussion stehenden Ansätze ist das sogenannte „Story Telling". Diese Methode findet seit geraumer Zeit Anwendung im Rahmen von Personal- und Organisationsentwicklungskonzepten. Entstanden ist die Methode am Center for Organizational Learning (Society for Organizational Learning) am MIT Sloan School of Management, das unter der Leitung von Peter Senge Ansätze zur Führung – insbesondere von Change-Prozessen – entwickelt (Kleiner und Roth 1998).

Ergibt sich Handlungsbedarf aus der Auswertung der Erhebung, bieten sich laut einer Analyse ausgewählter Studien über Unternehmenskultur von Sonja Sackmann (2004) folgende unternehmensseitige Maßnahmen zur Steigerung der Leistungsorientierung insbesondere an:

- Einführung beziehungsweise die stärkere Gewichtung von entsprechenden **Vergütungskomponenten**

- Implementierung von Beteiligungsmöglichkeiten
- Leistungsorientierung als zentrales **Auswahlkriterium** bei der Einstellung.

7.5   Zusammenfassung

▶   Ausgehend von unseren Eingangsfragen lässt sich Folgendes festhalten:

In welchem Zusammenhang stehen Leistung und Unternehmenskultur?

Die Unternehmenskultur hat offensichtlich einen starken Einfluss zum einen auf die Leistung des Unternehmens, den Unternehmenserfolg, zum anderen offensichtlich auch – abhängig von der Operationalisierung des Begriffs „Unternehmenskultur" – auf die Leistung der einzelnen Akteure in den Organisationen; zumindest besteht ein hoher Zusammenhang.

Kann mittels Unternehmenskultur die Bereitschaft zur Leistungserbringung signifikant beeinflusst werden (Steuerungsfunktion der Unternehmenskultur)?

Diese Frage lässt sich anhand der Ergebnisse zum Begriff „Engagement", das in der Regel das Kriterium „Leistungsbereitschaft" beinhaltet, auch bejahen – selbst auf Signifikanzniveau.

Welche Bedeutung haben andererseits die Art und Weise, wie mit der Leistung von Beschäftigten in der Organisation umgegangen wird, wie sie gemessen, beurteilt und gewürdigt wird, auf die Unternehmenskultur?

Abhängig von der Operationalisierung des Begriffs „Unternehmenskultur" kann in vielen Fällen sogar gesagt werden, dass die Art der Beurteilung und Würdigung einen Bestandteil der Unternehmenskultur darstellt.

Welche Ansatzpunkte gibt es, um eine leistungsorientierte Unternehmenskultur im Betrieb zu etablieren (Orientierungsfunktion der Unternehmenskultur)?

Eine ganze Reihe. Wie in so vielen anderen Fällen im Zusammenhang mit dem Thema „Unternehmenskultur" ist auch bei dieser Frage zu betonen, wie wichtig eine für das jeweilige Unternehmen passende Auswahl der Instrumente und der Vorgehensweise ist.

Reflexionsfragen zum Kapitel

- Was beeinflusst das Leistungsverhalten in Unternehmen? Welche Rollen haben Führungskräfte dabei?
- Wie lassen sich Engagement, Commitment und Leistungsbereitschaft voneinander abgrenzen?
- Beschreiben Sie die besonderen Herausforderungen bei der Messung des Zusammenhangs von Unternehmenskultur und Leistungsbereitschaft.

- Welche Vorgehensweise und welche Instrumente bieten sich an, um Ansatzpunkte zur Steigerung der Leistungsbereitschaft für das eigene Unternehmen zu generieren?

Online-Material auf springer.com.

Literatur

Berkemeyer, R. (2014). Gallup-Studie 2013: Jeder sechste Arbeitnehmer hat innerlich gekündigt. http://www.download.ff-akademie.com/Gallup-Studie.pdf. Zugegriffen: 19. Mai 2014.

Bismarck, W.-B. v., & Bäumer, J. (2005). Mitarbeiterbefragung: Visionen und Trends. *Personal – Zeitschrift für Human Resource Management, 2,* 36–40.

Bruggemann, A., Groskurth, P., & Ulich, E. (1975). *Arbeitszufriedenheit.* Bern: Hans Huber.

Bundesministerium für Arbeit und Soziales (BMAS). (Hrsg.). (2008). Unternehmenskultur, Arbeitsqualität und Mitarbeiterengagement in den Unternehmen in Deutschland, Abschlussbericht Forschungsprojekt 18/05. http://www.bmas.de/SharedDocs/Downloads/DE/PDF-Publikationen/ forschungsbericht-f371.pdf;jsessionid=A963F73F0036650E652BC6365F386446?__blob= publicationFile. Zugegriffen: 18. April 2014.

Deep White. (2005). Erfolgreich führen mit ethischen Werten. *Handelsjournal, 5,* 20–24.

Gallup. (2014). Gallup Engagement Index. http://www.gallup.com/strategicconsulting/158162/ gallup-engagement-index.aspx. Zugegriffen: 19. April 2014.

Kienbaum. (Hrsg.). (2011). Unternehmenskultur – Ihre Rolle und Bedeutung – Studie 2011. http:// unternehmenskulturtrends.files.wordpress.com/2011/03/studie_unternehmenskultur.pdf. Zugegriffen: 4. April 2014.

Kleiner, A., & Roth, G. (1998). Wie sich Erfahrungen in der Firma besser nutzen lassen. *Harvard Business Manager, 5,* 9–15.

Robinson, D., Perryman, S., & Hayday, S. (2004). The drivers of Employee Engagement. Institute for Employment Studies (IES). http://www.employment-studies.co.uk/summary/summary. php?id=408. Zugegriffen: 30. Mai 2014.

Rosenstiel, L. v. (2003). *Grundlagen der Organisationspsychologie.* Stuttgart: Kohlhammer.

Rosenstiel, L. v. (2005). *Organisationspsychologie.* Stuttgart: Kohlhammer.

Rosenstiel, L. v. (2009). Entwicklung und Training von Führungskräften. In L. v. Rosenstiel, L. E. Regnet, & M. Domsch (Hrsg.), *Führung von Mitarbeitern* (6. Aufl., S. 51–67). Stuttgart: Schäffer-Poeschel.

Sackmann, S. (2004). *Erfolgsfaktor Unternehmenskultur. Mit kulturbewusstem Management Unternehmensziele erreichen und Identifikation schaffen – 6 Best Practice-Beispiele.* Wiesbaden: Gabler.

Sackmann, S. (2006). *Messen, werten, optimieren: Erfolg durch Unternehmenskultur.* Gütersloh: Bertelsmann.

Spiegel Online. (2010). Sendepause für Telekom-Mitarbeiter. http://www.spiegel.de/wirtschaft/ unternehmen/sendepause-fuer-telekom-mitarbeiter-machen-sie-jetzt-ihr-handy-aus-a-708104. html. Zugegriffen: 30. Mai 2014.

Unternehmenskultur und Personalentwicklung

Laila Maija Hofmann

Zusammenfassung

In diesem Kapitel erfahren Sie,

- wie Personalentwicklung in den betrieblichen Kontext von Personalarbeit eingeordnet wird;
- vor welchen Herausforderungen die Personalentwicklungsarbeit aktuell steht;
- welche Rolle die Unternehmenskultur für die Ausgestaltung der Personalentwicklung spielt – und umgekehrt;
- was konkret getan werden kann, um Personalentwicklung kulturbewusst auszubauen.

Personalentwicklungsangebote werden in Unternehmen sehr unterschiedlich eingesetzt:

- Mal müssen sie als Incentive-Instrument herhalten
  („Das Projekt haben Sie prima abgewickelt. Suchen Sie sich doch mal ein hübsches Seminar aus.");
- mal fungieren sie als Lockmittel im Personalmarketing
  („Die Einkommenschancen bei uns im Hause sind zugegebenermaßen nicht außergewöhnlich. Wir haben aber ein breites Weiterbildungsangebot.");
- und manchmal sollen Mitarbeiter im Unternehmen (an)gebunden werden
  („Wir haben Ihnen die Controller-Akademie bezahlt. Wenn Sie jetzt gehen, müssen Sie die gesamten Gebühren zurückerstatten.").

Soweit im Folgenden personenbezogene Bezeichnungen nur in männlicher Form angeführt sind, beziehen sie sich auf Frauen und Männer in gleicher Weise.

© Springer Fachmedien Wiesbaden 2014
N. Homma et al., *Einführung Unternehmenskultur,*
DOI 10.1007/978-3-658-02411-6_8

Glücklicherweise wird die Personalentwicklung (PE) in vielen Unternehmen aber auch tatsächlich als ein strategisches Personalmanagement-Instrument genutzt.

In welchem Zusammenhang steht die PE nun mit der Unternehmenskultur? In Kap. 1 wurde bereits ausgeführt, dass eine effektive Unternehmenskultur eine Organisation dabei unterstützt, sowohl die Aufgabe der *externen Anpassung* wie auch der *internen Integration* zu meistern. Kann PE für diese Bereiche Instrumente zur Verfügung stellen? Inwieweit wird die PE in Organisationen von der Unternehmenskultur beeinflusst? Der folgende Abschnitt beschäftigt sich mit diesen Themenstellungen und mit der Frage nach der Existenz einer kulturbewussten PE.

8.1   Erläuterungen zum Begriff „Personalentwicklung"

Stellen wir den Ausführungen eine – im deutschsprachigen Raum wohl als klassisch geltende – Definition von Neuberger (1994) voran:

► **Personalentwicklung ist die Umformung des unter Verwertungsabsicht zusammengefassten Arbeitsvermögens.**

Es geht demzufolge in der PE nicht (nur) um den einzelnen Menschen, sondern um das Aggregat „Personal". Gemeint ist hiermit die **Gesamtheit der Arbeitskräfte** eines Unternehmens. Der Mensch wird hierbei ohne Ansehen der jeweiligen Person als Produktionsfaktor gesehen und hat – wie die anderen Produktionsfaktoren auch – der Zielerreichung einer Organisation zu dienen. Anders als Maschinen jedoch können Menschen sich dem Zugriff einer Firma entziehen und dies mit einer guten Begründung: Firmen können sich nicht den ganzen Menschen „kaufen", sondern nur einen zu definierenden Teil seines **Arbeitsvermögens**.

Im Zeitalter des Wissensmanagements kommt heute dem Menschen jedoch eine weitaus bedeutendere Rolle zu. Routinearbeiten sind von Maschinen übernommen worden, so dass für Menschen fast nur noch anspruchsvolle Tätigkeiten übrig blieben. Diejenigen Unternehmen, die über hochqualifiziertes Personal verfügen, haben heutzutage in der Regel einen Wettbewerbsvorteil.

Umformung meint nun ganz generell **Veränderung**. Die Absicht, die dahinter steht, ist laut Definition von Neuberger die Verwertung des Arbeitsvermögens. Es geht also um die Anpassung des „Personals" an die betrieblichen Erfordernisse.

Um noch genauer zu verstehen, was unter PE in der Regel verstanden wird, schauen wir uns im Folgenden:

• die Zielsetzung,
• die Instrumente,
• den Adressatenkreis und
• die Erfolgsfaktoren

von PE-Konzepten einmal detaillierter an.

**Das Hauptziel der PE ist – ganz generell ausgedrückt – die Optimierung des Wert-
schöpfungsbeitrags des „Human Capital".** Daneben verfolgen Unternehmen unterschiedliche Subziele, wie insbesondere:

- die allgemeine Erhöhung der innerbetrieblichen Flexibilität durch eine breit qualifizierte
  und damit variabel einsetzbare Belegschaft (was die *Anpassung* an Veränderungen im
  Unternehmensumfeld sehr erleichtert) oder
- die Steigerung des Images des Unternehmens und damit der Attraktivität als Arbeitgeber
  sowohl für aktuelle (*Identifikation*) wie auch für zukünftige Mitarbeiterinnen und
  Mitarbeiter.

Unternehmen können mit PE gesellschaftliche Verantwortung übernehmen, indem sie
dafür sorgen, dass ihre Belegschaft ihren Wert auch auf dem externen Arbeitsmarkt behält
(„employability"); also im Verlauf ihrer Tätigkeit in der Firma nicht „dümmer" wird. Dies
ist gerade in Zeiten des Wandels überaus bedeutsam, in denen Firmenzusammenschlüsse,
Firmen(teil)verkäufe und Firmenschließungen zum Alltag gehören und eine lebenslange
Beschäftigung („einmal beim Siemens, immer beim Siemens") eine Seltenheit geworden
sind (Hofmann 2009).

Im Idealfall werden mit PE sowohl die Ziele der Organisation wie auch die Ziele der
Mitarbeiter verfolgt. Oftmals erwarten sich diese von PE-Maßnahmen eine Beförderung
und damit die Erhöhung ihres Einkommens und den Anstieg ihres sozialen Status. Neben
materiellen Verbesserungen werden von Mitarbeitern aber auch Ziele wie die Erhöhung
der Selbstverwirklichungschancen oder aber der Gewinn an „beruflicher Lebensqualität"
genannt.

**Die Wahl der Instrumente der PE, die zum Einsatz kommen sollen, hängt übli-
cherweise vom *Ziel* der Maßnahme und dem *Adressatenkreis* ab.**

- Geht es um die *Aufrechterhaltung der Leistungsfähigkeit*, sind grundsätzlich zwei Ansätze zu unterscheiden: Einmal werden in der Regel sogenannte fachliche Auffrischungs-
  kurse angeboten, um das Wissen und die Fähigkeiten in einem bestimmten Gebiet
  nicht veralten zu lassen. Andererseits kann es sich um Maßnahmen der betrieblichen
  Gesundheitsförderung (siehe beispielsweise Bamberg et al. 1998; Badura et al. 2000)
  handeln (siehe hierzu auch Kap. 9). Ziele sind hier die Reduzierung von Fehlzeiten wie
  auch insgesamt die Reduzierung der Fluktuation. Auch Seminare für Führungskräfte
  gehören zu dieser Gruppe von Instrumenten, in denen es beispielsweise um Rückkehr-
  gespräche mit den Genesenen oder ein gesundheitsgerechtes Führungsverhalten zur
  Vermeidung von Fehlzeiten geht.
- Oftmals haben PE-Maßnahmen das Ziel, die Betroffenen bei der *Anpassung an neue
  Bedingungen* zu unterstützen. Ein Beispiel hierfür ist die Einführung von (teil)auto-
  nomen Arbeitsgruppen in der Automobilbranche: Die Meister mussten in der Regel
  ein völlig neues Führungsverständnis und Führungshandeln erlernen, nämlich das des
  Moderators einer Arbeitsgruppe.

- Vor allem in großen Unternehmen spielen PE-Maßnahmen im Rahmen des sogenannten Management-Development eine wichtige Rolle. Gemeint sind Aktivitäten, mittels derer Potenzial für umfangreichere Führungsaufgaben festgestellt werden soll, und auf deren Grundlage *Beförderung*sentscheidungen getroffen werden (sogenannte Entwicklungs-Assessment-Center).

PE-Instrumente werden üblicherweise nach dem Kriterium der *„Nähe zum Arbeitsplatz"* **differenziert. Hierbei unterscheidet man klassischerweise zwischen „On-the-job"- und „Off-the-job"-Maßnahmen.**

Wie die Bezeichnung schon vermuten lässt, findet eine On-the-job-Maßnahme am Arbeitsplatz direkt statt; Lernen und Anwenden sind also unmittelbar verzahnt. Beispiele hierfür sind Job-Rotation-Maßnahmen oder Projektarbeiten.

Off-the-job sind all jene Maßnahmen, die in räumlicher Entfernung zum Arbeitsplatz stattfinden – sozusagen „herkömmliche" Seminare. Die Schwierigkeit liegt oftmals im Transfer des Gelernten in den Arbeitsalltag. Ein großer Vorteil dieser Ansätze ist allerdings darin zu sehen, dass die Wahrscheinlichkeit, auf neue Lösungsansätze für eine Fragestellung zu kommen, mit Distanz zum Problem steigt.

Die weitere Unterteilung der PE-Instrumente[1] führt in diesem Zusammenhang zu weit. Es wird hierzu auf die entsprechende Fachliteratur verwiesen (beispielsweise Hofmann 2009).

Der *Adressat* **von PE ist – wie bereits angedeutet – die Belegschaft. Wie in Abb. 8.1 dargestellt, kann unterschieden werden zwischen:**

- Einzelpersonen (Training von Individuen) (**Person-Entwicklung**),
- Teams (Arbeiten an interpersonalen Beziehungen) (**Teamentwicklung**) und
- ganzen Organisationseinheiten (Bearbeitung von objektivierten Strukturen und Bedingungen der Arbeitstätigkeit) (**Organisationsentwicklung**).

Die Veränderungen **an der Person** beziehen sich zum einen auf *Fähigkeiten, Fertigkeiten und/oder Wissen*, zum anderen auf *Bedürfnisse und Interessen* oder aber auf *Emotionen, Werte und Einstellungen*. Letztgenannte können kaum mit den traditionellen Unterrichtsformen beeinflusst werden. Sie werden durch tagtägliche Interaktionen im jeweiligen organisatorischen System erworben. Die Mitarbeiter werden im Verlauf ihrer Tätigkeit fast schon automatisch in die Kultur einer jeweiligen Organisation hinein sozialisiert. Darüber hinaus geht es bei der „Person-Entwicklung" regelmäßig auch um die Arbeit an *Identität und Selbstwertgefühl*. Selbstsicherheit im Beruf ist in hohem Maße vom Erfolg in der Tätigkeit abhängig. Und eine Identität – beispielsweise als Führungskraft – entwickelt sich erst durch das Arbeiten mit Kollegen, Vorgesetzten und den eigenen Mitarbeitern.

---

[1] Eine weitere Untergliederung findet oftmals in „Into-the-job"- (z. B. Einführungsveranstaltungen für neue Mitarbeiterinnen und Mitarbeiter), „Near-the-job"- (z. B. Outdoor-Seminare, mittels derer die Teamentwicklung mit einer echten Gruppe, jedoch nicht am Arbeitsplatz, vorangetrieben werden soll) und „Out-of-the-job"-Ansätze (z. B. Vorbereitung auf den Ruhestand, Outplacement-Seminare).

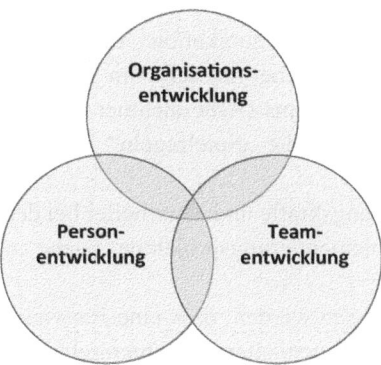

Abb. 8.1 Bestandteile der Personalentwicklung. (Quelle: angelehnt an Hofmann 2009, S. 873)

Angelehnt an die Theorien der Lernpsychologie unterscheidet man auch zwischen

- den *affektiven* Lernzielen: Es wird an Einstellungen/Werthaltungen gearbeitet. Beispiele hierzu sind Themen wie Kundenorientierung oder Haltung gegenüber Teamarbeit.
- den *behavioralen* Lernzielen: Im Mittelpunkt stehen das Erlernen oder die Automatisierung von Handlungsabläufen. Beispiele sind Fertigkeiten wie das Bedienen von Maschinen oder die Anwendung einer Gesprächstechnik.
- den *kognitiven* Lernzielen: der Ausbau von Wissen (Ryschka et al. 2011, S. 21).

Auf der **Teamebene** steht die Verbesserung sozialer Phänomene im Fokus, wie beispielsweise die Kommunikation zwischen Mitgliedern eines Teams, die Gruppendynamik oder die Auseinandersetzung mit den unterschiedlichen Interessen der Gruppenmitglieder.[2]

Bei der **Organisationsentwicklung** geht es um Korrekturen an Parametern der ganzen Unternehmung. Es geht um Inhalte wie die Mediation bei Intergruppenkonflikten, die Einleitung von Veränderungsprozessen oder die Bearbeitung von Mikropolitik.[3]

Wie aus Abb. 8.1 zu ersehen, gibt es eine Reihe an Überschneidungen von Organisations-, Team- und Person-Entwicklung. Maßnahmen der Person-, Team- und Organisationsentwicklung müssen aufeinander abgestimmt werden. Maßnahmen zur Reflexion von Einstellungen oder Werteordnungen setzen zwar an der einzelnen Person an. Der Austausch über Werte und Einstellungen und deren Ausdruck in konkreten Verhaltenserwartungen muss jedoch im zwischenmenschlichen Austausch ablaufen – also z. B. im Rahmen von Teamtrainings organisiert sein. Inwieweit bestimmte Verhaltensmuster langfristig im Unternehmen beibehalten werden, hängt von organisatorischen Rahmendaten ab, beispielsweise von Beurteilungsverfahren oder Beförderungssystemen.

Als wichtige Erfolgsfaktoren für die Implementierung von PE-Konzepten gelten (siehe beispielsweise Hofmann 2009):

---

[2] siehe hierzu im Detail beispielsweise Comelli und von Rosenstiel (2009).

[3] Zur eingehenderen Beschäftigung mit dem Thema „Organisationsentwicklung" sei unter anderem auf die Veröffentlichungen von Heitger und Doujak (2013) verwiesen.

- eine adressatenorientierte Kommunikation des Wertschöpfungsbeitrages (Das Management sowie die Kapitalgeber müssen vom Wert der PE überzeugt sein.);
- eine Transparenz des PE-Konzepts (Arbeitnehmer sowie potenzielle zukünftige Mitarbeiter müssen Klarheit über die „Spielregeln" beispielsweise von Beförderungen haben.) und
- eine Beteiligung der Führungskräfte und Mitarbeiter bei der Entwicklung des Konzepts (wie bei den meisten Implementierungsprojekten) (siehe auch Kap. 4).

Bei all dem darf nicht vergessen werden, dass eine Entwicklung von Personal nicht nur im Rahmen von systematisch geplanten und hierarchisch kontrollierten Maßnahmen (sogenannte „formalen Lernwelten") stattfindet; es gibt auch so etwas wie die **Selbst-Entwicklung des Arbeitsvermögen**, die nicht nur aus der Eigenaktivität der Subjekte, sondern auch aus der Dynamik sozialer Beziehungen und komplexer Strukturen entsteht.

Wie lässt sich PE nun in den Gesamtkanon von Personalmanagement-Aufgaben in Unternehmen einordnen?

8.2 Die Entwicklung von „Personal" als Bestandteil betrieblicher Personalarbeit

Als eine Art Landkarte für das betriebliche Personalmanagement haben wir das Modell der Deutschen Gesellschaft für Personalführung (DGFP) gewählt, das den Anspruch erhebt, einen integrierten Ansatz für professionelle Personalarbeit zu bieten. Wie in Abb. 8.2 zu sehen, versucht dieses Konzept die lebenszyklusorientierten mit den übergeordneten Gestaltungsfeldern des Personalmanagements zu verbinden (DGFP 2012).

Die sogenannten *übergeordneten Gestaltungsfelder* der Personalarbeit umfassen strategische, kulturelle und organisatorische Fragestellungen, die die Voraussetzung für Personalaktivitäten des Unternehmens darstellen.

Die *lebenszyklusorientierten* Themenbereiche der Personalarbeit befassen sich mit allen Phasen, die Mitarbeiter im Betrieb durchlaufen, vom beruflichen Einstieg bis zum Ausscheiden aus der Organisation. Es geht um Aufgaben wie die Identifikation von Kriterien für die Arbeitgeberwahl, Eignungsdiagnostik bei der Personalauswahl, bis hin zu Fragestellungen rund um die Gestaltung des Trennungsprozesses. Zum Feld „Personal- und Managemententwicklung" gehören – laut DGFP-Konzept – unter anderem die Kompetenzidentifikation und -entwicklung, das Konzipieren und Implementieren von Karriereprogrammen und Organisationsentwicklungs-Maßnahmen.

In dieser Darstellung wird deutlich, dass sich die DGFP zum einen der grundsätzlichen Unterteilung der Adressatengruppe von PE in Personal und Management anschließt; zum anderen möchte die DGFP offenbar, wie eine Reihe anderer Fachleute auch, die PE als einen Bestandteil des Personalmanagement-Prozesses verstanden wissen.

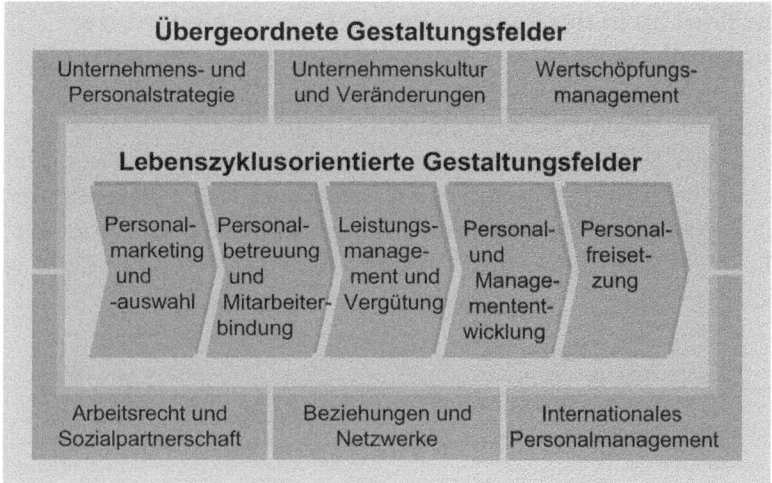

Abb. 8.2 Einordnung der Personalentwicklung in die Personalarbeit. (Quelle: angelehnt an DGFP 2012, S. 6)

Es sei an dieser Stelle der Vollständigkeit halber erwähnt, dass es auch Vertreter mit der Auffassung gibt, PE sei die übergeordnete Funktion für alle Personalaktivitäten. Das würde bedeuten, dass

- PE mit der Ableitung von Kompetenzprofilen aus den Unternehmenszielen und der -strategie beginnt,
- sich im nächsten Schritt mit Maßnahmen zur zielgruppengerechten Ansprache von potenziellen Bewerbern auseinandersetzt,
- darüber hinaus die Implementierung geeigneter Auswahlverfahren zum Inhalt hat,
- Themen des Kompetenzerhalts und der unternehmensstrategiekonformen Kompetenz- weiterentwicklung umfasst,
- bis hin zu Fragestellungen eines erfolgreichen Trennungsmanagements.

▶   Wie auch immer PE verstanden wird, einig sind sich die Fachleute darüber, dass professionelle PE langfristig, also an der Unternehmenszielsetzung und -strategie, sowie an der (Unternehmens-)Kultur ausgerichtet werden muss, um einen Wertschöpfungsbeitrag sicherzustellen.

Bevor wir uns detailliert mit dem Zusammenhang zwischen Unternehmenskultur und PE beschäftigen, werfen wir noch einen Blick auf das, was als Herausforderung für die PE aktuell diskutiert wird. Auf Grundlage dieser Analyse können Ansatzpunkte zur Unterstützung der PE durch die Unternehmenskultur – und umgekehrt – identifiziert werden.

8.3 Was liegt an in der Personalarbeit? – zur Relevanz der Fragestellung

Die Unternehmensberatung Boston Consulting Group (BCG) führt weltweit seit 2006 Befragungen über die Herausforderungen für die Personalarbeit in der Zukunft durch. Die Ergebnisse der letzten Untersuchung bei Unternehmen aus 34 europäischen Ländern wurden im Oktober 2013 veröffentlicht. Um einen besseren Überblick zu ermöglichen, wurden die in 2012 überprüften Items für diese Befragung in 2013 auf zehn reduziert (siehe Abb. 8.3).

Abb. 8.3 Personalthemen der BCG-Befragung im Vergleich 2012 und 2013. (Quelle: angelehnt an BCG 2013)

Nach der im ersten Abschnitt aufgeführten Definition von PE sind folgende Themen direkt dazuzurechnen:

- „Training and People Development" und
- „Talent Management and Leadership" (wobei unter „Leadership" „Improving Leadership Development" verstanden wurde).

Andere Themen, wie „Performance Management and Rewards" weisen eine große Nähe zum Themengebiet PE auf.

Kultur wird im Item „Engagement, Behavior, and Culture Management" angesprochen, in dem fünf unterschiedliche Items der Befragung in 2012 zusammengefasst wurden.

Über 2300 Personalfachleute gewichteten im Rahmen einer Online-Befragung die Themengebiete auf einer 5er-Skala im Hinblick auf

- deren zukünftige Bedeutung,
- die derzeit wahrgenommene Fähigkeit des Unternehmens damit umzugehen und
- den Umfang der in den letzten drei Jahren vorgenommenen Investitionen in Form von Zeit, Geld und Personalkapazität.

Wie man der Abb. 8.4 entnehmen kann, erachten die Unternehmen die PE-Themen als überaus wichtig für die Zukunft. Sie haben auch schon einige Anstrengungen unternommen, um diese Herausforderung zu meistern, sehen sich allerdings insbesondere im Themengebiet „Talent Management and Leadership", aber auch im Bereich des „Culture Management" noch nicht gut gerüstet. (Ähnliches gilt auch für das Performance Management – allerdings nicht ganz so ausgeprägt.).

▶   Wir sehen also, dass unsere beiden Themen, PE und Unternehmenskultur, europaweit als wichtige Aufgabengebiete der Personalarbeit gelten. Trotz großer Anstrengungen, die offensichtlich bereits unternommen wurden, wird die Fähigkeit der Firmen, diese Herausforderungen zu meistern, nach wie vor von den eigenen Fachleuten als eher gering wahrgenommen – und das nun schon zum wiederholten Male im Rahmen der Studie der BCG.

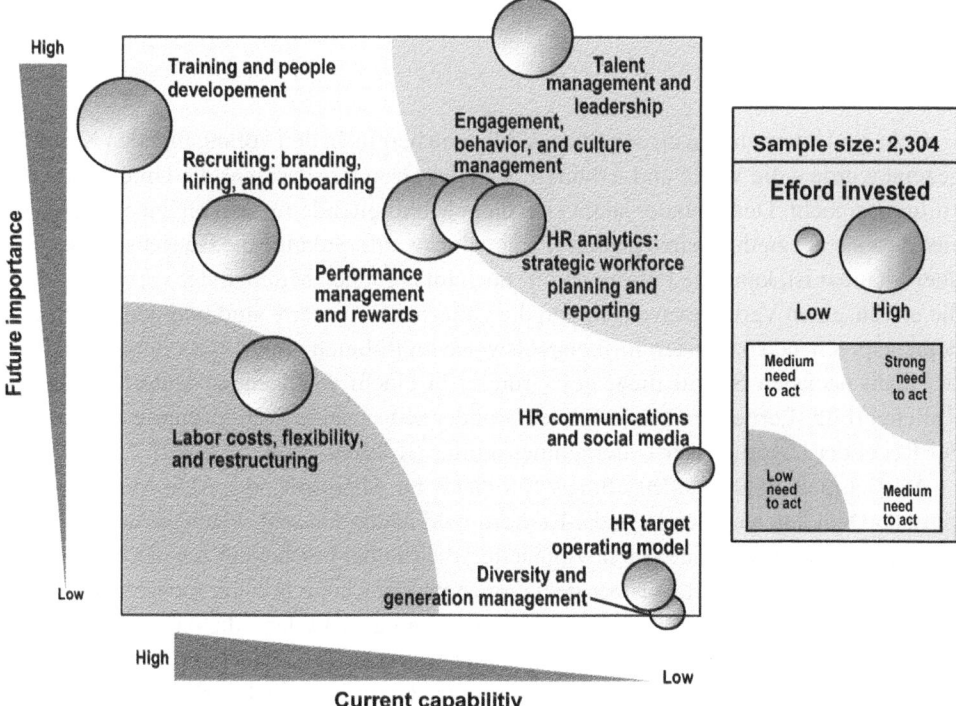

Abb. 8.4 Herausforderungen für die Personalarbeit in der Zukunft – Die Ergebnisse der BCG-Untersuchung 2013 für Europa. (Quelle: angelehnt an BCG 2013)

Wie hängen diese beiden Themen nun konkret zusammen? Kann durch die Investition in das eine Gestaltungsfeld gegebenenfalls auch etwas im anderen erreicht werden? Was wären vielversprechende Ansatzpunkte? Diesen Fragen gehen wir in den nächsten beiden Abschnitten nach.

8.4 Unternehmenskultur – Lernkultur: über den Zusammenhang von Personalentwicklung und Unternehmenskultur

Betrachten wir den Prozess (siehe Abb. 8.5) der Entstehung und der Pflege einer Unternehmenskultur, wird die Bedeutung von PE in diesem Kontext entsprechend der vorangestellten Definition sofort klar.

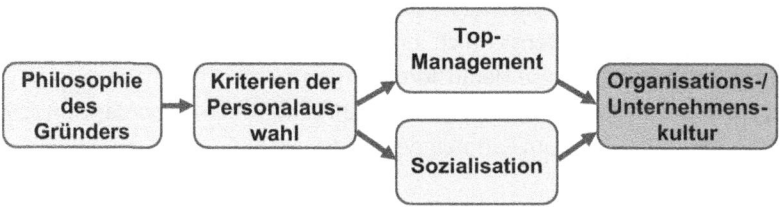

Abb. 8.5 Entstehung und Pflege einer Unternehmenskultur. (Quelle: angelehnt an Robbins 2001, S. 610)

Geht ein Unternehmen an den Start, sind – wie bereits in den vorangehenden Kapiteln gezeigt wurde – die Werte und Arbeitsweisen des Gründers das, was die Unternehmenskultur ausmacht. Der Gründer sucht sich dann Mitarbeitende für den eigenen Betrieb so aus, dass sie gut zu ihm selbst passen (Personalauswahl). Solange die Betriebsgröße noch überschaubar ist, kann die Führungskraft noch im täglichen Miteinander vermitteln, was die erwünschten Verhaltensweisen und die Unternehmenswerte sind und neue Kollegen dementsprechend sozialisieren – beispielsweise im Rahmen von Mitarbeitergesprächen. In einem nächsten Schritt dient der Gründer in einem wachsenden Unternehmen als Rollenvorbild (Lernen am Modell). Der Gründer selbst, seine Werteordnung sind also in der Regel der Ursprung der Unternehmenskultur (Robbins 2001, S. 604 ff.)[4].

Als Beispiele dafür werden oftmals Bill Gates für Microsoft oder Akio Morita (Sony) genannt. Dem koreanischen Hyundai-Konzern wird häufig ein sehr wettbewerbsorientiertes Verhalten am Markt und eine sehr disziplinierte Arbeitskultur bescheinigt, was auch gut zu den Eigenschaften passt, die allenthalben dem Firmengründer Chung Ju Yung nachgesagt werden.

Im weiteren Verlauf der Unternehmensentwicklung rückt dann die Auswahl und Entwicklung der Führungskräfte in den Fokus der Betrachtung (Leadership Development), da dieser Prozess und die dadurch Beförderten den Geführten wiederum als Rollenmodell dienen und daher ihr Verhalten als Ausdruck der Unternehmenskultur gewertet wird.

---

[4] siehe hierzu auch Kap. 1 und 2.

▶   Man kann also sagen, dass Kultur durch **Überzeugung, soziale Interaktion**
    und schließlich die **soziale Validierung** erfolgreicher Konzepte und Ideen
    entsteht.

Welchen Beitrag kann hierbei nun die PE leisten? Wie wir in den vorangehenden Kapiteln
ausgeführt haben, stellt ein Aufgabenfeld der PE – genauer gesagt der Person-Entwicklung – die Arbeit an *Überzeugungen* dar.

Die Gestaltung von *sozialen Situationen*, sei es als Lehr-Lern-Setting in der Person-
Entwicklung oder im Rahmen von Team- oder Organisationsentwicklungsprojekten,
gehört zum Tagesgeschäft der PE-Fachleute.

Auch das Design und die Implementierung von Konzepten zur Personalbeurteilung
oder zur Gestaltung von innerbetrieblichen Laufbahnen sind Bestandteil moderner PE-
Arbeit.

Das würde bedeuten, dass PE-Arbeit sozusagen die Voraussetzungen für einen Kultur-
erhaltungs- beziehungsweise -entwicklungsprozess liefert, sobald Unternehmen aus der
Gründungsphase „heraus" sind.

Welche Erkenntnisse über den Zusammenhang von Unternehmenskultur und PE
konnten nun bisher in der **Wissenschaft** gewonnen werden?

Festzuhalten ist, dass in der bereits in Kap. 7 zitierten Studie des BMAS erstaunlicher-
weise *kein signifikanter Zusammenhang zwischen einzelnen PE-Maßnahmen und dem
Unternehmenserfolg* festgestellt wurde (BMAS 2008, S. 149). Erstaunlich deshalb, weil
wir doch in einem der vorangestellten Abschnitte erläutert haben, dass die Zielsetzung
von PE der Ausbau der Kompetenzen im Unternehmen und damit die Sicherstellung der
Wettbewerbsfähigkeit sei.

In Abb. 8.6 sind die PE-Maßnahmen aufgeführt, die in den untersuchten Unternehmen angewendet wurden. Einzig die *individuelle Karriereplanung steht in einem
signifikanten Zusammenhang mit der sogenannten Mitarbeiterorientierung*, die ja in
einer Reihe von Studien (siehe beispielsweise Sackmann 2006) als wichtige Dimension
der Unternehmenskultur genannt wird. Das Maß an Weiterbildungsmöglichkeiten spielt
kaum eine Rolle für die wahrgenommene Mitarbeiterorientierung. Wie jedoch gezeigt
werden konnte, sind nicht die spezifischen Weiterbildungsinhalte ausschlaggebend für
den Grad an Mitarbeiterzufriedenheit und eine gute Unternehmenskultur, sondern die
als *gerecht wahrgenommene Verteilung der PE-Angebote* zwischen Mitarbeitern und
Führungskräften. So wurde festgestellt, dass bei den Unternehmen mit einer hohen
Arbeitszufriedenheit im Jahresdurchschnitt über 70 % der Führungskräfte und fast 60 %
der Mitarbeiter ohne Führungsfunktion an Weiterbildungen teilnahmen. Bei den Unternehmen mit niedriger Zufriedenheit lag die Quote bei den Führungskräften genauso hoch,
jedoch bei den Geführten bei weniger als 50 %.

▶   An dieser Stelle kann man bereits festhalten, dass es zur Steigerung der
    wahrgenommenen Mitarbeiterorientierung und damit auch zur Verbes-
    serung der Unternehmenskultur wohl eher Sinn macht, Weiterbildung

(optimalerweise) für alle Organisationsmitglieder zu ermöglichen, statt viele Angebote nur wenigen zur Verfügung zu stellen. Die spezifischen PE-Inhalte scheinen nur eine untergeordnete Rolle zu spielen.

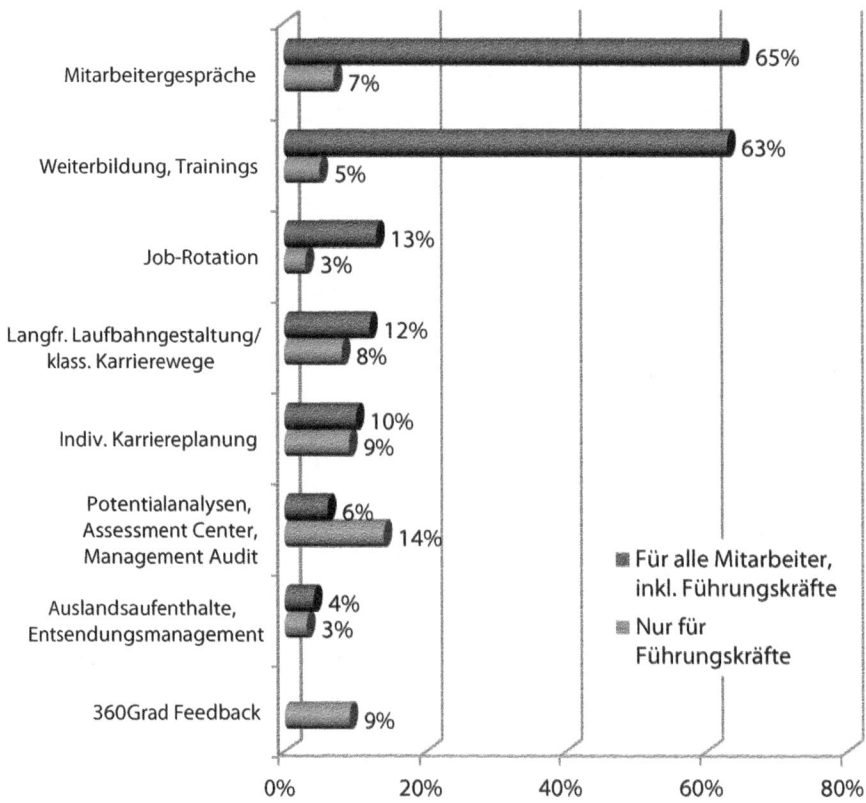

Abb. 8.6 Abgefragte PE-Maßnahmen aus der Studie des BMAS. (Quelle: angelehnt an BMAS 2008, S. 149)

Die Durchsicht zu Studien, die auf Analysen einzelner Unternehmen beruhen (Ritz 2012), führen zu folgenden Erkenntnissen über die **Bedeutung der PE für die Unternehmenskultur:**

- Graf beschreibt in ihrer Untersuchung über ein Strukturveränderungsprojekt eines internationalen Unternehmens aus der Pharmabranche die Rolle von *PE als Vermitt-lerin von Unternehmenswerten* (Graf 1998, S. 5 ff.). Sie betont dabei, dass es wenig angeraten erscheint, PE zur technokratischen Vermittlung einer Unternehmenskultur einzusetzen.
- Reiber (2005) bestätigt in Studien über sogenannte „Lernende Organisationen", dass die Wertebasis einer Organisation durch PE-Maßnahmen veränderbar ist.

- In dem von Staiger (2008) untersuchten Fall aus dem Mittelstand wurde nach Möglichkeiten zur Gestaltung einer wissensorientierten Kultur gesucht. Wie schon in unserem Eingangsbeispiel dargestellt, konnte auch hier gezeigt werden, dass der Personalauswahl, -einführung und -entwicklung eine besondere Bedeutung für die Kulturgestaltung und -vermittlung zukommt. Allerdings wurde im untersuchten Fallbeispiel klar, dass PE-Maßnahmen im engeren Sinne alleine noch nicht ausreichen, um Werte erfolgreich zu transportieren. Um eine – wie in der analysierten Organisation gefordert – wissensorientierte Kultur zu etablieren, muss insbesondere der *Transfer des individuell Gelernten in den Unternehmensalltag* gewährleistet werden.

Lassen Sie uns im nächsten Schritt Untersuchungen näher betrachten, die die andere Wirkungsrichtung beschreiben: Welche **Bedeutung hat die Unternehmenskultur für die PE?**

- Reinhard (2005) beispielsweise kommt in ihrer Studie im Hochschulumfeld zum Ergebnis, dass die Organisationskultur einen beachtlichen Einfluss auf die Veränderungsbereitschaft der Organisationsmitglieder hat, und demzufolge auf deren Lernbereitschaft.
- Auch Frey stellt in den eigenen Untersuchungen fest, dass die PE im hohen Maße von der Unternehmenskultur beeinflusst wird – sie unterstützt, aber auch hemmen kann (Frey 2007, S. 148).
- Niklesz stellt einen Einfluss der Unternehmens- und Lernkultur auf die Kultur der *Ermittlung des Bedarfs an Weiterbildung* fest. Seinen Erkenntnissen zufolge sollten zwar auf der einen Seite die Unternehmenswerte bei der Bedarfsermittlung berücksichtigt werden; eine gewisse Distanz zu diesen Werten sei jedoch andererseits notwendig, um neue Bedarfe feststellen zu können (Niklesz 2010, S. 110).
- Friebe untersuchte betriebliche Lernkulturen auf deren Einfluss auf die Kompetenzentwicklung und konnte zeigen, dass die *Lernkontakte* des Unternehmens mit dem Unternehmensumfeld sowie eine *lernorientierte Führung* Einfluss auf die Entwicklung fachlicher, sozialer und personaler Kompetenzen der Mitarbeiter haben (Friebe 2005, S. 12).
- Marré stellte in seiner Studie einen Einfluss der Unternehmenskultur auf die *Veränderungen von Einstellungen und Verhaltensweisen* der Mitarbeiter fest. Es konnte darüber hinaus ein positiver Einfluss der Unternehmenskultur auf den *Lerntransfer* von Inhalten von Führungsseminaren in den betrieblichen Alltag konstatiert werden (Marré 1997, S. 198).

Grabowski hingegen zeigt anhand einer Fallanalyse eine **Wechselwirkung von PE und Unternehmenskultur.** Es wird ein betrieblicher „Regelkreis der Persönlichkeitsentwicklung" beschrieben (2007, S. 166): Aus dem Zusammenspiel von Unternehmens- und individuellen Werten bilden sich gemeinsame Ziele heraus, die die Zusammenarbeit im Betrieb und damit – laut Grabowski – die Unternehmenskultur beeinflussen. Was dann aufgrund des alltäglichen Miteinanders auch Auswirkungen auf die Persönlichkeit hat.

▶ Wir können also festhalten, dass es offensichtlich einen Zusammenhang zwischen PE und Unternehmenskultur gibt. Die Wirkungsrichtung hingegen kann nicht so deutlich geklärt werden.

Die Frage des Lerntransfers spielt in beiden Fällen eine Rolle: Zum einen ist die effektive Umsetzung des Gelernten in der betrieblichen Praxis ein Erfolgsfaktor für die Gestaltung von Unternehmenskultur; zum anderen scheint der Erfolg von Lerntransfer jedoch auch maßgeblich von kulturellen Rahmendaten abhängig zu sein.

Vorsicht scheint geboten, wenn die Unternehmenskultur zu stark wird, die stabilisierende Funktion der Unternehmenskultur (siehe Kap. 1) einen solch großen Einfluss erhält, dass der „Blick über den Tellerrand", insbesondere für die Ermittlung des PE-Bedarfs, nicht mehr möglich (erlaubt?) ist.

Anhand von zwei weiteren Untersuchungen sei schließlich noch darauf hingewiesen, dass die Unternehmenskultur nur einen Kulturaspekt widerspiegelt:

- Rottenburg schildert im Rahmen seiner Studie zur Sozialisation von Auszubildenden einen Fall, in dem sich eine der Unternehmenskultur entgegengesetzte *Lernkultur* in der Ausbildung entwickelte: Die Unternehmenskultur fokussierte stark auf Kreativität und Selbständigkeit. Dem gegenüber stand ein im hohen Maße lehrzentriertes und eher geschlossenes Ausbildungssystem. Dieser Widerspruch wirkte sich deutlich negativ auf den Lernerfolg aus (Rottenburg 1989, S. 48).
- Egetenmeyer untersuchte das sogenannte Informal Learning an unterschiedlichen Betriebsstandorten eines international tätigen Unternehmens (Deutschland, Großbritannien, Spanien). Unter anderem wurde gezeigt, dass im Vergleich zu Großbritannien Lernen in Deutschland an sich als Wert gilt. In Großbritannien hingegen insbesondere Interesse am Beitrag des Lernens für den Geschäftserfolg besteht. Die Ergebnisse insgesamt lassen auf einen großen Einfluss der *Nationalkultur* auf die Lernkultur in Betrieben schließen (Egetenmeyer 2008, S. 102 ff.).

Wie lassen sich diese Erkenntnisse nunmehr für die Praxis nutzbar machen? Der Abschn. 8.5 führt ausgewählte Handlungsempfehlungen für den betrieblichen Alltag auf.

8.5 Was ist zu tun? – Handlungsempfehlungen zur Gestaltung einer kulturbewussten Personalentwicklung

Ritz (2012) schlägt als Grundlage für eine Art Praxischeck das Modell der sogenannten kulturbewussten Organisation (siehe Abb. 8.7) vor.

Die Organisation mit ihrer Kultur befindet sich – wie schon oben gezeigt – im **Rahmen einer Länderkultur**; im Falle eines international tätigen Unternehmens können das – abhängig von den Betriebsstandorten – auch mehrere sein. (Zum Thema nationale Kulturunterschiede sei auf die Studien von Hofstede (1991), dargestellt in Kap. 12, hingewiesen.)

Abb.   8.7 Gestaltungsebenen
einer kulturbewussten Organisation. (Quelle: angelehnt an
Ritz 2012, S. 189)

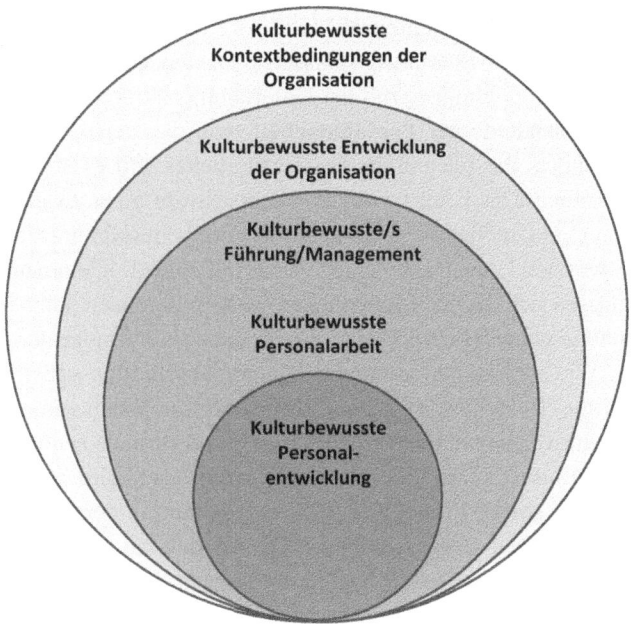

Als wesentliche **unternehmensinterne** Gestaltungselemente führt Ritz neben der
Unternehmensstrategie und -struktur die Architektur sowie die PE auf. Als sogenannte
Lerngelegenheiten bezeichnet Ritz das kulturelle Netzwerk der Organisation mit der
Umwelt, also den Kunden, Lieferanten oder Kapitelgebern. Hiermit kann sichergestellt
werden, dass notwendige Anpassungen an Veränderungen im Umfeld rechtzeitig vorge-
nommen werden.

Will ein Unternehmen sich in Richtung Lernende Organisation **entwickeln**, ist es notwendig, Lernen und Entwicklung als Unternehmenswerte zu implementieren. Was – wie
oben erläutert – abhängig von der jeweiligen Nationalkultur mal schwerer, mal leichter
umzusetzen ist.

Wie gezeigt wurde, sind Person-, Team- und Organisationsentwicklung miteinander
verschränkt und tragen zur Kulturentwicklung bei.

In kulturbewussten Unternehmen wird die Dimension „Kultur" bei Entwicklungs-
prozessen auf organisationaler Ebene reflektiert; Kulturentwicklung findet also bewusst
statt. Das kann beispielsweise in Form von Leitbildarbeit oder der Entwicklung einer
Lernkultur geschehen, wozu *Werte und Normen* an der Organisationsrealität abgegli-
chen werden. Die *Grundannahmen* der Organisation bilden den Ausgangspunkt der
Unternehmensstrategie. Einzelne Schritte der Reflexion hierbei wären Werteklärung, ein
strategischer Wertedialog, werteorientierte Strategieumsetzung sowie ein transparentes
Konfliktmanagement.

Auf der **Managementebene** muss Kultur als Führungsaufgabe definiert werden (unter anderem über Führungsgrundsätze). Das bedeutet, dass (Nachwuchs-)Führungskräfte im reflektierten Umgang mit der Unternehmenskultur trainiert werden müssen.

Bestandteile der **Personalarbeit**, wie das Personalmarketing, die -auswahl und ganz besonders die Integration neuer Mitarbeiter, gilt es auf die Unternehmenskultur hin auszurichten. Das heißt für die Personalauswahl nicht zwangsläufig, nur nach Menschen mit einer zur Unternehmenskultur passenden Werteordnung zu suchen; vielmehr geht es um den bewussten Umgang mit einer Wertevielfalt (vgl. Kleinmann 2008, S. 52 ff.). Unternehmen müssen sich die unterschiedlichen Wertepräferenzen nutzbar machen, beispielsweise für die maßgeschneiderte Kundenansprache (siehe hierzu auch den Beitrag zu Diversity in Kap. 13).

Wie auch in den vorangegangenen Abschnitten gezeigt wurde, besteht eine (wechselseitige) Beziehung zwischen **PE** und Kultur. Wenn zum einen dieser Zusammenhang den Verantwortlichen für PE deutlich ist und Kultur als zentrales Gestaltungselement in der PE zum Einsatz kommt, bezeichnet Ritz dies als „kulturbewusste PE".

Eine solche PE beginnt beim Individuum in der Organisation, verliert jedoch die Entwicklung der Unternehmung nicht aus den Augen. Ansatzpunkte einer kulturbewussten PE sind wahrnehmbare Handlungsweisen. Mitarbeiter werden dahingehend unterstützt, Unternehmensvorgänge und -riten, sowie Denk- und Handlungsweisen kritisch zu hinterfragen. **Reflexivität**, also die Fähigkeit des (Sich)Rückbeziehens, ist demnach in diesem Konzept Ziel, Inhalt und Methode; Ziel sowohl auf organisationaler Ebene, wie auf individueller Ebene.

▶ Betrachtet man PE als Ausdruck für Kultur, sozusagen als erfahrbare Dimension von Kultur, könnte man versuchen, durch die Analyse folgender Kriterien Anhaltspunkte für die Beschreibung der Unternehmenskultur zu erhalten; oder umgekehrt, PE kulturorientiert zu gestalten.

- Welche Themen werden im Rahmen der PE aufgegriffen? **Was wird gemacht?** Geht es vor allem um Fragestellungen, die mit dem Unternehmensumfeld zu tun haben? Also vor allem um den Umgang mit Kunden, wie Verhandlungsführung, Beschwerdemanagement. Wie viel Raum ist Themen gewidmet, die nach innen wirken, wie Verbesserung der Teamarbeit, Führungstrainings? Stehen Fachwissen oder Verhaltenstraining oder die Reflexion von Einstellungen/Wertehaltungen im Vordergrund?
- Welche Methoden kommen zur Anwendung? **Wie werden die Themen bearbeitet?** Geht es vor allem um „Unterrichtung"? Inwieweit werden die Erfahrungen der PE-Teilnehmer eingebunden? Wie wird mit Fehlern umgegangen? Wie finden Rückmeldungen beispielsweise aus Betriebsklimauntersuchungen statt? Sind Auswahl- und Beförderungskonzepte nachvollziehbar und transparent kommuniziert?

- Zu welchem Zeitpunkt werden PE-Maßnahmen initiiert? **Wann wird es gemacht?**
  Erst wenn Probleme auftauchen? Langfristig angelegt? Auf Anregung der Betroffenen? Ausschließlich auf Initiative des/der Vorgesetzten?
- Wer führt die PE-Maßnahme durch? **Von wem wird es gemacht?**
  Werden vor allem externe Berater eingesetzt? Inwieweit wird der interne Wissensaustausch gefördert? Gibt es beispielsweise interne Change Agents? Sind Führungskräfte als Coaches ausgebildet? Inwieweit kommt Kollegenberatung (sogenannte Peer-Coaching) zum Einsatz?

8.6 Zusammenfassung

Wie sich herausstellte, gelten die beiden Themen, PE und Unternehmenskultur, als wichtige Aufgabengebiete der Personalarbeit, die auch in Zukunft ihre Bedeutung behalten.

Ausgangspunkt unserer Diskussion über PE und Unternehmenskultur waren verschiedene Fragestellungen:

- Gibt es einen Zusammenhang zwischen den beiden Aspekten? Wenn ja, welchen und in welcher Ausprägung?
- Welche PE-Instrumente sind geeignet, die Unternehmenskultur bei der Bewältigung ihrer Aufgaben (der externen Anpassung und internen Integration) zu unterstützen?
- Was genau könnte es bedeuten, PE kulturbewusst zu gestalten?

Die Literaturanalyse ergab sehr deutlich, dass von einem Zusammenhang zwischen PE und Unternehmenskultur auszugehen ist. Die Wirkungsrichtung hingegen konnte nicht eindeutig geklärt werden. Bei der Frage nach der Stärke des Zusammenhangs konnte festgehalten werden, dass zumindest ein signifikanter Zusammenhang zwischen einer Dimension der Unternehmenskultur (nämlich der Mitarbeiterorientierung) und einem Teilbereich der PE (der individuellen Karriereplanung) ermittelt wurde.

Gleich im ersten Abschnitt bei der Definition des Begriffs „PE" fiel auf, dass nach Expertenmeinung sowohl mit PE wie auch mit Unternehmenskultur die gleichen Ziele, nämlich die der externen Anpassung und die der interne Integration, verfolgt werden. Fachleute scheinen sich einig darüber zu sein, dass professionelle PE langfristig und an der Unternehmenskultur ausgerichtet werden muss, um einen Wertschöpfungsbeitrag sicherzustellen.

Bei der Frage nach den PE-Instrumenten zur Unterstützung der Unternehmenskultur wurde festgestellt, dass die PE sowohl zur Reflexion von Überzeugungen, wie auch zur Gestaltung sozialer Interaktionen und zur sozialen Validierung Instrumente zur Verfügung stellen kann. Hier ist insbesondere dem Thema Lerntransfer von Seiten der PE Aufmerksamkeit zu widmen. Insgesamt sollte festgehalten werden, dass einer als gerecht wahrgenommenen Verteilung von Weiterbildung eine hohe Bedeutung für die

Unternehmenskultur zuzukommen scheint. Bei der Ermittlung des PE-Bedarfes gilt es sehr sensibel vorzugehen.

Ansatzpunkte für eine kulturbewusste PE wurden anhand des Modells von Ritz aufgeführt.

Reflektionsfragen zum Kapitel

- Erläutern Sie die Bestandteile der PE nach Neuberger.
- Inwieweit sollte nach Ihrer Meinung bei der Auswahl von Mitarbeitern deren individuelle Werteordnung berücksichtigt werden? Warum? Was würden Sie konkret tun, um etwas über die Werteordnungen einzelner Bewerber zu erfahren?
- Welche Schwierigkeit könnte sich aus einer sehr starken Unternehmenskultur für die PE-Bedarfsanalyse ergeben?
- Erläutern Sie das Modell der kulturbewussten Organisation nach Ritz.

Online-Material auf springer.com.

Literatur

Badura, B., Litsch, M., & Vetter, C. (Hrsg.) (2000). *Fehlzeiten-Report 1999: Psychische Belastung am Arbeitsplatz*. Berlin: Springer.

Bamberg, E., Drucki, A., & Metz, A. (Hrsg.) (1998). *Handbuch Betriebliche Gesundheitsförderung: Arbeits- und organisationspsychologische Methoden und Konzepte*. Göttingen: Hogrefe.

Boston Consulting Group (BCG). (2013). Creating People Advantage 2013 – Lifting HR Practices to the Next Level. https://www.bcgperspectives.com/content/articles/human_resources_organization_design_creating_people_advantage_2013/?chapter=2#chapter2_section2. Zugegriffen: 27. April 2014.

Bundesministerium für Arbeit und Soziales (BMAS). (Hrsg.). (2008). Unternehmenskultur, Arbeitsqualität und Mitarbeiterengagement in den Unternehmen in Deutschland, Abschlussbericht Forschungsprojekt 18/05. http://www.bmas.de/SharedDocs/Downloads/DE/PDF-Publikationen/forschungsbericht-f371.pdf;jsessionid=A963F73F0036650E652BC6365F386446?__blob=publicationFile. Zugegriffen: 18. April 2014.

Comelli, G., & Rosenstiel, L. v. (2009). *Führung durch Motivation: Mitarbeiter für Unternehmensziele gewinnen* (4. Aufl.). München: Vahlen.

DGFP. (2012). DGFP-PRAXISPAPIERE, PRAXISPAPIER 04/2012: DGFP-Langzeitstudie, Professionelles Personalmanagement 2012 (pix) http://static.dgfp.de/assets/empirischestudien/2011/DGFP-Langzeitstudie-Professionelles-Personalmanagement-2012-pix.pdf. Zugegriffen: 25. April 2014.

Egetenmeyer, R. (2008). *Informal Learning in betrieblichen Lernkulturen*. Baltmannsweiler: Schneider Verlag Hohengeren.

Frey, T. R. (2007). *Personalentwicklung im Unternehmen*. Bielefeld: Bertelsmann.

Friebe, J. (2005). *Merkmale unternehmensbezogener Lernkulturen und ihr Einfluss auf die Kompetenzen der Mitarbeiter*. Dissertation, Ruprecht-Karls-Universität Heidelberg.

Grabowski, U. (2007). *Berufliche Bildung und Persönlichkeitsentwicklung*. Wiesbaden: Deutscher Universitätsverlag.

Graf, A. (1998). *Personalentwicklung und Unternehmenskultur*. Wiesbaden: Deutscher Universitätsverlag.

Heitger, B., & Doujak, A. (2013). *Managing Cuts and New Growth* (2. Aufl.). Wien: Goldegg.

Hofmann, L. M. (2009). Personalentwicklung. In C. Scholz (Hrsg.), *Vahlens Großes Personallexikon* (S. 871–876). München: Vahlen.

Hofstede, G. (1991). *Cultures and Organizations – software of the mind*. London: HarperCollins Business, London

Kleinmann, M. (2008). Passen die Werte Ihrer Mitarbeiter zur Organisation? *Organisationsentwicklung, 4*, 52–57.

Marré, R. (1997). *Die Bedeutung der Unternehmenskultur für die Personalentwicklung*. Frankfurt a. M.: Lang.

Neuberger, O. (1994). *Personalentwicklung* (2. Aufl.). Stuttgart: Enke.

Niklesz, A. (2010). Bedarfsermittlung in der betrieblichen Weiterbildung. Diplomarbeit, Philipps-Universität Marburg.

Reiber, E. (2005). *Organisationen im Spiegel der Regula Benedicti*. Münster unter anderem: Waxmann.

Reinhardt, C. (2005). Kann Personalentwicklung einen Beitrag zur Veränderung der Organisationskultur leisten? In R. Fisch & S. Koch (Hrsg.), *Human Resources in Hochschule und Forschung* (S. 107–120). Bonn: Lemmens Verlags- und Mediengesellschaft.

Ritz, K. (2012). *Kulturbewusste Personalentwicklung in werteorientierten Unternehmen*. Wiesbaden: Springer.

Robbins, S. (2001). *Organisation der Unternehmung* (9. Aufl.). München: Pearson Education Deutschland GmbH.

Rottenburg, R. (1989). Innerbetriebliche Ausbildung zwischen Tradition und Unternehmensinteressen. In H. Merkens, W. Dürr, F. Schmidt, & D. Liepmann (Hrsg.), *Wertvorstellungen in Unternehmenskulturen* (S. 47–60). Baltmannsweiler: Pädagogischer Verlag.

Ryschka, J., Solga, M., & Mattenklott, A. (2011). *Praxishandbuch Personalentwicklung* (3. Aufl.). Wiesbaden: Springer.

Sackmann, S. (2006). *Messen, werten, optimieren: Erfolg durch Unternehmenskultur*. Gütersloh: Bertelsmann.

Staiger, M. (2008). *Wissensmanagement in kleinen und mittelständischen Unternehmen*. München: Hampp.

Unternehmenskultur und Gesundheit

Norbert Homma

Zusammenfassung

In diesem Kapitel befassen wir uns mit dem Zusammenhang zwischen der Unternehmenskultur und dem Thema Gesundheit, speziell den psychosozialen Stressoren. Folgende Aspekte werden ausführlicher behandelt:

- Welche Bedeutung haben heute psychosoziale Gesundheitsrisiken?
- Welche Modelle gibt es zur Erklärung des psychosozialen Stress?
- Welcher Zusammenhang besteht zwischen Unternehmenskultur und Gesundheit am Arbeitsplatz
- Welchen Einfluss hat das Verhalten der Führungskräfte für die Gesundheit am Arbeitsplatz (Gesundheitsorientiertes Führen)?

9.1 Aktuelle Bedeutung der psychosozialen/psychosomatischen Gesundheitsrisiken

Die Gesundheit am Arbeitsplatz gehört zu den klassischen Themen, mit denen sich Unternehmen, Gewerkschaften und Krankenversicherungen befassen. Die wirtschaftliche, technologische und gesellschaftliche Entwicklung der letzten Jahrzehnte hatte gravierende Auswirkungen auf die Gestaltung der Arbeitswelt.

Waren in der Vergangenheit physische Gefahren oder Belastungen die Hauptursache für Gesundheitsprobleme am Arbeitsplatz, treten heute vermehrt psychosoziale Störungen

© Springer Fachmedien Wiesbaden 2014
N. Homma et al., *Einführung Unternehmenskultur*,
DOI 10.1007/978-3-658-02411-6_9

in den Vordergrund, die zu erhöhtem negativem Stresserleben (in extremen Fällen zu Burnout) führen.

Die Häufigkeit psychosomatischer Erkrankungen der europäischen Bevölkerung liegt bei etwa 30 % (Jacobi et al. 2004). Die Kosten für stress-bezogene Krankheiten werden auf durchschnittlich 3–4 % des Bruttoinlandproduktes geschätzt (Wolf et al. 2010, S. 220). Stressbedingte Krankheiten verzeichnen heute die höchsten Wachstumsraten und sind mittlerweile der größte Einzelfaktor für Frühverrentungen in Deutschland (Franke et al. 2011, S. 371). Berücksichtigt man ferner, dass psychosoziale Erkrankungen auch einen großen Einfluss auf die Chronifizierung von Organerkrankungen haben (Schneider 2010, S. 9), so ist die Relevanz psychischer und sozialer Prozesse für die Gesundheit am Arbeitsplatz unverkennbar.

▶   Stressbedingte Krankheiten verzeichnen heute die höchsten Wachstumsra-
        ten und sind mittlerweile der größte Einzelfaktor für Frühverrentungen in
        Deutschland.

Die Bedeutung psychosozialer Erkrankungen kommt auch in einem EU Förderprogramm zum Ausdruck, das unter dem Titel „Joint Action on Mental Health and Well-Being" einen Erfahrungsaustausch der Mitgliedsländer über psychische Gesundheit am Arbeitsplatz initiiert (Schweiß-Gerwin 2013, S. 4).[1]

Entstehung von psychischen Belastungen
Bei der Entstehung von psychischen Belastungen sind nach Windemuth et al. (2010) drei Ebenen zu unterscheiden: Mitarbeiter, Unternehmen und Gesellschaft. In diesem Kapitel fokussieren wir uns ausschließlich auf die Ebenen *Mitarbeiter* und *Unternehmen* und gehen dabei der Frage nach, inwieweit Aspekte der Unternehmenskultur zu Stress am Arbeitsplatz führen können und welche Möglichkeiten bestehen, diese psychosozialen Belastungen zu reduzieren. (Eine Erörterung der Wechselwirkung zwischen gesellschaftlichen einerseits und organisationalen und personalen Einflüssen andererseits würde den Rahmen dieses Kapitels sprengen).

Zunächst schauen wir uns an, wie Stress definiert wird und welche Theorien es in diesem Zusammenhang gibt.

9.2   Modelle zur Erklärung von psychosozialem Stress

Was genau ist unter arbeitsbezogenem Stress zu verstehen? Die Europäische Kommission bietet eine Definition (Europäische Kommission 2002).

---

[1] Natürlich können psychosoziale Faktoren auch einen gesundheitsfördernden Einfluss ausüben. Das ist beispielsweise dann der Fall, wenn Arbeitnehmer im Arbeitsprozess positive Erfahrungen machen der Art, dass sie das Gefühl haben, einer sozialen Gruppen anzugehören, Wertschätzung zu erfahren oder eine sinnvolle Tätigkeit auszuüben.

▶ Arbeitsbedingter Stress lässt sich *definieren* als Gesamtheit emotionaler, kognitiver, verhaltensmäßiger und physiologischer Reaktionen auf widrige und schädliche Aspekte des Arbeitsinhalts, der Arbeitsorganisation und der Arbeitsumgebung. Dieser Zustand ist durch starke Erregung und Unbehagen, meist auch durch ein Gefühl des Überfordertseins charakterisiert.

Wie bereits an der Definition von Stress zu erkennen ist, handelt es sich um eine komplexe Gemengelage von objektiven (externen) und subjektiven (internen) Faktoren, die Stress verursachen können. Über Gewichtung und Bedeutung der einzelnen Einflussgrößen bestehen sehr unterschiedliche Auffassungen in der Wissenschaft.

Als nächstes betrachten wir verschiedene theoretische Ansätze zur Stressverursachung, die für den Zusammenhang von Unternehmenskultur und Gesundheit relevant sind.

Die in der aktuellen Diskussion am häufigsten verwendeten Ansätze zur Erklärung von Stressverursachung am Arbeitsplatz sind (Cox und Griffiths 2010, S. 37):

- Person – Environment – Fit Theorie
- Job Demand – Control Theorie
- Job Demand – Control – Support Theorie
- Effort – Reward – Imbalance Theorie

Die **Person-Environment Fit Theorie** geht von einer Übereinstimmung zwischen der Umgebung und den Bedürfnissen der Person aus, sowohl in objektiver Hinsicht (z. B. die Anforderungen der Arbeit entsprechen dem Ausbildungsniveau der Person) als auch in subjektiver Hinsicht (z. B. die Arbeit entspricht den Wert oder Zielvorstellungen, Status etc. der Person). Danach entsteht Stress, wenn diese Übereinstimmung (fit) nicht gegeben ist. In der Folge kann es zu physiologischen Störungen (z. B. erhöhtem Blutdruck) oder zu psychologischen Problemen (z. B. Schlafstörungen, Panikattacken, Angst) kommen.

Das Thema der Balance oder Übereinstimmung aufgreifend gibt es zwei weitere Modelle, die heute zu den vorherrschenden theoretischen Modell über die Verursachung von Stress gehören.

Da ist zum einen die (**Job Demand-Control Modell** (Karasek 1979)). Karasek geht von zwei einfachen Variablen aus, den Anforderungen an eine bestimmte Arbeit und dem Maß der Kontrolle, über das man verfügt bei der Erledigung der Arbeit. Schematisch sieht das wie folgt aus: Abb. 9.1 zeigt das Job Demand – Job Control Modell.

Die Modellannahme ist, dass im Falle der höchsten Job Anforderungen und der geringsten Kontrolle über die Ausführung der Arbeit auch die höchsten Gesundheitsrisiken bestehen. Klinische Untersuchungen haben diesen Zusammenhang häufig bestätigt, auch wenn die einzelnen Assoziationen nicht sonderlich stark ausgeprägt waren. Weiterführende Untersuchungen jüngeren Datums haben gezeigt, dass das Modell den Zusammenhang

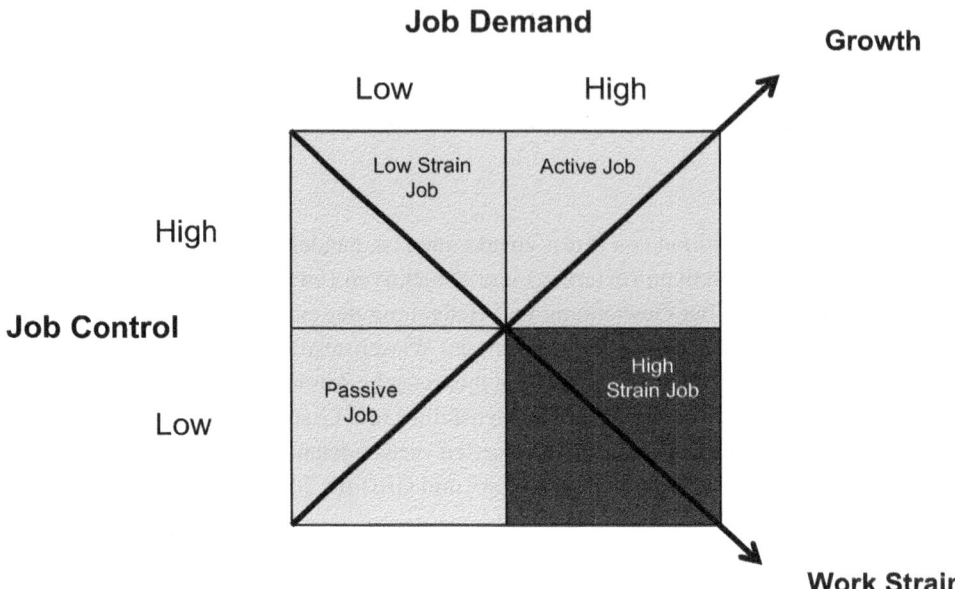

Abb. 9.1 Job Demand – Control Modell. (In Anlehnung an Karasek, 1979)

von Anforderungen und Kontrolle besser erklärt, wenn man als intervenierende Variable die **Art des individuellen Umgangs mit Stress** berücksichtigt.

Auch wenn die wissenschaftlichen Ergebnisse keinen starken, kausalen Zusammenhang zwischen den Arbeitsanforderungen und der Arbeitskontrolle einerseits und deren gesundheitlichen Auswirkungen andererseits belegen, so hat dieses Modell doch große Resonanz in der betrieblichen Praxis gefunden. Hier lässt sich auch ein direkter Bezug zur Unternehmenskultur herstellen. Unternehmenskulturen, die vergleichsweise geringere Handlungsspielräume bei komplexen Aufgaben gewähren, laufen eher Gefahr, zur Demotivation und zu gesundheitlichen Schäden beizutragen (z. B. cardio-vasculäre Erkrankungen, Burn-out).

Kritik am **Job Demand – Control** Modell führte dazu, dass es weiterentwickelt - indem ein zusätzlicher Einflussfaktor berücksichtigt wurde, nämlich *soziale Unterstützung (support)*.

Das **Demand – Control – Support Modell** zeichnet sich dadurch aus, dass durch soziale Unterstützung, die in unterschiedlicher Weise geleistet werden kann, der gesundheitsschädliche Einfluss von Arbeitsanforderungen und mangelnder Kontrolle verringert wird. Formen der Unterstützung sind Information (z. B. Instrumente, Anleitungen), emotionale Unterstützung (z. B. Respekt, Anerkennung), praktische Hilfe oder konstruktiver Feedback. Entscheidend an dem Modell ist die Annahme, dass soziale Unterstützung den Einfluss von Stressoren auf die Gesundheit wesentlich mindert. Viel hängt von der Qualität der Unterstützung, dem situativen Gegebenheiten, teilweise auch von der momentanen

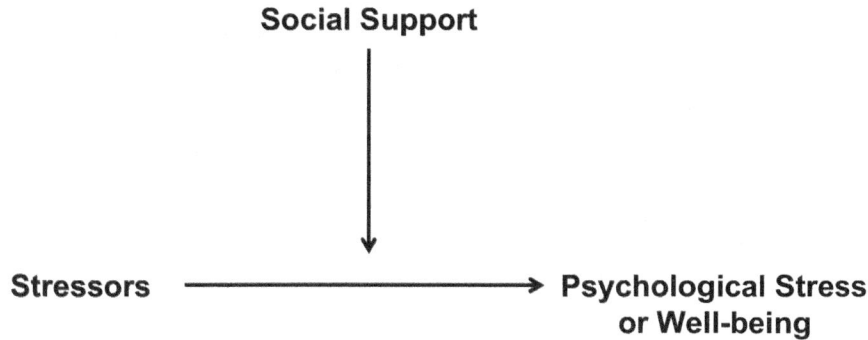

Social support as a moderator of relationships between stressors
and strain or well-being.

Abb. 9.2 Job Demand – Control – Support Theorie. (Nach O'Driscoll & Brough 2010,. S. 69)

Befindlichkeit des Betroffenen ab. Die tatsächlichen Zusammenhänge zwischen sozialer Unterstützung und Stressreduktion sind komplexer, als die intuitive Plausibilität des Modells nahelegt.

Zusammenfassend kann dennoch kein Zweifel bestehen, dass soziale Unterstützung überwiegend einen positiven Einfluss auf psychische Gesundheit und Wohlbefinden ausübt (Abb. 9.2).

Eine Unternehmenskultur, die Formen der sozialen Unterstützung unterstützt, kann folglich einen wesentlichen Beitrag zur Stressreduktion bei Mitarbeitern leisten. Stressmildernd wirkt insbesondere die Unterstützung durch Vorgesetzte, mehr noch als durch Kollegen. Unternehmen, deren Kultur effektive Formen der Zusammenarbeit unterstützt, haben nachweislich höher motivierte Mitarbeiter und größere Arbeitsplatzzufriedenheit und als Folge auch weniger Stress und psychische Gesundheitsprobleme.

Diese Ergebnisse unterstreichen die hohe Relevanz kooperativer Arbeitsstrukturen und die Förderung von Teamentwicklungsmaßnahmen, um soziale Unterstützung für die Mitarbeiter zu mobilisieren (Wolf et al. 2010, S. 224).

▶ Gesundheitsgefährdende Arbeitssituationen entstehen, wenn hohe Anforderungen bestehen, geringe Kontrolle ausgeübt werden kann und es wenig soziale Unterstützung gibt.

Eine weiterer theoretischer Ansatz ist das **Effort-Reward Imbalance (ERI) Modell**. Nach diesem Ansatz kommt es zu gesundheitlichen Schäden, wenn eine erhebliche Diskrepanz zwischen der subjektiven Wahrnehmung der erbrachten Leistung (effort) und ihrer Be-oder Entlohnung (reward) besteht. Ein Ungleichgewicht zwischen Leistungsanforderungen und Gratifikation geht oft mit emotionalen Stress einher, der sich über Erschöpfung und abnehmende Motivation und Belastbarkeit, äußern kann. Ein Beispiel: Jemand engagiert sich intensiv (über einen längeren Zeitraum) für eine Aufgabe, erfährt jedoch (subjektiv) wenig Anerkennung dafür. Das Gefühl, unfair behandelt zu werden belastet nicht allein das Verhältnis zwischen Mitarbeiter und Unternehmen (z. B. geringe Identifikation mit dem Unternehmen, geringe Arbeits- und Leistungsmotivation), es kann sich auch negativ auf das Selbstwertgefühl des Betroffenen auswirken. Zusammenhänge dieser Art, die das ERI Modell postuliert, wurden durch zahlreiche empirische Studien belegt (Übersicht siehe Cox und Griffiths 2010, S. 44).

▶   In Kombination bieten das Demand-Control-Support Modell und das Effort-Re-
         ward-Imbalance (ERI) Modell ein solide Grundlage für das Verständnis von den
         Ursachen für Stress am Arbeitsplatz und den sich daraus ergebenden gesund-
         heitlichen Belastungen.

Ehe wir uns nun der Frage zuwenden, welcher Zusammenhang zwischen der Unternehmenskultur einerseits und Stress am Arbeitsplatz anderseits besteht, wollen wir zunächst
klären, welche Typen von psychosozialen Stressoren es gibt.

Typen von psychosozialen Stressoren
Die einschlägige Literatur (O'Driscoll und Brough 2010, S. 59) listed 7 Faktoren, die
erheblichen Einfluss auf das Wohlergehen und die Gesundheit der Beschäftigten haben:

• **Arbeitsanforderungen** (work demands)
• **Arbeitszeiten** (working hours and patterns)
• **Kontrolle über die Arbeit** (job control)
• **Soziale Unterstützung** (social support)
• **Unsoziales Verhalten** (anti-social behaviours)
• **Veränderungen des Arbeitssituation** (role changes)
• **Beziehung Arbeit-Familie** (work-family)

In der betrieblichen Wirklichkeit muss davon ausgegangen werden, dass mehrere dieser
Faktoren gleichzeitig aktiv sind. (Auf die komplexe Wechselwirkung zwischen Arbeit und
dem externen sozialen Umfeld (work-family) oder darüber hinausgehenden gesellschaftlichen Einflüssen (z. B. generelle Zunahme der Arbeitsbelastung) gehen wir im Rahmen
dieses Kapitels nicht näher ein).[2]
    Wie sich diese Faktoren konkret im Unternehmen auswirken, hängt in vielen Fällen
unmittelbar mit der gelebten Unternehmenskultur zusammen.

---

[2] Siehe hierzu ausführlicher Schneider 2010.

Arbeitsanforderungen

Die meisten Untersuchungen über den Zusammenhang von Arbeitsanforderungen und Stress zeigen eine lineare Beziehung, d. h. mit steigenden Anforderungen nimmt potentiell auch das Stressniveau zu. Anforderungen werden dabei unterteilt in quantitativen und qualitativen Anforderungen. Unter dem ersten Aspekt versteht man eine Zunahme des Arbeitsvolumens, während unter den qualitativen Anforderungen Fähigkeiten oder Ressourcen zur Arbeitserledigung verstanden werden. So führt beispielsweise erhöhter Zeitdruck (um eine Arbeit fertigzustellen) nachweislich zu erhöhter Anspannung, bis hin zu Ängsten und Depressionen. Andererseits kann eine systematische Unter-Auslastung (Unterforderung) auch psychosomatische und körperliche Störungen u. a. Herz-Kreislauf Erkrankungen verursachen. Empirische Studien belegen, dass sowohl die Zunahme an quantitativen als auch qualitativen Anforderungen höhere Stresslevel zur Folge haben (O'Driscoll und Brough 2010, S. 59).

Unklarheiten der Rollen oder Rollenkonflikte oder Überlastung können ebenfalls zu Stress führen. Gesundheitsprobleme treten eher dann auf, wenn Rollen nicht eindeutig definiert sind, es Rollenkonflikte gibt und Rollen mit zu vielen Aufgaben „überfrachtet" sind.

Arbeitszeiten

Die vorliegenden Forschungsergebnisse zeichnen ein differentes Bild. Danach gibt es einen systematischen Zusammenhang zwischen (zeitlicher) Mehrarbeit und Gesundheitsproblemen. Jedoch ist diese Beziehung nicht linear, d. h. man kann nicht einfach davon ausgehen, dass mehr (zeitliche) Arbeit automatisch auch mehr körperliche - oder psychische Probleme nach sich zieht. Ob dies der Fall ist, hängt von anderen Faktoren ab, z. B. der Art der Arbeit, der Qualität der Arbeitsbeziehungen zu den Kollegen oder wie der einzelne Mitarbeiter Belastungen wahrnimmt und darauf reagiert (also die innerpsychische Verarbeitung). In einigen Studien wurde ein geschlechtsspezifischer Zusammenhang zwischen zeitlicher Mehrarbeit und Wohlbefinden festgestellt. Eine mögliche Erklärung dafür ist, dass Frauen immer noch mehr Problem haben, familiäre Aufgaben und berufliche Verpflichtungen in Einklang zu bringen (O'Driscoll und Brough 2010, S. 63).

▶   Es besteht ein Zusammenhang zwischen erheblicher (zeitlicher) Mehrarbeit
     und gesundheitlichen Schäden. Der Zusammenhang ist jedoch weder einfach
     noch gilt er generell. Entscheidend ist, wie der einzelne die Belastung wahr-
     nimmt und darauf reagiert.

Vor diesem Hintergrund gelangen die Autoren zu der pointierten Schlussfolgerung, dass Versuche, die Work-Life-Balance durch die Reduktion von Arbeitsstunden zu verbessern, für sich allein genommen möglicherweise nicht ausreichen, um das Wohlbefinden der Betroffenen erheblich zu verbessern (O'Driscoll und Brough 2010, S. 64).

Kontrolle über die Arbeit

Es besteht weitgehende Übereinstimmung, dass ein angemessenes Maß an Kontrolle über die Arbeitsgestaltung zu individuellen Wohlbefinden beiträgt. Inwieweit diese Kontrolle tatsächlich dazu dient, Stress abzufedern, ist nach wie vor umstritten (O'Driscoll und Brough 2010, S. 66). Auch wenn zahlreiche Studien einen generellen Zusammenhang belegen, so hängt der konkrete Beitrag, den der Faktor Kontrolle leistet, von einer Vielzahl von Faktoren ab. So kann beispielsweise ein zu viel an Kontroll- oder Einflussmöglichkeiten einen Mitarbeiter auch überfordern und damit psychosozialen Stress verursachen, nämlich dann, wenn er/sie den Eindruck hat, dass hohe Erwartungen seitens der Vorgesetzten bestehen, die möglicherweise nicht erfüllt werden können. Bei der Beantwortung der Frage, ob mehr Kontrolle über die eigene Arbeit Stress reduziert, sind daher personale und situative Aspekte zu berücksichtigen.[3]

Die Unternehmenskultur mit ihren Werten, Normen und Verhaltensprinzipien hat wesentlichen Anteil daran, wie etwa Handlungsspielräume definiert werden, was vom einzelnen gefordert und erwartet wird und beeinflusst maßgeblich das Verhalten der Führungskräfte und Mitarbeiter.

> ▶ Eine „angemessene" Kontrolle über die eigene Arbeit kann den psychosozialen Stress reduzieren. Wichtig ist dabei jedoch die Frage, wie Stress individuell erlebt und wie damit umgegangen wird. Dies kann von Individuum zu Individuum sehr verschieden sein.

Soziale Unterstützung

Zahlreiche Studien belegen, dass es einen positiven Zusammenhang gibt zwischen sozialer Unterstützung einerseits und persönlichem Wohlbefinden und Gesundheit andererseits.

> ▶ Ein hohes Maß an sozialer Unterstützung wirkt sich positiv auf die Gesundheit und das individuelle Wohlbefinden aus.

Aber wirkt soziale Unterstützung auch stress-reduzierend? Hierzu gibt es unterschiedliche Ergebnisse. Auch gilt wiederum in diesem Kontext, dass die stress-reduzierende Funktion sozialer Unterstützung von personalen und situativen Faktoren abhängt. Während etwa praktische Unterstützung und positive emotionale Unterstützung psychosozialen Stress reduzieren können, kann der Stress auch zunehmen, wenn die soziale Unterstützung darin besteht, die Wahrnehmung von Problemen noch zu verstärken (sogenanntes social sharing of negative experiences). (Kollegen und Mitarbeiter sehen nur die negative Seite einer Situation). Mit anderen Worten: der stress-reduzierende Effekt sozialer Unterstützung hängt stark davon ab, wer diese Unterstützung bietet und in welcher Form sie geboten wird.

Veränderungen der Arbeitssituation

In Zeiten weitreichender Veränderungen im Bereich der Wirtschaft, sei es durch massive Aufkäufe oder Reorganisation von Unternehmen sind Veränderungen der Arbeitssituation

---

[3] Für eine ausführlichere Diskussion der unterschiedlichen personalen und situativen Einflüsse siehe O'Driscoll und Brough 2010.

die Folge. Die damit verbundene Unsicherheit (man muss sich auf neue Anforderungen einstellen oder der Arbeitsplatz ist potentiell gefährdet bzw. wird ganz wegrationalisiert) führt zu nachweislich zu psychischen Belastungen und Gesundheitsproblemen bei den Betroffenen.

Bereits der potentielle Verlust des Arbeitsplatzes führt nachweislich vielfach zu Gesundheitsproblemen wie Bluthochdruck, einem erhöhten Cholesterinspiegel und/oder der Produktion von mehr Stresshormonen. Andere gesundheitliche Konsequenzen sind beispielsweise anhaltende Ermüdungserscheinungen, Depressionen und Angstzustände. Diese Stresssymptome stehen ihrerseits häufig in Verbindung mit einem reduzierten Leistungsniveau am Arbeitsplatz (siehe hierzu ausführlich Probst 2005).

Unternehmenskultur kann das Problem der Verunsicherung, die durch Veränderungsprozesse entsteht, nicht prinzipiell aus der Welt schaffen. Sie kann jedoch durch die Art und Weise, wie mit diesem Thema verfahren wird, einen qualitativen Unterschied für den Betroffenen machen. Nimmt man die Bedenken und Sorgen der Betroffenen ernst, versucht man, durch unterstützende Maßnahmen (Change Management, Informationen, Trainings etc.), die Situation erträglich zu gestalten, offeriert man mögliche Perspektiven, wie mit der Situation besser umgegangen werden kann. Auch hier bieten sich verschiedene Möglichkeiten, durch individuelles Verhalten Stresssituationen zu vermeiden.[4]

Unsoziales Verhalten

Unsoziales Verhalten (z. B. Mobbing oder Sexuelle Belästigungen (sexual harassment)) gehören mittlerweile (leider) auch zu den arbeitsplatzbezogenen Stressfaktoren und dies, obgleich viele Unternehmen offiziell Maßnahmen zur Begrenzung dieser Entwicklung ergriffen haben. Sexuelle Belästigungen (u. a. gehören dazu....) sind speziell bei Frauen ein wesentlicher Grund für mangelnde Arbeitszufriedenheit.

Empirische Untersuchungen legen nahe, dass die Organisationskultur wenigstens teilweise für Belästigungen am Arbeitsplatz mit-verantwortlich ist, nämlich dann, wenn bei entsprechenden Missbrauchsfällen nicht entschieden genug dagegen vorgegangen wird. Laut einer Meta-Analyse von 41 Studien mit knapp 70.000 Befragten ist die Erfahrung sexueller Belästigung häufig verbunden mit verminderter Arbeitszufriedenheit, geringerer Identifikation mit der Organisation, physischen und psychischen Problemen bis hin zu Symptomen einer post-traumatischen Belastungsstörung (Willness et al. 2007). Dieser Studie zufolge war die gelebte Organisationskultur ein wesentlicher Faktor für die Existenz dieser Problematik.

▶ Die gelebte Organisationskultur trägt wesentlich dazu bei, wie mit dem Thema sexueller Belästigung im Unternehmen umgegangen wird.

---

[4] Für eine ausführliche Darstellung individueller Stressvermeidungsstrategien siehe Berger 2010, S. 282.

Zusammenfassend lässt sich für die psychosozialen Stressoren festhalten, dass die gelebte Unternehmenskultur mit ihren Werten, Normen und Annahmen direkt oder indirekt die Voraussetzung schafft für die Entstehung (oder Vermeidung) von Stress und psychischen Belastungen am Arbeitsplatz.

Potentiell belastende oder gesundheitsschädliche Rahmenbedingungen allein reichen allerdings nicht aus, um psychosoziale Probleme zu verursachen. Zu berücksichtigen ist, wie diese Belastungen vom einzelnen erlebt und verarbeitet werden. Nicht alle Menschen nehmen Belastungen in gleicher Weise wahr. Und selbst wenn Belastungen ähnlich erlebt werden, können die individuellen Reaktionen darauf sehr verschieden ausfallen. Was bei einer Person zu Depressionen oder Burn-out führen kann, trifft nicht unbedingt auf alle zu. Wenigstens muss es zu keinen dauerhaften gesundheitlichen Schäden führen.

▶ Ob es zu psychischen und/oder psychosomatische Störungen kommt, hängt auch davon ab, wie der Einzelne belastende Situationen wahrnimmt und welche Kompetenzen zur Stressbewältigung zur Verfügung stehen.

Wir haben an anderer Stelle auf den stressreduzierenden Einfluss der „sozialen Unterstützung" diskutiert. Eine wichtige Quelle der Unterstützung bilden in diesem Zusammenhang die Führungskräfte.

Was die Gesundheitsthematik betrifft, sind es nach Schein (2004) eher die mittleren und unteren Führungsebenen, die einen maßgeblichen Einfluss ausüben. Deshalb gehen wir im weiteren Fortgang des Kapitels der Frage nach, welche Bedeutung das Führungsverhalten im Kontext der Unternehmenskultur für die Gesundheit der Mitarbeiter hat. (Siehe hierzu auch Nyberg, 2009)

9.3   Unternehmenskultur, Führungsverhalten und Gesundheit am Arbeitsplatz

Wovon hängt es ab, ob dem Thema Gesundheit im Unternehmen ausreichend Aufmerksamkeit geschenkt wird? Zunächst einmal kommt es darauf an, wie sehr gesundheitsrelevante Aspekte der Mitarbeiterführung und Arbeitsplatzgestaltung zum Selbstverständnis des Unternehmens gehören, d. h. gelebter Teil der Unternehmenskultur sind.

Zum anderen ist es notwendig, dass von Seiten des Betriebs ausreichend Ressourcen zur Verfügung gestellt werden (z. B. Schulungen, ärztliche oder psychologische Betreuung, Auszeiten etc.). Viele (große) Unternehmen haben auch die ökonomische Relevanz dieses Themas erkannt und bieten Maßnahmen und Programme zur Stressprävention. Weniger ausgeprägt ist das Problembewusstsein hingegen immer noch bei mittelgroßen Betrieben oder Kleinbetrieben. woran es vornehmlich wiederum in kleineren Unternehmen mangelt (Schweiß-Gerwin 2013, S. 5). Abbildung 9.3 listet die wichtigsten Bedingungsfaktoren für gesundheitsförderliches Führen.

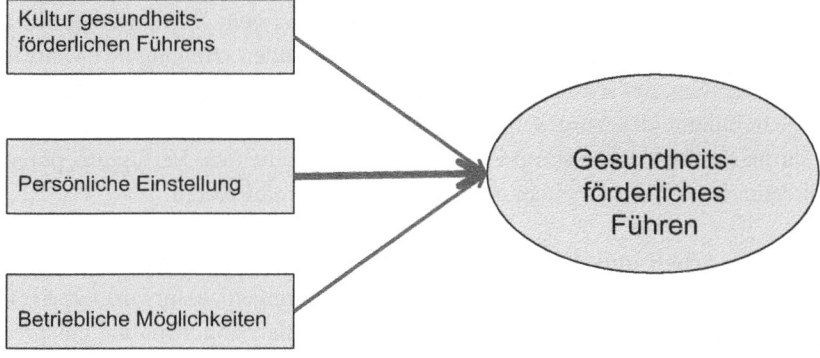

(angepasst nach B. Wilde)

Abb. 9.3 Bedingungsfaktoren gesundheitsförderlichen Führens

Ausschlaggebend für eine gesundheitsförderliche Führung ist jedoch die *Einstellung der Führungskraft selbst*. Ist das Thema Gesundheit (sowohl der eigenen als auch der Mitarbeiter) ein wichtiges Anliegen, so kümmert sie sich auch verstärkt um gesundheitsrelevante Aspekte. Auf diesem Gebiet ist noch Aufklärungsarbeit erforderlich, da Führungskräfte sich ihres Einflusses auf die (psychosoziale) Gesundheit der Mitarbeiter häufig nicht bewusst sind (Wilde et al. 2009, S. 82).

▶ Ob ein gesundheitsförderliches Führungsverhalten praktiziert wird, hängt in erster Linie von der Einstellung der Führungskraft selbst zum Thema Gesundheit ab.

Wie können Führungskräfte in der Praxis die Gesundheit ihrer Mitarbeiter beeinflussen? Franke et al. (2011, S. 372) unterscheidet in diesem Zusammenhang drei Handlungsebenen:

• **Wertschätzung und Unterstützung durch direkte Interaktion**
• **Gestaltung der Arbeit und des Arbeitsumfeldes**
• **Motivation zu gesundheitsbewusstem Verhalten durch die eigene Vorbildfunktion**

Wertschätzung und Unterstützung durch direkte Interaktion
Am unmittelbarsten zeigt sich dies an der Art und Weise, wie Führungskräfte kommunizieren, wie sie wie sie Anerkennung und Wertschätzung gegenüber ihren Mitarbeiter zum Ausdruck bringen. Allein schon die Art, wie größere Veränderungen oder Neuerungen kommuniziert und umgesetzt werden, beeinflusst die Reaktionen der Mitarbeiter. Mit Einfühlungsvermögen und Verständnis können Vorgesetzte „unnötigen" Stress vermeiden.

Führungskräfte, die einen „freundliches und respektvolles Führungsverhalten" mit ihren Mitarbeitern pflegen, tragen wesentlich zu deren Motivation und Arbeitsfähigkeit bei (Prümper und Becker 2011, S. 37). Wohlgemerkt, hier geht es nicht um große Gesten oder finanzielle Anreize, „lediglich" um einen würdigenden Umgang mit Menschen.

Auf die Bedeutung der sozialen Unterstützung für die Reduktion psychosozialer Belastungen, speziell durch den Vorgesetzten, haben wir an anderer Stelle bereits hingewiesen. Fazit: Führungskräften stehen somit vielfältige Möglichkeiten zur Verfügung, potentiellen Stress für Mitarbeiter zu vermeiden oder wenigstens zu minimieren.

Gestaltung der Arbeit und des Arbeitsumfeldes

Führungskräfte sind für die Gestaltung der Arbeitsbedingungen verantwortlich. Sie können dafür Sorge tragen, dass Gesundheitsrisiken am Arbeitsplatz abgebaut und entsprechende Gesundheitsressourcen aufgebaut werden. In diesen Kontext gehören z. B. Unterweisung im Arbeits- und Gesundheitsschutz oder die Einhaltung von Sicherheitsvorschriften.

Außerdem besteht für Führungskräfte eine gesetzliche Pflicht zur Fürsorge. Ihnen obliegt es dafür zu sorgen, dass angemessene, nicht gesundheitsgefährdende Arbeitsbedingungen herrschen. In diesem Kontext können sie ganz entscheidend zur betrieblichen Gesundheitsförderung beitragen.

Motivation zu gesundheitsbewusstem Verhalten durch die eigene Vorbildfunktion

Wie gehen Führungskräfte selbst mit dem Thema Stress und Gesundheit um? Was leben sie praktisch im Arbeitsalltag vor. Gegen sie nur Lippenbekenntnisse zur Work-Life-Balance ab, oder sind sie erkennbar darum bemüht, einen tragfähigen Ausgleich zwischen diesen unterschiedlichen Ansprüchen für sich und für andere zu erzielen? „Glaubwürdigkeit und Vorbildfunktion sind hier zwei zentrale Anforderungen, die an die Führungskraft zu stellen sind. Andernfalls werden Forderungen und Maßnahmen der betrieblichen Gesundheitsförderung als bloße Lippenbekenntnisse wahrgenommen und können ihre Wirkung nicht entfalten." (Franke et al. 2011, S. 372).

Während bei den „klassischen" Gesundheitsthemen (z. B. ergonomische Arbeitsplatzgestaltung) entsprechende Experten herangezogen werden, werden die eher „weichen" Belastungsfaktoren von den Führungskräften beeinflusst. Die Art und Weise, wie sie damit umgehen hat großen Einfluss auf die Mitarbeiter. Führungskräfte haben mehrere Möglichkeiten, stressmindernd zu wirken. Zu den wirksamsten Methoden gehören beispielsweise individuelle Fürsorgegespräche mit Mitarbeitern, um deren objektive und subjektive Belastungen zu verstehen und gemeinsam Lösungen zu erarbeiten. (Praktische Anleitungen, wie mit psychosozialem Stress umgegangen werden kann, bietet Sven Barnow (2014).

Beispiel

Aber wie ist es um die Gesundheit der Führungskräfte selbst bestellt?

Wir gehen dieser Frage nach am Beispiel von Führungskräften der mittleren und unteren Ebene. Zu deren typischen Stressoren gehören – nicht überraschend – „Zeitdruck, Unsicherheit, arbeitsorganisatorische Probleme, Arbeitsunterbrechungen, emotionale Dissonanz, soziale Stressoren und kognitive Widersprüche in der Tätigkeit. Zu ihren Ressourcen sind zu zählen: Handlungs- Gestaltungs- und Entscheidungsspielräume, soziale Unterstützung durch Vorgesetzte, Kollegen und Beschäftigte" (Pangert und Schüpbach 2011, S. 72).

Betrachtet man sich die Ergebnisse für die beiden Gruppen, so lassen sich sehr ähnliche Muster. Dennoch erscheint die Situation insgesamt gesehen für die unteren Führungskräfte kritischer. So sind die Ressourcen häufig geringer, die Stressoren ausgeprägter als auf der mittleren Führungsebene. „Bei unteren Führungskräften scheint die oft beschriebene Sandwich-Position von unteren und mittleren Führungskräften also am deutlichsten zum Vorschein zu kommen – mit den entsprechenden gesundheitlichen Konsequenzen" (Pangert und Schüpbach 2011, S. 76).

Abschließend werfen wir noch einen Blick auf aktuelle Ansätze in der Forschung, die bestrebt sind, konkreter Hinweise für Führungskräfte zu liefern, wie gesundheitsförderliches Führen gestaltet werden kann.

Neue Ansätze gesundheitsförderlicher Führung
Während die bisherige Forschung sich auf das Konzept der transformationalen Führung (Kap. 6) oder einzelne Aspekte von effektiver Führung (z. B. Entscheidungsautonomie) fokussierten, versuchen neuere Ansätze präziser zu definieren, „was gesundheitsförderliche Führung genau ausmacht und welche Führungsaspekte besonders relevant für die Gesundheit sind" (Franke et al. 2011, S. 378).

Die Autoren unterscheiden dabei 2 Ansätze

- Gesundheits- und entwicklungsförderliches Führungsverhalten
- Health-oriented Leadership

Gesundheits- und entwicklungsförderliches Führungsverhalten
Durch den Einfluss des Vorgesetzten auf die Arbeitsorganisation und die Arbeitsumgebung werden nachweislich gesundheitliche Beeinträchtigungen für den Mitarbeiter reduziert (REF). Führungskräfte können dadurch maßgeblich die Anforderungen, Belastungen und Ressourcen der Mitarbeiter beeinflussen. Für die Gestaltung des Beziehungsgeflechts spielen die Führungskräfte eine entscheidende Rolle. „Durch die Aufgabenzuweisung kann sie zu einer Kompetenzentwicklung und Gesundheitsförderung der Mitarbeiter oder zu einer psychischen Fehlbeanspruchung durch Unter- bzw. Überforderung beitragen. Durch die Bereitstellung spezifischer Ressourcen, wie beispielsweise das Einräumen von Handlungsspielräumen und Partizipationsmöglichkeiten, angemessene Informationsbereitstellung, Klärung von Aufgaben und Zuständigkeiten, ist es der Führungskraft möglich, die Mitarbeiter im Arbeitsprozess zu fördern und bei der Bewältigung von Aufgaben zu unterstützen." (Franke et al. 2011, S. 379).

Im Rahmen eines Forschungsprojekts wurden 3 Dimensionen für das Modell der „**gesundheits- und entwicklungsförderlichen Führung**" ermittelt (Franke S. 380):

- Die Dimension *überfordernde Führung* umfasst sowohl die quantitative Überforderung durch zu viele Aufgaben bzw. Zeitdruck als auch die qualitative Überforderung durch die Delegation von zu schwierigen Aufgaben bzw. von zu viel Verantwortung
- Die *entwicklungsorientierte Führung* beinhaltet die Delegation von komplexen Aufgaben, die den Einsatz von vielfältigen Fähigkeiten und Fertigkeiten erfordern, sowie das Einräumen von Einflussmöglichkeiten, die es den MitarbeiterInnen erlauben, das eigene Wissen und Können einzubringen und zu entfalten.
- Die *unterstützungsorientierte Führung* bezieht sich zum einen auf die Bereitstellung aufgabenbezogener Ressourcen, wie z. B. die Klarheit von Aufgabenanforderungen und Verantwortlichkeiten, Transparenz von Entscheidungen und Zielen, angemessene Information; zum anderen auf soziale Ressourcen wie z. B. Anerkennung, Integrität, Fairness und Fürsorge der Führungskraft.

Die Ergebnisse zeigen, dass die stärksten gesundheitlichen Beeinträchtigungen (hohe emotionale Erschöpfung und psychosomatische Beschwerden) durch eine hohe Überforderung, geringe Entwicklungsorientierung sowie geringe Unterstützungsorientierung gekennzeichnet waren. Genau umgekehrt verhielt es sich bei den Personen mit den geringsten Gesundheitsbeeinträchtigungen. Da war die überfordernde Führung gering, die entwicklungs- sowie unterstützungsorientierte Führung dagegen hoch ausgeprägt (S. 380).

Health-oriented Leadership (HoL)
Dieser Ansatz geht von der Selbst-Führung aus, d. h. der Annahme, dass der Führungskraft die eigene Gesundheit wichtig ist, dass sie ihren eigenen Gesundheitszustand reflektiert und ihr Verhalten entsprechend anpasst. Grundsätzlich wird dabei angenommen, dass Führungskräfte das eigene Gesundheitsbewusstsein auch auf die Führung von Mitarbeitern anwenden. Wer beispielsweise Stress als Schwäche ansieht, wird vermutlich wenig Bereitschaft zeigen, Stress bei Mitarbeitern durch gesundheitsfördernde Maßnahmen zu vermeiden.

Der HoL Ansatz – wie von Franke et al. (2011, S. 382 dargestellt) umfasst 4 Kerninhalte:

- Gesundheitsbewußtsein
- Gesundheitsvalenz
- Gesundheitsbezogene Selbstwirksamkeit
- Gesundheitsverhalten

Diese Aspekte der gesundheitsförderlichen Selbstführung können auch auf die Mitarbeiterführung übertragen werden. Siehe hierzu Tab. 9.1.

Erste Ergebnisse belegen, dass Führungskräfte, die auf ihre eigene Gesundheit achten, gesundheitsförderlicher führen als jene, die nicht auf ihre Gesundheit achten. Sowohl das „gesundheits- und entwicklungsförderliche Führungsverhalten" als auch die „Health-oriented Leadership" verdeutlichen den Einfluss, den Führungsverhalten auf

Tab. 9.1 Inhalte des HoL Instruments. (Franke et al. (2011, S. 383))

Inhalt	Selbstführung	Mitarbeiterführung
Gesundheitsbewußtsein	Eigener Gesundheitszustand und Beanspruchungsgrad	Gesundheitszustand und Beanspruchungsgrad der Mitarbeiter
	Kennen persönlicher Stresssituationen	Kennen von Stresssituationen der Mitarbeiter
	Wahrnehmung persönlicher Warnsignale	Wahrnehmung von Warnsignalen bei Mitarbeitern
Gesundheitsvalenz	Stellenwert der eigenen Gesundheit	Stellenwert der Gesundheit der Mitarbeiter
	Wichtigkeit gesundheitsförderlicher Arbeitsbedingungen	Wichtigkeit gesundheitsförderlicher Arbeitsbedingungen der Mitarbeiter
Gesundheitsbezogene Selbstwirksamkeit	Wissen, was bei Stress zu tun ist	Mitarbeiter wissen, was ei Stress zu tun ist
	Wissen, wie Stress vorzubeugen ist	Mitarbeiter wissen, wie Stress vorzubeugen ist
Gesundheitsverhalten	Eigener Lebensstil	Lebensstil der Mitarbeiter
	Persönliches Arbeitsverhalten	Arbeitsverhalten der mitarbeiter
	Engagement in der betrieblichen Gesundheitsförderung	Engagement der Mitarbeiter
	Aktive Gestaltung eigener Arbeitsbedingungen	

die Gesundheit der Mitarbeiter haben. Beide Ansätze bieten gleichzeitig auch praktische Ansatzpunkte dafür, welche Formen von gesundheitsförderlichem Verhalten sowohl in der Unternehmenskultur und damit zusammenhängend, in der Führungskultur einer Organisation verankert werden kann

Welche Schlussfolgerungen lassen sich aus den beiden vorgestellten Ansätzen „Gesundheits- und entwicklungsfördernde Führung" und „Health-oriented Leadership" und der vorangegangenen Diskussion für die Unternehmenskultur ziehen?

Unternehmenskultur spielt eine essentielle Rolle, indem

- ein Bewusstsein für die Gefahren gesundheitlicher (psychosozialer) Belastungen geschaffen wird
- Gesundheit als Wert in der gelebten Unternehmenskultur fest verankert ist (z. B. Integration in die Führungsleitlinien und Bewertungssysteme)
- verbindliche Normen und Prinzipien für ein gesundheitsförderliches (Führungs-) Verhalten angewendet werden (z. B. Fürsorgespräche, begrenzte email und Telefonverfügbarkeit)
- notwendige Ressourcen (z. B. Kurse zum Thema Gesundheit, Therapieangebote, personelle Ausstattung) zur Verfügung gestellt werden.

9.4 Zusammenfassung

In der Arbeitswelt gibt es zahlreiche Belastungen, die zu Gesundheitsrisiken führen. Während in der Vergangenheit physische Gefahren oder Belastungen (Lärm, körperlich anstrengende Arbeiten, toxische Materialien etc.) im Vordergrund standen, gewinnen heute psychosoziale Gefährdungen an Bedeutung.

Viele Unternehmen unterhalten heute Programme zur Prävention bzw. Reduktion psychosozialer Belastungen in der Arbeitswelt. Dies erfolgt nicht allein aus altruistischen Motiven. Die Kosten für die Behandlung von Stress und Burnout sind zu einem wichtigen wirtschaftlichen Faktor geworden.

Verschiedene theoretische Ansätze versuchen den Zusammenhang von Stressoren und deren Auswirkungen auf die Gesundheit darzustellen, um daraus Erkenntnisse über die Vermeidung von psychosozialem Stress zu gewinnen. Am einflussreichsten waren in diesem Zusammenhang bislang das „Demand-Control-Support Modell" und das „Effort-Reward-Imbalance Modell".

Die aktuellen Theorien versuchen, den komplexen Zusammenhang von externen Einflüssen und individuellen psychologischen, physiologischen und verhaltensmäßigen Aktivitäten zu erfassen. Dabei geht es sowohl um die Interaktion der verschiedenen Komponenten untereinander als auch um die Berücksichtigung des größeren sozialen, organisationalen und gesellschaftlichen Zusammenhangs.Die Unternehmenskultur ist von grundlegender Bedeutung insofern, als sie eine „Kultur des gesundheitsfördernden Verhaltens" schaffen kann, die sicherstellt, dass dem Thema Gesundheit die notwendige Aufmerksamkeit geschenkt wird.

Erhöhte Belastungen führen – wie wir gezeigt haben – nicht automatisch bei *allen* Mitarbeitern zu Stress. Viel hängt von situativen und individuellen Faktoren ab. Maßnahmen zur Stressbewältigung sollten deshalb auch auf der individuellen Ebene ansetzen und durch entsprechende Angebote (z. B. Therapeutische Betreuung) unterstützt werden.

Das Thema Gesundheit aufzugreifen und umzusetzen ist in erster Linie die Aufgabe der Führungskräfte, die nachweislich positiv auf die psychosoziale Stressreduktion Einfluss nehmen können. Ein Führungsstil, der motiviert, anspornt ohne zu überfordern, herausfordernde Ziele definiert und bei Bedarf auch Unterstützung bietet, hat nachweislich positive Auswirkungen auf die Motivation und Gesundheit der Mitarbeiter.

Worauf wird es in Zukunft noch verstärkt ankommen? Es ist unstrittig, dass ein effektives, ganzheitliches Gesundheitsmanagement in Zukunft auch eine entsprechend gesundheitsorientierte Führungskultur braucht, da „schlechtes Führungsverhalten neben Zeitdruck und Arbeitsplatzunsicherheit zu den drei relevantesten Faktoren für psychische Fehlbelastungen zählt." (Franke et al. 2011, S. 375). Leider ist es immer noch so, dass viele Führungskräfte selbst zu wenig über psychosoziale Gesundheitsprobleme am Arbeitsplatz im Zusammenhang mit Führungsverhalten wissen. Im Sinne einer langfristigen Verbesserung wäre es notwendig, die Sensibilität für das Thema grundsätzlich zu erhöhen.

Literatur

Barnow, S. (2014). Gefühle im Griff! Wozu man Emotionen braucht und wie man sie reguliert. Berlin: Springer-Verlag.

Berger, S. (2010). Bewältigung von Belastungen, Aufbau von Ressourcen. In D. Windemuth, J. Detlev, & P. Olaf (Hrsg.), *Praxishandbuch psychische Belastungen im Beruf. vorbeugen-erkennen-handeln* (S. 282–289). Stuttgart: Gentner Verlag.

Cox, T., & Griffiths, A. (2010) Work-related stress: A theoretical perspective. In S. Leka & J. Houdmont (Hrsg.), *Occupational health psychology* (S. 31–55). Oxford: Blackwell Publishing Ltd.

Europäische Kommission. (2002). Stress am Arbeitsplatz – Ein Leitfaden. Generaldirektion Beschäftigung und Soziales, Referat D.5.

Franke, F., Vincent, S., & Felfe, J. (2011). Gesundheitsbezogene Führung. In E. Bamberg, A. Ducki, & A. -M. Metz (Hrsg.), *Gesundheitsförderung und Gesundheitsmanagement in der Arbeitswelt – Ein Handbuch* (S. 371–392). Göttingen: Hofgrefe Verlag.

Jacobi, F., Klose, M., & Wittchen, H. U. (2004). Psychische Störungen in der deutschen Allgemeinbevölkerung: Inanspruchnahme von Gesundheitsleitungen und Ausfalltage. *Bundesgesundheitsblatt Gesundheitsforschung Gesundheitsschutz, 47,* 763–744.

Karasek, R. A. (1979). Job demands, job decision latitude, and mental strain: Implications for job redesign. *Administrative Science Quarterly, 24*(2), 285–307.

Nyberg, A. (2009). The Impact of managerial leadership on stress and health among employees. Stockholm: Karolinska Institutet.

O'Driscoll, M., & Brough, P. (2010). Work organization and health. In S. Leka & J. Houdmont (Hrsg.), *Occupational health psychology* (S. 57–81). Oxford: Blackwell Publishing Ltd.

Pangert, B., & Schüpbach, H. (2011). Arbeitsbedingungen und Gesundheit von Führungskräften auf mittlerer und unterer Hierarchieebene. In B. Badura, A. Ducki, H. Schröder, J. Klose, & K. Macco. *Fehlzeiten-Report 2011. Schwerpunktthema: Führung und Gesundheit.* Berlin: Springer Verlag.

Probst, T. M. (2005). *Economic stressors. Handbook of work stress* (S. 267–297). Thousand Oaks: Sage Publications.

Prümper, J., & Becker, M. (2011). Freundliches und respektvolles Führungsverhalten und die Arbeitsfähigkeit von Beschäftigten. In B. Badura, et al. (Hrsg.), *Fehlzeiten-Report* 2011, *Schwerpunktthema: Führung und Gesundheit.* (S. 37–47). Heidelberg: Springer-Verlag.

Schein, E. H. (2004). *Organizational culture and leadership.* San Francisco: Jossey-Bass.

Schneider, W. (2010). Psychosoziale Herausforderungen der Arbeitswelt in der postmodernen Gesellschaft. *Psychotherapeut, 56,* 8–15.

Schweiß-Gerwin, G. (2013). Europa investiert in die psychische Gesundheit am Arbeitsplatz Gesund im Job. *Das Magazin für Betriebliches Gesundheitsmanagement.* Juni (S. 4–5).

Wilde, B., Hinrichs, S., Bahamondes Pavez, C., & Schübach, H. (2009). Führungskräfte und ihre Verantwortung für die Gesundheit ihrer Mitarbeiter – eine empirische Untersuchung zu den Bedingungsfaktoren gesundheitsförderlichen Führens. *Wirtschaftspsychologie, 2,* 74–89.

Willness, C. R., Steel, P., & Lee, K. (2007). A meta-analysis of the antecedents and consequences of workplace sexual harassment. *Personnel Psychology, 60,* 127–162. doi:10.1111/j.1744-6570.2007.00067.x.

Windemuth, D., Jung, D., & Petermann, O. (2010) Das Dreiebenenmodell psychischer Belastungen im Betrieb. In D. Windemuth, D. Jung, & O. Petermann (Hrsg.), *Praxishandbuch psychische Belastungen im Beruf* (S. 13–15). Wiesbaden: Universum.

Wolf, S., Hüttges, A., Hoch, J., & Wegge, J. (2010). Führung und Gesundheit. In D. Windemuth, D. Jung, & O. Petermann (Hrsg.), *Praxishandbuch psychische Belastungen im Beruf* (S. 220–231). Wiesbaden: Universum.

Norbert Homma

Zusammenfassung

In diesem Kapitel wird ausführlich dargelegt,

- welche Bedeutung die Unternehmenskultur für den Erfolg beziehungsweise Misserfolg von Mergers & Akquisitionen (M&A) haben kann;
- wie wichtig es ist, auch eine kulturelle Due Diligence zur Vorbereitung der Post Merger Integration (PMI) durchzuführen;
- welche besondere Rolle Führungskräfte bei M&A-Aktivitäten spielen.

10.1 Einleitung

Im Kontext einer globalisierten Wirtschaft gehören Mergers und Akquisitionen für deutsche (und ausländische) Unternehmen seit Jahren zu den wichtigsten Wachstumsstrategien. Diese Entwicklung wird auch in Zukunft nicht an Bedeutung verlieren. Beim Zusammenschluss von Unternehmen machen sich sehr schnell die Besonderheiten der jeweiligen Unternehmenskultur bemerkbar, z. B. wie Entscheidungen getroffen werden, wieviel Transparenz und Offenheit praktiziert werden, welches Verhalten belohnt beziehungsweise sanktioniert wird. Überwiegen die Gemeinsamkeiten, gestaltet sich die praktische Zusammenarbeit eher unproblematisch. Stehen sich allerdings unterschiedliche Welten gegenüber, setzt dies im günstigen Fall neue Energien frei, die einen Leistungs- und

---

Soweit im Folgenden personenbezogene Bezeichnungen nur in männlicher Form angeführt sind, beziehen sie sich auf Frauen und Männer in gleicher Weise.

© Springer Fachmedien Wiesbaden 2014
N. Homma et al., *Einführung Unternehmenskultur,*
DOI 10.1007/978-3-658-02411-6_10

Kreativitätsschub auslösen. Im ungünstigen Fall entstehen Reibungsverluste bis hin zu internen Blockaden, die den Erfolg der Unternehmung infrage stellen können.

Unternehmenskulturen mit ihren ausgeprägten Werten, Normen und Praktiken (für eine Definition der Unternehmenskultur vgl. Kap. 1 Einleitung) sind daher für alle Formen von Mergers & Akquisitionen von großer Relevanz. Unternehmen sind gut beraten, der jeweiligen Unternehmenskultur und ihren potenziellen Auswirkungen für die spätere Zusammenarbeit höchste Aufmerksamkeit zu schenken.

10.2 Definition von Mergers & Akquisitionen

Was verstehen wir unter dem Begriff „Mergers & Akquisitionen" (M&A)?

▶ **Mergers & Akquisitionen:** Vereinfacht ausgedrückt sind damit Unternehmen oder Unternehmensteile gemeint, die unter einer neuen Unternehmensstruktur zusammengefasst werden (Lajoux 2006). Diese generische Definition wird jedoch nicht von allen Forschern oder Managern geteilt. Sie verwenden den Begriff „Mergers" für freiwillige Zusammenschlüsse von zwei oder mehreren Einheiten (keine feindliche Übernahme, „Merger of Equals"), während mit einer Akquisition die Übernahme der Kontrolle über ein Unternehmen gemeint ist, gleichgültig, ob dies mit der Zustimmung oder gegen den Willen des Unternehmens geschah (Prasangi De Alwis 2013, S. 6).

Für die Diskussion des Zusammenhangs von Unternehmenskultur und M&A erweitern wir diese Definition und beziehen andere Formen der Kooperation oder Beteiligung wie Joint Ventures oder strategische Allianzen mit in die Diskussion ein. Wenngleich diese Beteiligungs- oder Kooperationsformen erhebliche Unterschiede in strategischer, finanzieller und operativer Hinsicht aufweisen, so ist doch allen gemeinsam, dass Aspekte der Unternehmenskultur – wenn auch in unterschiedlicher Ausprägung – eine Rolle spielen.

10.3 Die Bedeutung von M&A als Wachstumsstrategie

M&A-Aktivitäten gehören heute zu den wichtigsten Wachstumsstrategien der Unternehmen. Natürlich gab es schon immer Unternehmensübernahmen, jedoch ist der sprunghafte Anstieg der M&A-Aktivitäten erst seit den 80er-Jahren des letzten Jahrhunderts zu verzeichnen, wobei Transaktionen sowohl innerhalb der industrialisierten Länder als auch im Rahmen grenzüberschreitender Aktivitäten an Bedeutung zunahmen. Nach einem deutlichen Rückgang während der Finanzkrise 2008 bis 2011 ist heute wieder eine Steigerung der M&A-Aktivitäten weltweit (auch in Deutschland) zu verzeichnen. Abb. 10.1 zeigt eine Übersicht der Entwicklung der M&A-Aktivitäten in Deutschland.

Akquisitionen stellen für Unternehmen oftmals die einzige Chance dar, insbesondere in saturierten Märkten mit hohen Zugangsbarrieren, ihr Produkt- und Leistungsportfolio

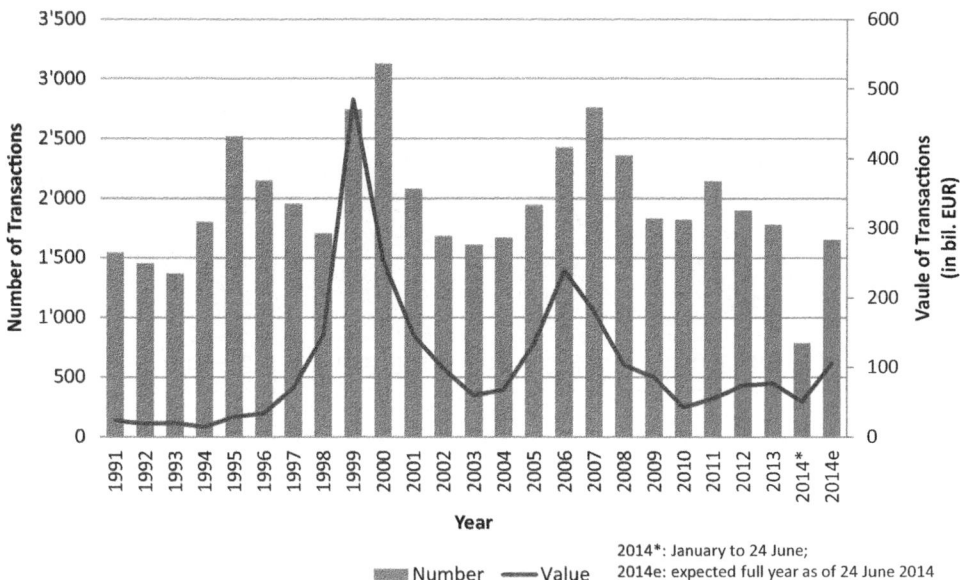

Abb. 10.1 Angekündigte M&A in Deutschland 1991 bis 2013 (Quelle: www.imaa-institute.org)

mit vergleichsweise geringerem Aufwand zu erweitern beziehungsweise in neue Märkte und Regionen vorzustoßen. Ohne den Aufkauf von leistungsstarken Unternehmen vor Ort wären die notwendigen Investitionen kaum zu stemmen.

Während M&A-Aktivitäten primär von den hochindustrialisierten Gesellschaften ausgingen, stellen heute M&A-Aktivitäten auch für Länder in Emerging Markets (China, Indien, Südkorea, Mexiko, Brasilien) eine interessante Wachstumsoption dar, um schnell an technologisches Know-how zu kommen, indem innovative und leistungsstarke Firmen im Westen aufgekauft werden. Mit Hilfe des Technologietransfers gelingt es, den Abstand zur Konkurrenz schnell und effektiv zu verringern. Spektakuläre Akquisitionen waren im Falle Indiens der Erwerb der britischen Traditionsmarke Rolls Royce und Jaguar (2008) durch den Tata-Konzern.

Ähnliche Entwicklungen sind für China (Lenovo akquiriert IBM's Computer Division 2005) zu beobachten (Krug 2009, S. 27). Nach einer Studie von PriceWaterhouseCoopers (PwC) hat sich der Gesamtwert aller angekündigten Übernahmen und Beteiligungen chinesischer Unternehmen im Ausland im ersten Halbjahr mehr als verdreifacht, auf fast 24 Mrd. $. Rund 70 % der Investitionen seien in den Energie- und Rohstoffsektor geflossen. In Deutschland nehmen chinesische Käufer vor allem die Industrie ins Visier (Spiegel Online, 23.08.2012).

Abbildung 10.2 verdeutlicht die Entwicklung der M&A-Aktivitäten in Deutschland und weltweit.

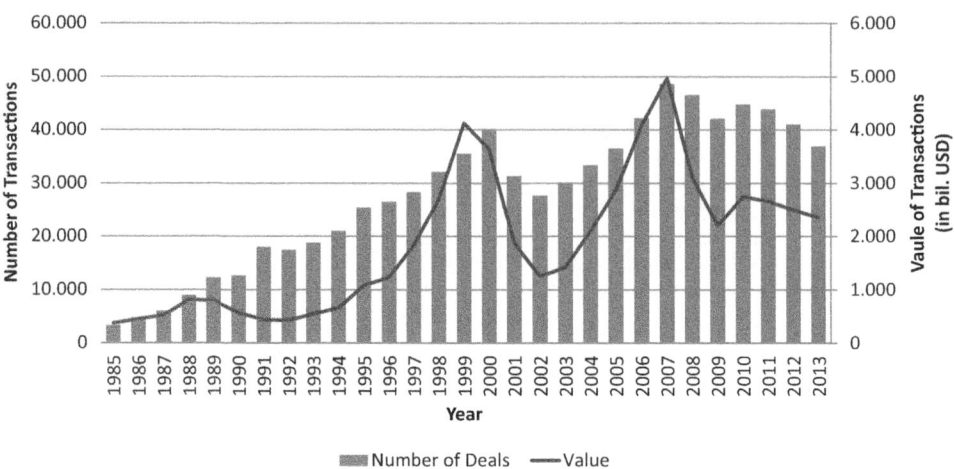

Abb. 10.2 Angekündigte M&A weltweit 1985 bis 2013 (Quelle: www.imaa-institute.org)

10.4   Die Bedeutung der Unternehmenskultur in Akquisitions- und Integrationsprozessen

Mit der wachsenden Bedeutung von M&A-Aktivitäten geriet auch die Unternehmens-kultur vermehrt ins Visier der Forscher und Unternehmensberater. Die Globalisierung verstärkte diesen Trend, da speziell durch die grenzüberschreitenden Aktivitäten Unter-schiede in den Unternehmenskulturen (und natürlich auch in den nationalen Kulturen) noch deutlicher hervortreten.

Gleichzeitig war zu erkennen, dass nicht alle M&A-Aktivitäten den erhofften Erfolg erzielten. Was von vielen Unternehmen als Königsweg zu schnellem Wachstum angese-hen wurde, erwies sich bei genauerer Betrachtung eher als problematisch und wenig pro-fitabel. Als eine der zentralen Ursachen für das Scheitern der M&A-Aktivitäten (gemes-sen an den selbst gesteckten Synergie- und Wachstumszielen) wurden die Besonderheiten oder Unverträglichkeiten der Unternehmenskulturen ausgemacht.

Zahlreiche Studien aus den Jahren 1990 bis 2010 belegen den gravierenden Einfluss der Unternehmenskulturen auf den wirtschaftlichen Erfolg nach der Akquisition. „Schwierig-keiten mit der Unternehmenskultur" führt die Problemliste der Post-Merger-Studien an (Prasangi De Alwis 2013, S. 49).

In einer Untersuchung der Forbes 500 CFOs wurde als wichtigster Faktor für das Schei-tern der M&A die „Unvereinbarkeit der Kulturen" genannt. Zu einer ähnlichen Einschät-zung gelangte das British Institute of Management, das Top-Führungskräfte befragt hatte, die an mehreren Akquisitionen beteiligt gewesen waren und die zu der Schlussfolgerung kamen, dass der Hauptgrund für das Scheitern in der Unterschätzung der Schwierigkeiten gelegen hätte, die mit dem Merger der beiden Unternehmenskulturen entstanden waren.

Andere Autoren machen die Unternehmenskultur für die unzureichende finanzielle Performance verantwortlich ist, da die aufgetretenen Kulturprobleme sich letzten Endes auf die Profitabilität auswirkten. Eine Befragung von 102 börsennotierten Unternehmen zeigte eine starke und signifikante Beziehung zwischen der Unternehmenskultur und der finanziellen Performance, wenn man die oberen 25 % mit den unteren 25 % der Unternehmen verglich (Denison 2006).

Dass diese Schwierigkeiten nicht immer auftreten müssen, belegen andere empirischen Studien, die einen positiven Effekt bei unterschiedlichen Kulturen feststellen, und zwar dann, wenn es gelingt, aus den Unterschieden zu lernen und das Gelernte in optimierte Prozesse oder Routinen zu überführen.

Von Vorteil ist es natürlich, wenn die Kulturen kompatibel sind. Bei den Mitarbeitern führt das zu höheren Werten hinsichtlich Engagement, Zufriedenheit, Produktivität und Bindung an das Unternehmen. Gibt es diese Übereinstimmung nicht, so ist die Konsequenz nicht selten eine Verschlechterung des Betriebsklimas und der Arbeitszufriedenheit bis hin zur Sabotage. Die gleiche Studie verzeichnete auch einen Anstieg der Fluktuationsrate sowie der Anzahl der Krankmeldungen.

Dass viele der genannten Probleme verhindert werden könnten, zeigt eine komparative Studie speziell zum Thema Mergers und Produktivität. Sie verdeutlicht, dass der Erfolg beziehungsweise der Misserfolg von Mergers in starkem Maße davon abhängt, wie gut (oder schlecht) der Käufer über das zu kaufende Unternehmen, dessen Unternehmenskultur, Mitarbeiter- und Einkommensstruktur bereits vor der Akquisition informiert ist und die Kenntnisse bei der Integrationsplanung berücksichtigt (Larsson et al. 2004). Anders wäre wohl kaum das anhaltende Interesse an M&A-Aktivitäten zu erklären!

Anhand dieser Beispiele wird bereits ersichtlich, wie wichtig es ist, unternehmenskulturelle Aspekte möglichst frühzeitig bei M&A-Aktivitäten zu untersuchen.

10.5   M&A: Der Akquisitions- und Integrationsprozess im Überblick

Der Faktor Unternehmenskultur sollte möglichst frühzeitig im M&A-Prozess analysiert werden. Ein ganzheitliches Verständnis vom M&A-Prozess ist die Voraussetzung, um in der Akquisitionsphase, wenn die Tragfähigkeit des Deals (Feasibility Study) überprüft wird, auch die richtigen Fragen zu stellen (ausführlicher dazu Homma und Bauschke 2010, S. 63).

Sowohl in der Literatur als auch von Managern wird bemängelt, dass die beiden Prozesse, Akquisition und Integration, häufig zu wenig verknüpft sind. Nach wie vor stellt die mangelnde Abstimmung zwischen dem Akquisitionsteam und dem späteren Post-Merger-Integrationsteam eine zentrale Schwachstelle bei M&A-Aktivitäten dar. In der Realität sieht es meist so aus: Die Akquisition wird von internen Finanzspezialisten im Verbund mit externen Analysten und Beratern vorbereitet, ohne dass jene, die den späteren Integrationsprozess in der Praxis managen, frühzeitig in die Vorbereitungsphase einbezogen

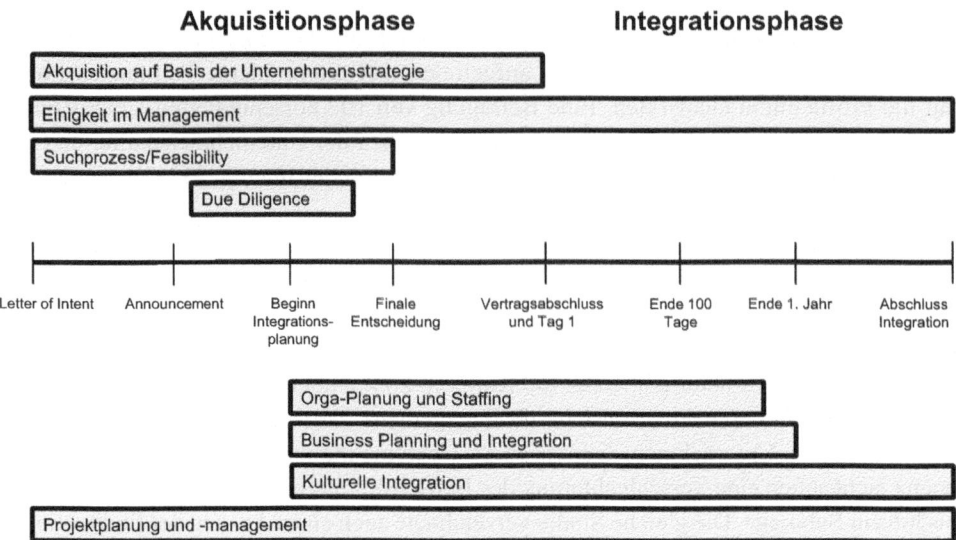

Abb. 10.3 M&A-Akquisition und Integration im Überblick

werden. Im Idealfall wird das PMI-Team (oder der PMI-Manager) schon an der Suchphase beteiligt, um später einen nahtlosen Übergang in den Integrationsprozess zu gewährleisten. Abbildung 10.3 zeigt den Akquisitions- und Integrationsprozess im Überblick.

Die Tatsache, dass unternehmenskulturelle Aspekte maßgeblichen Einfluss auf den Erfolg einer Akquisition haben, ist weniger überraschend als der Umstand, dass diesem Thema – immer noch – vergleichsweise weniger Beachtung auf Managementebene bei der Entscheidungsvorbereitung geschenkt wird. Die Folge: Wichtige Aspekte der Unternehmenskultur (und nicht nur dieser) werden im Hinblick auf die spätere Integration nicht ausreichend berücksichtigt. Und die Chance, sich frühzeitig auf mögliche Synergien oder potenzielle Probleme einzustellen, bleibt ungenutzt.

10.6   Die Akquisitionsphase und die kulturelle Due Diligence

In der Akquisitionsphase geht es um die Identifikation und Auswahl potenzieller Kaufkandidaten und die Kaufentscheidung. Während der Suchphase ist es Standardpraxis, das zu erwerbende Unternehmen einer genauen „Prüfung" im Rahmen der sogenannten „Due Diligence" zu unterziehen. Siehe hierzu die Definition der Due Diligence.

▶   Mit der Due Diligence prüft der Käufer alle wesentlichen Bereiche des zu kaufenden Unternehmens „auf Herz und Nieren" (Due Diligence bedeutet engl. „gebotene Sorgfalt") – soweit dies im Rahmen der zeitlichen und rechtlichen Beschränkungen möglich ist. In den meisten Fällen arbeitet ein Team von Spezialisten (überwiegend Controller, Unternehmensstrategen und externe Berater) an Standardthemen wie Finanzen, Mitarbeiter- und

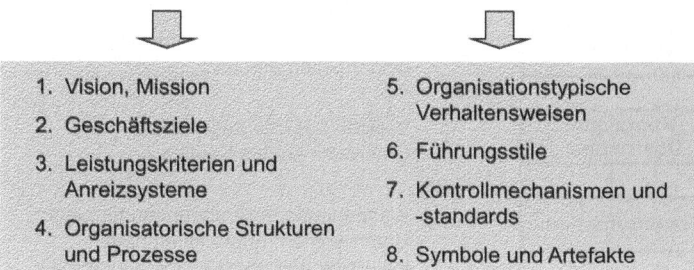

Werte, Normen und Grundannahmen beeinflussen verschiedene
Aspekte des Unternehmens, z. B.:

1. Vision, Mission
2. Geschäftsziele
3. Leistungskriterien und Anreizsysteme
4. Organisatorische Strukturen und Prozesse
5. Organisationstypische Verhaltensweisen
6. Führungsstile
7. Kontrollmechanismen und -standards
8. Symbole und Artefakte

Abb. 10.4 Einflüsse der Unternehmenskultur

Führungskräftestrukturen, Entlohnungssysteme, rechtlichen Aspekten, Umweltaspekten, Produktions- und Prozessmerkmalen, Intellectual-Property-Merkmalen und v. a. m., um einschätzen zu können, ob sich die Akquisition aller Wahrscheinlichkeit nach „rechnen" wird.

Während es selbstverständlich ist, eine Due Diligence aller wichtigen Geschäftsdaten vorzunehmen, kann dies nicht für die Merkmale der Unternehmenskultur gesagt werden. Das vergleichsweise geringe Interesse an der kulturellen Due Diligence (KDD) ist zum einen darauf zurückzuführen, dass Analysten und Finanzexperten stark zahlengetrieben sind und den vermeintlichen „Soft Factors" weniger professionelle Aufmerksamkeit schenken. Zum anderen existiert nach wie vor die (falsche) Vorstellung in den Köpfen vieler Manager, kulturelle Probleme würden sich später im Alltag „von alleine" lösen!

Hinzu kommt die Tatsache, dass die Merkmale der Unternehmenskultur kein leicht zu isolierendes, separates Phänomen darstellen. Alle Organisationen sind Systeme und die Unternehmenskultur ist nicht eine Systemkomponente, sondern Bestandteil aller Komponenten. Sie ist ein Produkt des Systems Organisation. Die Merkmale der Unternehmenskultur, wie Werte, Einstellungen, Normen und Grundannahmen sowie die davon beeinflussten Verhaltensweisen können sich bei allen wichtigen Unternehmenskomponenten bemerkbar machen, z. B. bei der Strategieentwicklung und -implementierung, in den Organisationsstrukturen und Prozessen, in den Führungsstilen, in der Art, wie Leistungen anerkannt und belohnt werden. Siehe hierzu beispielhaft Abb. 10.4.

Wie detailliert man bei der kulturellen Due Diligence (KDD) vorgeht, hängt unter anderem auch vom Grad der angestrebten Integration ab. Die Literatur unterscheidet zwischen vier Arten von Integrationen, die sich unmittelbar auf Umfang und Intensität der kulturellen Due Diligence auswirken (Prasangi De Alwis 2013, S. 11). Abb. 10.5 zeigt die verschiedenen Integrationstypen.

Im Falle der **Erhaltung der Unabhängigkeit**, wo beide Unternehmen weitgehend ihre Selbstständigkeit bewahren, sind Konflikte oder Synergiepotenzial zwischen Käufer und Gekauftem kaum zu erwarten. Kulturelle Merkmale können weitgehend vernachlässigt

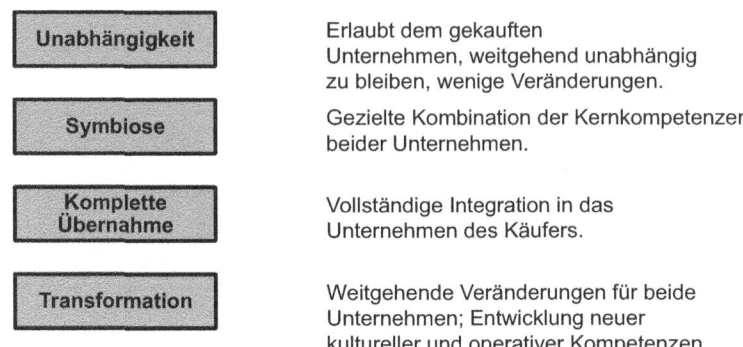

Unabhängigkeit	Erlaubt dem gekauften Unternehmen, weitgehend unabhängig zu bleiben, wenige Veränderungen.
Symbiose	Gezielte Kombination der Kernkompetenzen beider Unternehmen.
Komplette Übernahme	Vollständige Integration in das Unternehmen des Käufers.
Transformation	Weitgehende Veränderungen für beide Unternehmen; Entwicklung neuer kultureller und operativer Kompetenzen.

Abb. 10.5 Integrationstypen. (Quelle: Nach De Alwis 2013)

werden, da die beiden Unternehmen weitestgehend eigenständig operieren. Berührungspunkte und damit Konfliktpotenziale gibt es nur wenige oder gar keine.

Anders verhält es sich im Falle der **Symbiose**, bei der Anstrengungen unternommen werden, die (komplementären) Kernkompetenzen der beiden Unternehmen zu verbinden. Hier kommen kulturelle Unterschiede zum Tragen (im positiven wie im negativen Sinn), da es in aller Regel um gewachsene Strukturen, Einstellungen und Verhaltensweisen geht, die es nun zu harmonisieren gilt.

Bei der **kompletten Integration** geht das erworbene vollständig im anderen Unternehmen auf. Selbstredend sind in diesem Fall die größten Synergie- aber auch Konfliktpotenziale zu erwarten, da das erworbene Unternehmen alle Strukturen und Arbeitsprozess des Käufers übernimmt und damit in vielen (auch bewährten) Bereichen seine bisherige Identität verliert – für viele Mitarbeiter häufig ein schmerzlicher Verlust, der die Gefahr, in Kategorien von „wir" und „die anderen" zu denken, erhöht. Wenn hier nicht größere Anstrengungen unternommen werden, finden sich noch nach Jahren die alten (und verhärteten) Einstellungs- und Verhaltensmuster wieder – mit dysfunktionalen Konsequenzen für die tägliche Zusammenarbeit.

Je höher der Grad der Integration, desto stärker werden Unterschiede und Gemeinsamkeiten in den Einstellungen und im Verhalten spürbar und müssen berücksichtigt werden. Eine bedeutende Rolle spielen in diesem Zusammenhang die Größenverhältnisse. Konzerne, die kleinere Unternehmen aufkaufen, werden diese wahrscheinlich voll und ganz in ihre bestehenden Prozesse und Plattformen integrieren. Da wird in aller Regel wenig Rücksicht auf Empfindlichkeiten oder bewährte Prozesse des erworbenen Unternehmens genommen.

Anders verhält es sich im Falle der **Transformation**, wo die Integration bewusst daraufhin abzielt, aus dem Zusammenschluss zweier Unternehmen etwas Neues (und Besseres!) entstehen zu lassen. Dass dabei die gute Absicht gelegentlich an der Realität scheitert, wird durch das Beispiel Daimler Chrysler belegt. Was groß als Merger of Equals angekündigt worden war, wurde nach nur vier Jahren rückabgewickelt mit einem Verlust von drei bis vier Milliarden Euro für Daimler (Berliner Zeitung, 12.05.2007).

Grundsätzlich stellt sich die Frage, wie viel Integration tatsächlich notwendig ist und inwieweit ein „kultureller Pluralismus" (z. B. die Akzeptanz unterschiedlicher Praktiken, Führungsstile) auch kreative Potenziale im Unternehmen freisetzt.

Die kulturelle Due Diligence orientiert sich an den strategischen Zielen der Akquisition. Möchte der Käufer in Zukunft stärker internationalisieren, so stellt sich beispielsweise die Frage, ob die Führungskräfte und Mitarbeiter des zu erwerbenden Unternehmens über entsprechende internationale Erfahrungen und Sprach- beziehungsweise Kulturkenntnisse verfügen. Wie ist es um die Bereitschaft bestellt, die Ausweitung des internationalen Geschäfts und die damit verbundenen Konsequenzen (z. B. viel Reisen, häufige Abwesenheit von zu Hause, längere Auslandsaufenthalte) zu unterstützen? Wie stark sind Führungskräfte und Mitarbeiter der eigenen nationalen/regionalen Kultur verhaftet, dass sie im Alltag große Schwierigkeiten haben, mit Kollegen(innen) aus anderen Kulturräumen effektiv zusammenzuarbeiten? Wenn Antworten zu derlei Fragestellungen gegeben werden können, ist es ungleich leichter, abzuschätzen, ob der zukünftige Partner auch in der Lage ist, die in ihn gesetzten Erwartungen zu erfüllen. Bleiben diese Aspekte bei der (kulturellen) Due Diligence unberücksichtigt, kann es im späteren Integrationsprozess ein böses Erwachen geben. Versäumnisse in der Frühphase der Akquisition rächen sich später während der Integration.

Die KDD liefert wertvolle Hinweise über die jeweiligen Unternehmenskulturen. So können bereits während der Suchphase die möglichen Auswirkungen der Unternehmenskultur auf den späteren Integrationsprozess evaluiert werden. Der Vorteil: Die Akquisitionsphase kann schon für die Planung der Post Merger Integration genutzt werden, was nicht nur Zeit spart (ein ganz wesentlicher Erfolgsfaktor bei M&A), sondern später auch unliebsame Überraschungen während der Integration verhindert.

Methoden und Inhalte der kulturellen Due Diligence
Bedingt durch die rechtlichen und zeitlichen Grenzen während der gesamten Due Diligence wird sich das Analyseteam auf die wichtigsten – leicht zugänglichen – Kulturmerkmale beschränken. Es darf davon ausgegangen werden, dass der Verkäufer nur gefiltert Zugang zu Unternehmensdaten bietet und ein Interesse daran hat, das Unternehmen in einem möglichst günstigen Licht erscheinen zu lassen.

Als mögliche Datenquellen kommen infrage:

- verfügbare Geschäftsberichte, Kunden- und Mitarbeiterbefragungen, Dokumente, Broschüren, Präsentationen, vor allem jedoch.
- persönliche Gespräche mit Mitarbeitern und Führungskräften auf allen Unternehmensebenen, soweit dies im Rahmen der Due Diligence aus rechtlichen und praktischen Gründen möglich ist. Die ersten Kontakte im Unternehmen beschränken sich in der Regel auf jene Mitarbeiter, die unmittelbar mit der Due Diligence befasst sind. Den-

noch sollte jede Möglichkeit genutzt werden, mit Mitarbeitern und speziell Führungskräften ins Gespräch zu kommen. Diese Gespräche vermitteln einen ersten Eindruck vom Unternehmen, seinen potenziellen Stärken und Schwächen. Durch die Interaktion mit den Verantwortlichen und Experten ergibt sich ein Bild des Führungs- und Kommunikationsverhaltens.

- Beobachtungen und Ortsbesichtigungen: Auch ein Gang durch die Räumlichkeiten, Büros und Fabrikanlagen vermittelt einen Eindruck davon, ob die Zahlen und Daten mit dem eigenen persönlichen Eindruck übereinstimmen (Look and feel of offices and plants).

▶ Checkliste für die kulturelle Due Diligence:

- Welche Kernkompetenzen gilt es für das neue Unternehmen zu erhalten?
- Welche Mitarbeiter (Führungskräfte, Experten etc.) sollten unbedingt behalten werden?
- Wie sieht das Führungsverhalten aus?
- Wo bestehen die größten kulturellen Diskrepanzen (Entscheidungsprozesse, Belohnungssysteme, Betriebsklima, Umgang mit Fehlern, Umsetzungskonsequenz)
- Was ist die Vorgeschichte des Unternehmens? Welche historisch gewachsenen Erwartungen und Einstellungen charakterisieren die beiden Unternehmen?
- Wie ist das Kommunikationsverhalten – Offenheit, Transparenz, Kritikfähigkeit?
- Gibt es historische Altlasten, die ein vertrauensvolles Miteinander mit der Belegschaft des zu erwerbenden Unternehmens stark belasten?
- Human-Ressource-Themen (Vergütung, Anreizsysteme, Gewerkschaften, Pensionsrückstellungen, anhängige Arbeitsprozesse etc.)
- Ist es möglich/wünschenswert, die kulturellen Diskrepanzen zu überwinden? Bestehen dazu in beiden Unternehmen die Motivation und das Know-how? Zu welchen Kosten?

Diese Liste erhebt keinen Anspruch auf Vollständigkeit. Das Anforderungsprofil muss in jedem Einzelfall erstellt und auf die Bedürfnisse des Erwerbers zugeschnitten werden.

Diese ersten Einblicke stellen jedoch keinen Ersatz für eine systematische KDD dar. Aber sie können die Sensibilität für kritische Sachverhalte erhöhen. Werden bereits während der KDD relevante Probleme aufgedeckt, kann sich die Planung der Integration frühzeitig auf den späteren Handlungsbedarf einstellen. Die KDD sollte daher Aufschluss über zu erwartende Schwierigkeiten während der Integration geben, um rechtzeitig gegensteuern zu können.

Bei größeren M&A-Aktivitäten ist eine systematische KKD möglicherweise erst nach der formalen Kaufentscheidung möglich.

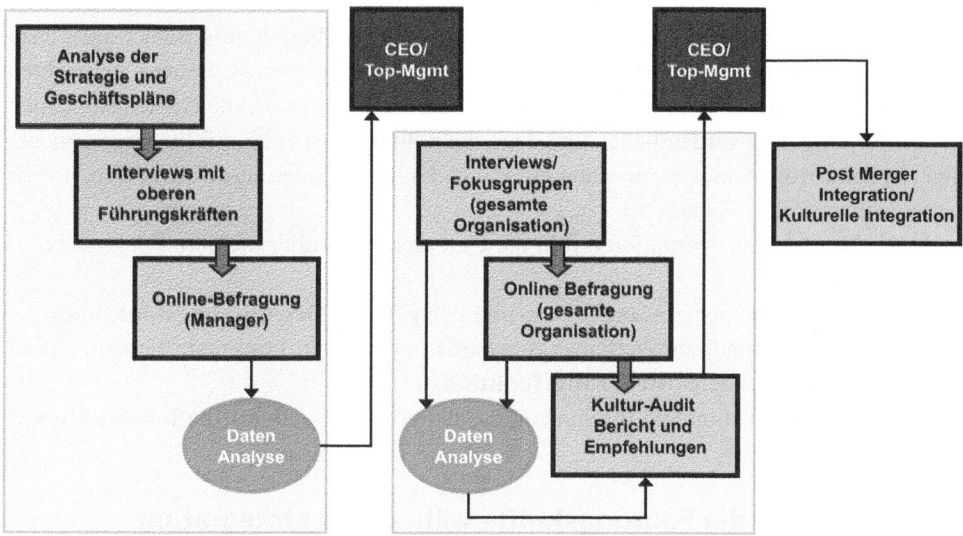

Abb. 10.6 Übersicht Kultur-Audit (Carleton und Lineberry, 2004, S. 69)

10.7   Ein systematischer Kultur-Audit

Wie sieht der Prozess des systematischen Kultur-Audits aus? Zur Vorbereitung werden die zugänglichen Datenquellen (z. B. Geschäftsbericht, interne Befragungen, Geschäftspläne) herangezogen. Darauf folgen Interviews mit Vertretern der verschiedenen Führungsebenen, um Einblicke in die wichtigsten Merkmale der Unternehmenskultur zu erhalten. Wenn möglich (sofern es die Zeit und die Verfügbarkeit der Manager zulassen) wird im Anschluss daran eine Online-Befragung aller Führungskräfte durchgeführt (insbesondere bei großen Unternehmen). Die Ergebnisse werden mit dem Top-Management besprochen, ehe eine weitere Befragungsrunde (mit Fokusgruppen und Online-Befragungen) durchgeführt wird. Damit liegen nach Abschluss des Kultur-Audits differenzierte Erkenntnisse über die wichtigsten Kulturmerkmale der Organisation und ihre Stärken und Schwächen im Unternehmen vor. Natürlich muss jeder Kultur-Audit, d. h. das inhaltliche und prozessuale Vorgehen, auf die Bedürfnisse und die Struktur des jeweiligen Unternehmens abgestimmt werden. Die Erkenntnisse und Schlussfolgerungen des Kultur-Audits werden dann Bestandteil des Post-Merger-Integrationsprozesses. Abb. 10.6 zeigt die wichtigsten Schritte des Kultur-Audits.

10.8   Die Integrationsphase und die Unternehmenskultur

Wenn es kulturelle Unterschiede zwischen den Unternehmen gibt, dann treten sie voll und ganz während der Integration zutage. Spätestens in der täglichen Zusammenarbeit prallen die gegensätzlichen Erwartungen und Erfahrungen aufeinander. Die starke Arbeitsbelastung, die Unsicherheit, teilweise auch das unvermeidliche (befristete) Chaos tragen dazu bei, dass Führungskräfte wie Mitarbeiter dazu tendieren, in ihren vertrauten, eingeübten Denk- und Verhaltensmustern zu verharren. Umso wichtiger ist es, die Gemeinsamkeiten und Unterschiede zu verdeutlichen und dann die notwendigen Schlussfolgerungen zu ziehen (zu den Erfolgsfaktoren für einen effektiven Kulturveränderungsprozess Kap. 4 Eine Unternehmenskultur verändern).

In der Post Merger Integration erfüllt die Unternehmenskultur mehrere Funktionen:

- Sie vermittelt eine gemeinsame Vision und Perspektive (**Orientierungsfunktion**).
- Sie definiert verbindliche Verhaltensstandards, sanktioniert bestimmte Verhaltensweisen und belohnt andere (**Steuerungsfunktion**).
- Sie erzeugt Motivation und Bindung an das Unternehmen (**Identifikationsfunktion**).

10.9   Die Rolle der Führungskräfte während der Integration

Es überrascht nicht, dass Führungskräfte und ihr Verhalten maßgeblichen Einfluss auf Erfolg oder Misserfolg der Integrationsphase besitzen. In einer Studie mit 100 Unternehmen, deren Merger entweder ein Misserfolg war oder erhebliche Probleme verursachte, waren 85 % der befragten oberen Führungskräfte der Meinung, dass das Hauptproblem in den unterschiedlichen Führungsstilen gelegen habe (Carleton und Lineberry 2004, S. 13).

Doch tiefverwurzelte Einstellungen und Verhaltensweisen lassen sich nicht über Nacht ändern. Der angestrebte Wandel erfordert einen Lernprozess, der durch flankierende Maßnahmen (z. B. Trainings, Coaching) unterstützt wird. Und die Veränderung kann nicht nur „von oben" angeordnet werden. In Deutschland, wo im Gegensatz zu weiten Teilen des europäischen Auslandes nach wie vor eine ausgeprägte Konsenskultur in Unternehmen vorherrscht (um die uns andere Länder beneiden!), wird eine dauerhafte Veränderung am ehesten über die Einbeziehung der Betroffenen auf allen Organisationsebenen erreicht (ausführlicher zur Rolle der Führungskräfte Kap. 6 Unternehmenskultur und Führung).

Und diesen Prozess erfolgreich zu managen, ist die Aufgabe der Führungskräfte, die spezielle Fähigkeiten und Kompetenzen erfordert. Es geht nicht mehr nur um reines Fachwissen und Expertentum. Was jetzt zählt, sind vor allem persönliche und soziale Fähigkeiten. Abb. 10.7 listet die Hauptaufgaben der Führungskräfte während der Integration.

Was für die „normalen" Führungskräfte zutrifft, gilt in ganz besonderem Maße für den Post-Merger-Integrationsmanager. Eine Studie, die den Zusammenhang zwischen den Kompetenzen des PMI-Managers (emotionale Kompetenz und kulturelle Kompetenz) einerseits und dem erfolgreichen Abschluss des Integrationsprozesses andererseits zum Gegenstand hatte, verdeutlicht den positiven Zusammenhang zwischen der emotionalen/kulturellen Kompetenz des Integrationsmanagers und der erfolgreichen Integration (Prasangi De Alwis 2013, S. 21).

Die Hauptverantwortung für den Integrationsprozesses tragen die Führungskräfte. Ihre uneingeschränkte Unterstützung für die anstehenden Veränderungen zu gewinnen, muss daher das vordringlichste Anliegen der Unternehmensleitung sein.

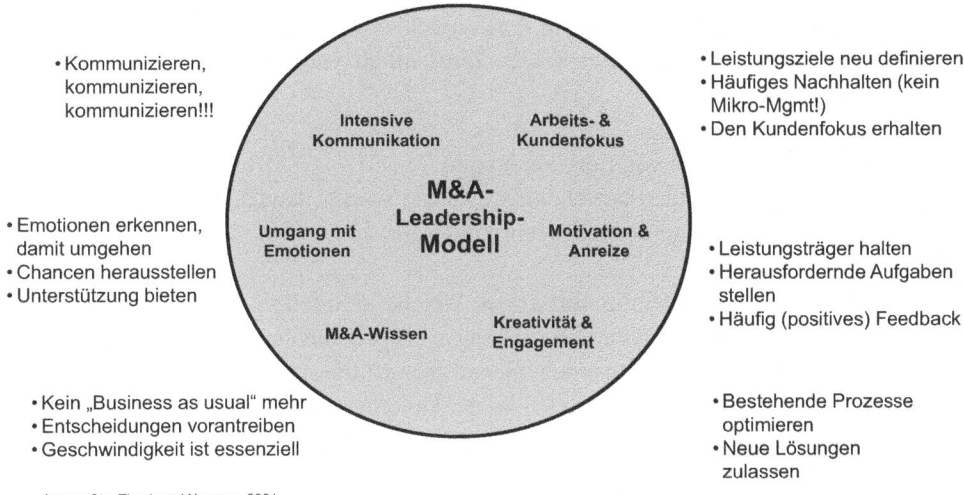

• Kommunizieren,
  kommunizieren,
  kommunizieren!!!

• Emotionen erkennen,
  damit umgehen
• Chancen herausstellen
• Unterstützung bieten

• Kein „Business as usual" mehr
• Entscheidungen vorantreiben
• Geschwindigkeit ist essenziell

• Leistungsziele neu definieren
• Häufiges Nachhalten (kein
  Mikro-Mgmt!)
• Den Kundenfokus erhalten

• Leistungsträger halten
• Herausfordernde Aufgaben
  stellen
• Häufig (positives) Feedback

• Bestehende Prozesse
  optimieren
• Neue Lösungen
  zulassen

Angepaßt: : Thach and Nymann, 2001

Abb. 10.7 Hauptaufgaben der Führungskräfte in der Post Merger Integration. (Quelle: angepasst nach Thach und Nyman 2001)

In diesen Kontext gehört auch die Notwendigkeit, in den Turbulenzen der Integration möglichst keine wertvollen Führungskräfte zu verlieren. M&A-Aktivitäten werden in der Branche schnell bekannt und Wettbewerber wie Headhunter nutzen die Gelegenheit, um erfahrene Manager abzuwerben. Warum verlassen fähige, erfolgreiche Manager das Unternehmen? Neben einer Vielzahl von Gründen (persönliche Gründe, mangelnde Attraktivität der Position, Karriereperspektiven) spielen auch Unterschiede in der Unternehmenskultur eine entscheidende Rolle. Doch ist der Verlust an Managern automatisch mit nachteiligen Effekten für den Erfolg der Integration verbunden? Eine Studie, die sich speziell mit dem Ausscheiden von Führungskräften befasst, kommt zu keinem eindeutigen Ergebnis: Zu viel hängt von den Besonderheiten der jeweiligen Situation ab. Das Verbleiben im Unternehmen ist dann von Vorteil, wenn die Manager bereits sind, die Integrationsziele klar zu unterstützen. Tun sie es nicht, stellt ihr Verbleiben im Unternehmen eher eine Belastung oder Barriere dar (Krug 2009, S. 101). Grundlegende Differenzen in den Führungspraktiken oder in den Kommunikationsstilen sind eben nicht ohne Weiteres zu harmonisieren.

10.10   Erfolgsfaktor Unternehmenskultur für M&A-Prozesse

Es gibt nicht den einen Erfolgsfaktor. Vieles hängt von der spezifischen Situation von Käufer und zu erwerbendem Unternehmen ab. Prinzipiell lassen sich einige Faktoren bestimmen. Dazu gehören:

• Gemeinsame Wertebasis (z. B. Leistungsbereitschaft, Aufgeschlossenheit gegenüber Veränderung)

- Gemeinsame Vision (Zielvorstellung, was erreicht werden soll)
- Ähnliche Entscheidungsprozesse (z. B. hinsichtlich Geschwindigkeit, Qualitätsanspruch, Perfektion)
- Führungsstile, -praktiken
- Konsequente Umsetzung von Entscheidungen
- Was wird belohnt, gefördert beziehungsweise was wird geahndet, bestraft?
- Gemeinsames Verständnis der Kundenorientierung

Diese Liste ließe sich problemlos fortsetzen. Welche kulturellen Aspekte im konkreten Fall die Zusammenarbeit erleichtern beziehungsweise zu anhaltenden Friktionen führen, muss im Einzelfall entschieden werden. Genau dies ist die Aufgabe der Due Diligence: herauszufinden, welche Faktoren zum Erfolg der Unternehmensintegration beitragen werden, und wo mögliche Gefahren liegen, die den Erfolg gefährden könnten.

Reflektionsfragen zum Kapitel

1. Welchen Stellenwert besitzt die Unternehmenskultur im Rahmen von M&A-Aktivitäten?
2. Wie kann sichergestellt werden, dass wichtige Aspekte einer Unternehmenskultur bei M&A-Aktivitäten nicht übersehen werden?
3. Worauf ist im Rahmen der kulturellen Due Diligence besonders zu achten?
4. Weshalb spielen Führungskräfte (beziehungsweise die Führungskultur) eine zentrale Rolle für den M&A-Erfolg?
5. Welche Anforderungen werden an Manager (speziell an Integrations- sowie Projektmanager) gestellt?
6. Wie viel kulturelle Integration ist notwendig, um den dauerhaften Erfolg einer Akquisition zu gewährleisten?

10.11   Fallstudie

TopShares, ein US-amerikanischer Finanzdienstleister mit Sitz in New York hatte vor Kurzem das britische Unternehmen **FinanceCap** gekauft, das über ein attraktives und umfangreiches Produktportfolio verfügt, das es sowohl in Europa als auch in Asien erfolgreich vermarktet hatte.

TopShares konnte auf zwei Jahrzehnte soliden Wachstums zurückblicken, das im Wesentlichen durch eine aggressive Akquisitionsstrategie erzielt worden war. **TopShares** kaufte in aller Regel Finanzdienstler oder Versicherungen im nordamerikanischen Markt auf, deren Profitabilität gering war beziehungsweise, die häufig in wirtschaftliche Schwierigkeiten geraten waren. Nach dem Kauf wurden die Unternehmen restrukturiert (z. B. interne Abteilungen wurden neu organisiert, das Produktportfolio bereinigt) und auf Profitabilität getrimmt. In vielen Fällen war mit dem Kauf auch ein kompletter Wechsel im Top-Management des gekauften Unternehmens verbunden.

Dan Lear, der langjährige CEO von **TopShares**, hatte im Gespräch mit seinem Post-Merger-Integrationsmanager Neil Sanchez deutlich gemacht, dass es zu keinen Reibungsverlusten während der Integration kommen sollte. „Neil, Du bist für die erfolgreiche PMI persönlich verantwortlich. Wir haben viel Geld in diesen Deal investiert und wollen Erfolge sehen. Ich möchte so schnell wie möglich **FinanceCaps** exzellente Geschäftsbeziehungen und Kundenkontakte in Europa nutzen, um auch unser Finanzprodukte dort zu vermarkten."

Neil Sanchez ging mit gemischten Gefühlen aus dem Meeting. **TopShares** war in der Vergangenheit mit seinen Wachstumsstrategien sehr erfolgreich gewesen. Aber hier lag der Fall etwas anders. **FinanceCap** operierte überaus erfolgreich im europäischen Markt, verfügte über langjährige, intensive Kunden, die persönlich von langjährigen, erfahrenen Beratern betreut wurden. Während **TopShares** einen Großteil seines Geschäfts über das Internet abwickelte, dominierten bei **FinanceCap** die persönlichen Kontakte und gewachsenen persönlichen Beziehungen. Wie sollte angesichts der unterschiedlichen Produkte und Kundenbeziehungen ein „Cross-Selling" möglich sein?

Als Neil wenige Tage später in London eintraf, bat Sir Lawrence Oliver, der Eigentümer von **FinanceCap**, dringend um ein Gespräch. Das Gespräch lief dann auch wie er es erwartet hatte. Sir Lawrence war ein hoch angesehener, seriöser Finanzmakler, der nicht nur viele seiner exklusiven Kunden persönlich kannte, sondern der auch einen engen Kontakt mit seinen Mitarbeitern pflegte. Sir Lawrence beklagte sich bitter über den bisherigen Verlauf der Integration. **TopShare**-Leute hatten kurzerhand entschieden, das gesamte Controlling von **FinanceCap** in die US-Zentrale in New York zu integrieren. Außerdem wurden neue Reporting-Richtlinien vorgegeben, die sich an den Corporate-Standards des Mutterkonzerns orientierten, die nicht nur wesentlich umfangreicher waren, sondern auch die Handlungsspielräume der Finanzexperten deutlich einengten. Außerdem wurde das leistungsbetonte Gehalts- und Bonussystem von **TopShares** übernommen, was bei vielen Managern und Verkäufern von **FinanceCap** zu erheblichen Einkommenseinbußen führen würde. Die großzügigen Gehaltsstrukturen, die Sir Lawrence etabliert hatte (und die sich bewährt hatten), gehörten eindeutig der Vergangenheit hat. Den Kostenspar- und Optimierungsmaßnahmen waren auch noch eine Reihe weiterer Vergünstigungen zum Opfer gefallen, wie etwa die kostenlose Nutzung der Cafeteria im Londoner Office oder die Business-Class-Flüge für Manager innerhalb Europas. Alles in allem zeigte **TopShares** offensichtlich wenig Verständnis für die gewachsenen und bewährten internen Strukturen von **FinanceCap**.

„Der Unmut unter meinen Managern und Mitarbeitern über den bisherigen Verlauf der Integration ist sehr groß. Seit der Übernahme beschäftigen wir uns mehr damit, Zahlen und Berichte an die Zentrale zu liefern, als dass wir uns um unsere Kunden kümmern könnten. Wie soll ich angesichts dieser Situation die besten Leute motivieren, bei **FinanceCap** zu bleiben und nicht zur Konkurrenz abzuwandern. London ist der Finanzplatz Europas. Unsere Wettbewerber warten nur darauf, dass unsere Top-Leute abspringen!"

Neil Sanchez war nach diesem Gespräch klar, dass er umgehend handeln musste. Er war sich nicht sicher, ob bei Sir Lawrence die Frustrationen nicht schon so weit gediehen waren, dass er selbst in Kürze das Unternehmen verlassen würde. Warum sollte er sich den ganzen Ärger aufladen, wo er sich genauso gut aus dem aktiven Geschäft zurückziehen könnte. Seine Frau hatte ihn ohnehin in diesem Sinne bedrängt.

Wie soll Neil Sanchez mit dieser Situation umgehen?

Leifragen zur Fallstudie

Reflektionsfragen zum Kapitel

- Welches sind die wichtigsten soziokulturellen Unterschiede zwischen TopShare und FinanceCap?
- Wie beeinflussen die Unternehmenskulturen das jeweilige Geschäftsgebaren der beiden Unternehmen?
- Welches sind die größten Stolpersteine für eine effektive Integration gemessen an den Integrationszielen?
- Wie hätte die jetzige Situation vermieden werden können?
- Was sollte Neil Sanchez als nächstes tun, um den Merger zu retten?
- Ist der Merger noch zu retten?

Online-Material zur Fallstudie auf springer.com

10.12 Zusammenfassung

Unternehmenskulturen haben nachweislich großen Einfluss auf den Erfolg von Mergers und Akquisitionen. Entscheidende Merkmale einer Unternehmenskultur wie Werte, Normen und Annahmen sollte folglich bereits während der Akquisitionsphase im Fokus der Analysten und Experten stehen. Speziell im Hinblick auf den späteren Integrationsprozess erscheint es zwingend geboten, möglichst frühzeitig eine enge Kooperation zwischen den Akquisitions- und Integrationsprozess-Teams, sowohl konzeptionell als auch personell, herzustellen.

Unterschiede in den Unternehmenskulturen sind nicht zwangsläufig von Nachteil. Sie bieten, bei ähnlichen oder gleich gerichteten Zielvorstellungen die Chance, aus der Unterschiedlichkeit Kapital zu schlagen und nachhaltige Lerneffekte im Unternehmen anzustoßen. Je flexibler und schneller Unternehmen ihre Unterschiedlichkeit (Diversity) beispielsweise hinsichtlich ihrer gelebten Werte, Qualitätsstandards oder Führungsstilen nutzen können, desto eher werden sie in der Lage sein, angemessen auf die wachsende Volatilität und Unsicherheit im wirtschaftlichen Umfeld zu reagieren.

Literatur

Carleton, J. R., & Lineberry, C. S. (2004). *Achieving post-merger success, a stakeholder's guide to cultural due diligence, assessment, and integration.* San Francisco: John Wiley & Sons.

Denison D. (2006): Providing the Link: ROA, Sales Growth, Market to Book. In: Research Notes: 4

Galpin, T. J., & Herndon, M. (2007). *The complete guide to mergers & acquisitions process tools to support M & A integration at every level* (2. Aufl). San Francisco: John Wiley & Sons.

Homma, N., & Bauschke, R. (2010). *Unternehmenskultur und Führung: Den Wandel gestalten – Methoden, Prozesse, Tools.* Wiesbaden: Gabler Verlag.

Lajoux, A. R. (2006). *The art of M & A integration.* New York: McGraw Hill.

Larsson, R., Brousseau, K. R., Driver, M. J., & Sweet, P. L. (2004). The secrets of merger and acquisition success: A co-competence and motivational approach to synergy realization. In A. L. Pablo & M. Javidan (Hrsg.), *Mergers and acquisitions: Creating integrative knowledge* (S. 3–19). Malden: Blackwell.

Kotter, J. P., & Heskett, J. P. (1992). *Corporate culture and performance.* New York: Free Press.

Krug, J. (2009). *Mergers and acquisitions – turmoil in top management teams.* New York: Business Expert Press.

Prasangi De Alwis, A. (2013). Post Merger integration leader and acquisition success: A theoretical model of perceived linkages to success of mergers and acquisitions, Doctoral Dissertation in Organization Development. University of St. Thomas, Minnesota.

Thach, L., & Nyman, M. (2001). Leading in limbo land: The role of a leader during merger and acquisition transition. *Leadership & Organization Development Journal, 22*(4), 146–150.

Unternehmensethik, Corporate Governance und Nachhaltigkeit – was leistet Unternehmenskultur?

Rafael Bauschke

Zusammenfassung

In diesem Kapitel erfahren Sie,

- was unter den Begriffen Unternehmensethik, Corporate Governance und Nachhaltigkeit zu verstehen ist;
- welchen Zusammenhang es zwischen diesen Themenfeldern und der Unternehmenskultur gibt;
- welche Probleme aus diesem Zusammenhang entstehen können;
- wie Unternehmenskultur ausgestaltet werden muss, um die erfolgreiche Bearbeitung dieser Themenfelder zu unterstützen.

Unternehmen sehen sich zunehmend mit externen Erwartungen konfrontiert, und zwar nicht nur von ihren Anteilseignern sondern in zunehmendem Maße auch von gesellschaftlichen Akteuren. Es reicht für Unternehmen nicht mehr, rein ökonomischen Maßstäben zu genügen. Natürlich wird ein Unternehmen in erster Linie an seinen Ergebnissen gemessen. Aber gerade bei börsennotierten Unternehmen legen die Anteilseigner zunehmend moralische, ethische und ökologische Maßstäbe an, wenn es um die Bewertung der Leistung des Managements geht.

Man mag die zunehmende Bedeutung der Stakeholder-Perspektive als „Marktradikaler" ablehnen – sich ihr als Unternehmen zu entziehen, dürfte mehr oder minder unmöglich sein. Schließlich ist jede Organisation auf eine gute Reputation angewiesen – nicht als schmückendes Beiwerk sondern als Grundlage erfolgreichen Wirtschaftens.

© Springer Fachmedien Wiesbaden 2014
N. Homma et al., *Einführung Unternehmenskultur,*
DOI 10.1007/978-3-658-02411-6_11

Denn ohne Anerkennung und Vertrauen wird wirtschaftlichem Handeln eine wichtige Grundlage entzogen. Reputationsverluste können dabei sehr wohl harte, finanzielle Konsequenzen für Unternehmen haben, z. B. wenn es zu einem Boykott der Kunden kommt, man von Bieterverfahren ausgeschlossen wird oder Anteilseigner ihre Investitionen zurückziehen. So verkaufte beispielsweise der norwegische Staatsfonds im Jahre 2005 Anteile an einem amerikanischen Ölunternehmen, nachdem ethisch fragwürdige Geschäftspraktiken bekannt wurden.

Ein sehr prominentes – wenn auch einige Jahre zurückliegendes – Beispiel ist der „Brent-Spar"-Fall.

Beispiel

Der „Brent-Spar"-Fall
Der Ölkonzern Shell versuchte 1995 eine nicht mehr im Dienst befindliche Plattform in der Nordsee zu versenken. Nachdem die Umweltorganisation Greenpeace dieses Vorgehen publik gemacht hatte, kam es zunächst zu einer Welle der öffentlichen Entrüstung und in der Folge zum Boykott von Tankstellen. Shell sah sich durch den öffentlichen Druck gezwungen, sein Vorhaben zu überdenken. Die Plattform wurde nicht versenkt, der Reputationsschaden für Shell blieb jedoch für längere Zeit bestehen.[1]

Dieses Beispiel verdeutlicht: Die Verdrängung externer Anforderungen gegenüber Unternehmen kann gravierende Konsequenzen haben.

Das vorliegende Kapitel setzt sich aus der Perspektive der Unternehmenskultur mit zwei dieser „Anforderungen", zwischen denen es im Übrigen viele Berührungspunkte gibt, detaillierter auseinander. Zunächst befassen wir uns mit der Frage der Unternehmensethik und der guten Unternehmensführung beziehungsweise der Corporate Governance.

Die Frage der Ethik im Hinblick auf das Verhalten von Unternehmen gewinnt vor allem vor dem Hintergrund publik gewordener Negativbeispiele, wie z. B. Lebensmittelspekulationen der Deutschen Bank, wieder stärker an Brisanz. Wird gute Unternehmensführung in diesem Zusammenhang als ein Instrument begriffen, um das Handeln von Organisation an bestimmten (guten) Grundsätzen auszurichten und „schlechtes" beziehungsweise abweichendes Verhalten zu verhindern, wird die Bedeutung offenkundig.

Die zweite Anforderung ist das Thema Nachhaltigkeit. Es hat gerade in letzter Zeit erneut eine starke Aufwertung erfahren. Unter dem Eindruck zunehmender Umweltbelastung aber auch der Eurokrise steigt das gesellschaftliche und unternehmerische Bewusstsein für eine langfristige Ausrichtung wirtschaftlichen Handelns – auch wenn das in vielen Fällen noch nicht automatisch die notwendigen Handlungsveränderungen nach sich zieht.

Für beide Anforderungen beziehungsweise Themenbereiche gilt: Die Beziehung zur Unternehmenskultur wurde bisher, wenn überhaupt, randständig behandelt. In beiden Themen geht es jedoch um organisatorisches Handeln, das den jeweiligen Ansprüchen gerecht werden soll beziehungsweise muss. Ohne vorzugreifen zu wollen, wird bereits hier deutlich,

---

[1] Für eine genauere Darstellung des Falls siehe auch Owen und Rice (2003).

dass ein Zusammenhang zwischen handlungs- und wahrnehmungsprägender Unternehmenskultur und den „Organisationszielen" Unternehmensethik und Nachhaltigkeit besteht.

Der folgende Abschnitt bietet zunächst eine kurze Einführung und Abgrenzung der Begriffe Unternehmensethik, Corporate Governance und Nachhaltigkeit.

Im zweiten Teil des Kapitels wird dann die Beziehung zwischen Unternehmenskultur und den zwei Themenfeldern erläutert. Der dritte Teil skizziert schließlich, wie Unternehmenskultur zu einem unterstützenden Faktor für Unternehmensethik, Corporate Governance und Nachhaltigkeit wird.

11.1 Unternehmensethik, Corporate Governance und Nachhaltigkeit – zur Erklärung der Begriffe

Beginnen wir zunächst mit dem Begriff der „Unternehmensethik".

▶ Unternehmensethik beschäftigt sich mit der Frage, an welchen moralischen Werten beziehungsweise Vorstellungen Unternehmen ihr Handeln ausrichten sollten beziehungsweise müssten.

Damit stellt die Unternehmensethik eine Unterkategorie der Wirtschaftsethik dar. Während sich die Unternehmensethik auf die Akteure des Wirtschaftens konzentriert (also auf die Frage: Handelt ein Unternehmen ethisch?), beschäftigt sich die Wirtschaftsethik mit der übergeordneten Frage, welchen ethischen beziehungsweise moralischen Maßstäben das wirtschaftliche Handeln an sich (also auch das Marktsystem) genügen muss (vgl. Suchanek 2014).

Ein Schlüsselbegriff der Unternehmensethik in diesem Zusammenhang ist die Corporate Social Responsibility (CSR). Unter diesem Begriff wird die Übernahme gesellschaftlicher Verantwortung durch Unternehmen (und bis zu einem gewissen Grad auch der Nachweis von Aktivität) verstanden (siehe auch Lin-Hi 2004 sowie Bassen et al. 2005). Auch wenn CSR-Maßnahmen letztlich „freiwillig" sind, können sie als Anerkennung und Reaktion auf die gesellschaftlichen Erwartungen beziehungsweise Erwartungen der verschiedenen externen Akteure gesehen werden.

▶ Corporate Governance meint die Übernahme gesellschaftlicher Verantwortung durch Unternehmen.

Im Gegensatz zu diesen gesellschaftlichen Erwartungen ist die Festlegung der ethischen Erwartungen schwieriger. Die ethische beziehungsweise moralische Bewertung des Handelns setzt dabei einen Maßstab voraus. Dieser Maßstab kann allerdings logischerweise nicht durch das Unternehmen selbst festgelegt werden (sonst ließe sich mit der „richtigen" Ethik ja auch fast alles rechtfertigen, was ein Unternehmen tut). Ebenso wenig ist es möglich, den ethischen Maßstab für alle Zeit festzulegen. Schließlich sind auch moralische Vorstellungen (wenn auch in geringerem Maße) einem Wandel unterworfen:

Die Akzeptanz von Tierversuchen für Kosmetikprodukte wird heute aus ethischer Sicht definitiv anders bewertet als etwa vor 30 Jahren.

Vielmehr ist es Ziel der Unternehmensethik, die Organisation anzuregen, das eigene Handeln kontinuierlich zu überprüfen. Mit anderen Worten: Unternehmen sind gefordert, sich ständig darüber Gedanken zu machen, ob ihr Verhalten den moralischen/ethischen Ansprüchen genügt (vgl. Grabner-Kräuter 2000).

> ► Ziel der Unternehmensethik ist es, die Organisation anzuregen das eigene Handeln kontinuierlich zu überprüfen.

Das ist auch notwendig, da ethisches Handeln jeweils situationsspezifisch bewertet werden muss: Ethik und Moral beziehen sich primär auf das Verhalten des einzelnen Organisationsmitglieds.

Damit ergibt sich für Unternehmen in vielen Fällen ein Dilemma, das letztlich auch Ausgangspunkt der (praktischen) Beschäftigung mit der Unternehmensethik ist. Wenn ein Verhalten ökonomisch sinnvoll sein mag, kann es aus ethischen beziehungsweise moralischen Gründen verwerflich sein.

> ► Verhalten kann ökonomisch sinnvoll sein aber gleichzeitig ethischen und moralischen Prinzipien widersprechen.

Zusätzlich ist ethisches Verhalten immer aus der Situation heraus beziehungsweise anhand konkreten Verhaltens zu bewerten. Eine grundsätzliche und alle Fälle abdeckende „Regelung" ist daher nur sehr schwer zu erreichen. Darüber gilt es zu beachten, dass sich jedes einzelne Organisationsmitglied die Frage des ethischen Handelns im Hinblick auf sein Verhalten stellen muss.

Doch was sind Beispiele für unethisches Verhalten? Die wohl prominenteste Form unethischen Verhaltens von Unternehmen ist Korruption. Transparency International definiert Korruption als „Missbrauch anvertrauter Macht zum privaten Nutzen oder Vorteil" (2014).

Die Erscheinungsformen von Korruption sind vielfältig, die häufigste Form sind etwa Schmiergeldzahlungen oder andere Formen der Bestechung. Doch wieso ist Bestechung unethisch beziehungsweise nicht moralisch? Die stark verkürzte Antwort auf diese Frage ist: weil dadurch gesellschaftliches Vertrauen zerstört wird und Wirtschaftsleistung verloren geht.[2]

In der Debatte wird gerade von Praxisvertretern – wenn auch hinter vorgehaltener Hand – gerne darauf verwiesen, dass es in bestimmten Wirtschaftssystemen ohne Bestechung nicht oder nur sehr langsam voran geht. Hier wird das oben genannte Dilemma des Unternehmens beziehungsweise des Unternehmers deutlich: Aus der kurzfristigen, ökonomischen Perspektive müsste er in diesem Fall Bestechung als „Teil des Geschäfts" akzeptieren. Aus der langfristigen und ethischen Perspektive wird sich dieses Verhalten jedoch negativ auswirken. Erstens wird so Vertrauen innerhalb des Wirtschaftssystems

---

[2] Für eine weiterführende Diskussion dieser Frage siehe z. B. Graeff (2002) und Pies (2007).

systematisch untergraben, zweitens droht im Fall der Entdeckung ein Reputationsschaden für das Unternehmen.

Offensichtlich ist die Auflösung dieses Dilemmas alles andere als einfach. Es kann jedoch aus *unternehmensethischer* Sicht keine Lösung sein, Bestechung als normale Begleiterscheinung des Geschäfts zu betrachten, weil alle Teilnehmer des Systems die Notwendigkeit einer Bestechung anerkennen.[3]

Die zahlreichen aufgedeckten Fälle von Korruption legen den Schluss nahe, dass in solchen Fällen oft zugunsten der kurzfristigen Geschäftsinteressen entschieden wird – auch wenn der potenzielle langfristige Schaden für das Unternehmen weitaus höher wiegen kann.

Damit steht zum einen die später zu behandelnde Frage nach der Nachhaltigkeit wirtschaftlichen Handelns im Raum, zum anderen die Frage nach einer Kontrollmöglichkeit des Unternehmenshandelns – und damit das Thema Corporate Governance.

Corporate Governance

Die Frage, was für ein Unternehmen gut beziehungsweise richtig ist, ist letztlich auch eine Kernfrage der Corporate Governance (zu Deutsch: „Grundsätze der Unternehmensführung"). Im Unternehmensalltag wird deswegen auch oft nicht nur von Unternehmensführung sondern von *guter* Unternehmensführung gesprochen. Auch wenn keine einheitliche Definition von Corporate Governance vorliegt, wird unter diesem Begriff zumeist die Gesamtheit aller Regeln und Normen verstanden, die das Unternehmen regulieren (vgl. v. Werder 2014).

▶ Corporate Governance oder „Grundsätze der Unternehmensführung" meint die Gesamtheit aller Regeln und Normen, die das Unternehmen regulieren.

Dies sind sowohl die formal geltenden „extern gesetzten" rechtlichen Regelungen und Verpflichtungen (sprich der gesetzliche Rahmen) als auch die Regeln, die durch das Unternehmen oder eine ganze Branche selbst entwickelt wurden. Faktisch existieren damit zahlreiche nationale, branchenspezifische und internationale Governance-Systeme nebeneinander, wie etwa die Principles of Corporate Governance der OECD oder der seit 2002 bestehende „Deutsche Corporate Governance Kodex". Die Grundsätze der Unternehmensführung sind somit auch nicht mit der Aufgabe der Unternehmensführung „an sich" gleichzusetzen.

Corporate Governance kann damit sowohl als eine Perspektive auf das Unternehmenshandeln als auch als ein Instrument verstanden werden. Es dient letztlich zu einer besseren Kontrolle des Unternehmens und seiner Handlungen, indem versucht wird, Leitlinien des Handelns aufzustellen, die für eine entsprechende Wahrung des Unternehmensinteresses sorgen. Corporate Governance ist dann sowohl als institutionalisiertes Regelsystem, als auch als Wert beziehungsweise Unternehmensziel oder als eine Managementaufgabe zu verstehen.

---

[3] Natürlich mag das aus der Sicht des einzelnen Unternehmens rational sein, trotzdem ist dieses Verhalten nicht ethisch.

Die Notwendigkeit von guter Unternehmensführung beziehungsweise von Governance lässt sich faktisch allein damit begründen, dass es in der Vergangenheit immer wieder zu Fällen von Missmanagement und sogar Betrug gekommen ist. Der nach wie vor wohl prominenteste Fall in diesem Zusammenhang ist der **Enron**-Skandal: Nach publik gewordenen Bilanzfälschungen musste der amerikanische Energiekonzern 2002 Insolvenz anmelden, nachdem das Unternehmen noch kurz zuvor als absolut gesund galt. In der Folge kam es zu einer deutlichen Verschärfung der Berichtspflichten von Unternehmen (Sims und Brinkmann 2002).

Fälle wie Enron verdeutlichen, dass Organisationen in vielen Fällen nur unzureichende Kontrollmechanismen aufweisen, um unerwünschtes Verhalten auszuschließen.

Die theoretische Begründung hierfür findet sich in der Vertragstheorie. Letztlich werden alle Beziehungen, egal ob im Unternehmen oder mit externen Akteuren, durch Verträge – im Sinne einer Festlegung, was von beiden Seiten geleistet werden soll – geregelt.

Verträge können dabei nie alles regeln, allein schon weil es Unsicherheiten in der Zukunft gibt, die bei Vertragsschluss nicht bekannt waren. Das ermöglicht es den Akteuren, diese Freiräume auszunutzen, z. B. um ihre eigenen Interessen zu verfolgen (vgl. v. Werder 2014). Etwa dann, wenn ein Manager im Sinne seines eigenen Aktienportfolios einen riskanten Wachstumskurs verfolgt.

▸   Alle Beziehungen, egal ob im Unternehmen oder mit externen Akteuren, werden durch Verträge – im Sinne einer Festlegung was von beiden Seiten geleistet werden soll – geregelt.

Corporate Governance versucht nun letztlich, diese Freiräume zu minimieren, beziehungsweise die Akteure davon abzuhalten, ihre eigenen Interessen auf Kosten anderer und der Organisation zu verfolgen. Mit anderen Worten: Sie soll dafür sorgen, dass zum Wohle des Unternehmens und nicht zum eigenen Wohl gearbeitet wird. Um dieses Ziel zu erreichen, wird ein spezifisches Governance-System im Unternehmen aufgebaut, das die Einhaltung der jeweiligen Regeln kontinuierlich überprüft.

Das Ziel des Unternehmens in diesem Kontext ist dann letztlich die Herstellung von **Compliance**, also der Befolgung von Regeln (vgl. Amelung 2014).

Auch wenn Governance-Systeme jeweils individuell auf die Bedürfnisse des Unternehmens zugeschnitten werden, kann davon ausgegangen werden, dass Sie alle bestimmten Grundprinzipien folgen: der Herstellung von Gewaltenteilung (also keine Konzentration von Macht in den Händen weniger), der Schaffung von Transparenz, der Minimierung von Interessenkonflikten und der Auswahl entsprechend qualifizierter Personen für Aufsichts- beziehungsweise Kontrollgremien (vgl. v. Werder 2014).

▶ Die Architektur der Governance in verschiedenen Organisationen wird sich zwangsläufig unterscheiden, aber im Kern gleichen Prinzipien folgen:
  - Herstellung von Gewaltenteilung (z. B. über Verteilung von Entscheidungsmacht)
  - Schaffung von Transparenz (z. B. durch Einführung eines Berichtswesens)
  - Minimierung von Interessenkonflikten (z. B. Ausgestaltung von vertraglichen Anreizen)
  - Auswahl qualifizierten Personals für Aufsichts- und Kontrollgremien (z. B. ehemalige CEOs)

Nicht nur in Bezug auf die Langfristigkeit besteht eine direkte Verbindung zwischen der Corporate Governance und dem Konzept der Nachhaltigkeit, das im Anschluss vorgestellt werden soll.

Nachhaltigkeit
Im Kontext der Unternehmensethik wurde bereits auf das Spannungsverhältnis zwischen **kurzfristiger** und **langfristiger** Perspektive des Unternehmenshandelns hingewiesen. Die langfristige Ausrichtung des wirtschaftlichen Handelns hat spätestens seit den 1970er-Jahren und der Debatte über die Grenzen des Wachstums eine starke Aufwertung erfahren. Das aus der Forstwirtschaft stammende Konzept der Nachhaltigkeit steht dabei für ein langfristig orientiertes Denken und Handeln, das eine Übernutzung von Ressourcen verhindern soll.

Das Risiko einer kurzfristigen Orientierung ist immer, dass Gewinne auf Kosten der Zukunft gemacht werden. Ein plastisches Beispiel hierfür wäre etwa ein Holzunternehmen, das seine Baumbestände rodet, ohne neue Bäume zu pflanzen. Kurzfristig wird der Gewinn so maximiert, langfristig aber das Überleben des Unternehmens gefährdet.

▶ Nachhaltigkeit meint eine Ausrichtung des eigenen Handelns, das langfristigen Konsequenzen und Ergebnisse berücksichtigt beziehungsweise in den Vordergrund stellt.

Somit lässt sich die Frage der Nachhaltigkeit auch als Frage der Unternehmensethik begreifen, nicht zuletzt, weil hier auch Fragen der Generationsgerechtigkeit angesprochen werden (welche Welt hinterlassen wir unseren Kindern?). Nachhaltigkeit ist dabei nicht als reines Unternehmensziel zu sehen, sondern eher als ein Wert, der in der Entscheidungsfindung berücksichtigt werden soll beziehungsweise muss.

Ein wichtiges Konzept im Kontext der Nachhaltigkeit ist die sogenannte *Triple Bottom Line*. Demnach ist Nachhaltigkeit nicht nur ökologisch zu betrachten, sondern auch ökonomisch und sozial (vgl. Elkington 1997).

▶ Nachhaltigkeit bezieht sich nicht nur auf die rein ökologische Frage. Die sogenannte *Triple Bottom Line* versteht Nachhaltigkeit als Frage der Ökologie, der Ökonomie und des Sozialen.

Um das eben eingeführte Beispiel nochmals zu verwenden: Es geht bei der Nachhaltigkeit nicht nur darum, dass der Wald abgeholzt wird (ökologisch). Ebenso wichtig ist es, dass dadurch die Lebensqualität der Menschen abnimmt (sozial) und das Unternehmen sich langfristig die wirtschaftliche Grundlage entzieht beziehungsweise diese zu wesentlich höheren Kosten in der Zukunft wiederherstellen müsste (ökonomisch).

Doch inwiefern wird Nachhaltigkeit durch eine Organisation „berücksichtigt"? Nachhaltigkeit kann zunächst als ein Unternehmenswert definiert werden, der im Rahmen von Entscheidungen berücksichtigt werden muss, aber auch im Hinblick auf Prozess- und Organisationsdesign einen Niederschlag findet, z. B. über den Aufbau einer Nachhaltigkeitsabteilung, eine Aufnahme in Leitlinien und Prozessbeschreibungen oder die Einführung eines Nachhaltigkeitsberichtswesens.[4]

Beispiel

Nachhaltigkeit bei VW – Strukturen und Prozesse

Volkswagen gilt laut eines Rankings, das im Auftrag des Dow Jones Sustainability World Index erstellt wurde, als nachhaltigstes Unternehmen der Automobilbranche im Jahr 2013 (vgl. Lenzen 2013).

Neben der Einführung eines Berichtswesens in Form eines jährlichen Nachhaltigkeitsberichts hat der Konzern hierfür eine Organisationsstruktur aufgebaut, die neben einer eigenen Geschäftsstelle CSR & Nachhaltigkeit, einem Konzernsteuerkreis CSR und Nachhaltigkeit und einem Steuerkreis für die Nachhaltigkeit der Lieferantenbeziehungen aus spezifischen Projektteams besteht. Ebenfalls eingebunden in diese Bemühungen ist der Konzernvorstand über ein Nachhaltigkeits-Board (vgl. VW AG 2012)

Die Maßnahmen, die der Konzern im Sinne einer nachhaltigen Ausrichtung einsetzt, sind vielfältig. Ein zentrales Instrument sind konzerninterne strategische Vorgaben. So sollen Energieverbrauch, Abfallaufkommen, Lösemittel-Emissionen, Wasserverbrauch und CO_2-Emissionen bis 2018 um 25 % pro Fahrzeug im Vergleich zu 2010 reduziert werden.

Als operative Maßnahme zur Erreichung dieser Ziele hat das Unternehmen zum Beispiel begonnen, verschiedene Modelle auf derselben Fahrzeugbasis zu bauen und so den Herstellungsaufwand zu reduzieren – mit entsprechend positiven Effekten auf Kosteneffizienz und Nachhaltigkeit.

Somit kann Nachhaltigkeit sowohl als Wert als auch als ein Bestandteil der Corporate Governance eines Unternehmens begriffen werden. Schließlich wird die nachhaltige Ausrichtung des unternehmerischen Handelns nicht ohne entsprechende Regelungen und Normen umsetzbar sein.

---

[4] Eine Übersicht der Bedeutung und Verbreitung von Nachhaltigkeit in der deutschen Wirtschaft bietet zum Beispiel das Corporate-Sustainability-Barometer der Leuphana Universität (2014).

11.2   Unternehmensethik, Corporate Governance, Nachhaltigkeit – macht Unternehmenskultur einen Unterschied?

Wenden wir uns nach der Darstellung und Einführung der Konzepte nun dem Zusammenhang zwischen den drei Themenfeldern und der Unternehmenskultur zu.

Unternehmensethik und Unternehmenskultur
Welche Berührungspunkte beziehungsweise welche Beziehung besteht nun zwischen Unternehmensethik und der Unternehmenskultur? Zunächst lässt sich festhalten, dass sowohl die Unternehmensethik als auch die Unternehmenskultur auf der Werteebene angesiedelt sind, sich also auf die Handlungen der Organisationsmitglieder auswirken.

▶   Unternehmensethik und Unternehmenskultur sind beide auf der Ebene der Werte angesiedelt.

Unternehmensethik „verlangt" von den Organisationsmitgliedern eine Reflektion über die ethische beziehungsweise moralische Qualität ihres Handelns. Die Unternehmenskultur dient ja gerade dazu, dass Organisationsmitglieder ihr Handeln an Normen und Werten ausrichten.

Daraus folgt: Ethisches Verhalten beziehungsweise die Fähigkeit einer Organisation, Entscheidungen ethisch zu reflektieren, kann durch die Unternehmenskultur verstärkt oder geschwächt werden.

Dies gilt bereits für die Frage der Wahrnehmung. Unternehmenskultur wirkt sich darauf aus, wie die Organisation selbst, die Umwelt und das Organisationsverhalten gesehen wird (siehe dazu Kap. 1). Also auch darauf, welchen Stellenwert die Unternehmensethik in der internen Diskussion einnimmt.

Um es anschaulicher zu machen: Ein Textilunternehmen lässt in Bangladesch Kleidung produzieren und akzeptiert, dass dies unter Bedingungen geschieht, die nur sehr bedingt unserem ethischen Verständnis entsprechen. Offensichtlich überwiegt in diesem Fall der Wert Wettbewerbsfähigkeit gegenüber der Frage des ethischen Verhaltens.

Doch nicht nur die Wahrnehmung, auch die Fähigkeit einer Organisation, das eigene Verhalten aus ethischer Perspektive zu reflektieren, wird von der Unternehmenskultur beeinflusst.

Wenn in einem Unternehmen Diskussion und Austausch ebenso verankert sind, wie eine Fehlerkultur, kann davon ausgegangen werden, dass die Frage der Ethik im Rahmen von Entscheidungen eher berücksichtigt werden kann. Anders gesagt: Ein Unternehmen muss auch auf die Idee kommen beziehungsweise in der Lage zu sein, Werte zu reflektieren und das eigene Handeln aus dieser Perspektive zu betrachten.

Wird aber beispielweise das Gewinnstreben eines Unternehmens über alles andere gestellt und ohne Kompromisse vorangetrieben, wird dies zulasten einer ethischen

Reflektion des Unternehmenshandelns gehen. Und zwar in der Hinsicht, dass ethische Argumente in der Abwägung immer eine nachgeordnete Rolle spielen werden. Dabei spielt die Frage des ethischen Verhaltens für den Einzelnen keine Rolle: Vielmehr verhält er sich wertekonform im Rahmen seiner Organisation. Einfacher ausgedrückt: Wenn die gesamte Organisation Gewinn als wesentliches Ziel verinnerlicht hat, dann spielt die Frage: „wie erzielen wir diesen Gewinn?" eine nachgeordnete Rolle.

Damit lässt sich die Beziehung zwischen Unternehmensethik und Unternehmenskultur auf folgenden Nenner bringen: Unternehmenskultur kann sich positiv wie negativ auf den Bereich der Unternehmensethik auswirken. Nur wenn in einer Unternehmenskultur „Platz für Ethik" ist, kann sie dazu beitragen, dass sich die Mitglieder der Organisation auch ethisch verhalten.

Ohne geeignete Unternehmenskultur wird die Fähigkeit der Organisation zur ethisch/ moralischen Reflexion schwächer ausgeprägt sein und dies kann in der Konsequenz zu einer Überlagerung ethischer Entscheidungen durch andere Werte (z. B. unbedingtes Gewinnstreben) führen.

Corporate Governance und Unternehmenskultur

Betrachten wir Corporate Governance als ein System von „ausformulierten" Regeln und Normen, das zu einer guten Unternehmensführung beitragen soll, bewegen wir uns auf einer formalen beziehungsweise greifbareren Ebene. Unternehmenskultur kann zwar auch ausformuliert werden, „wirkt" sich aber unserem Verständnis nach primär auf der Ebene des Bewusstseins beziehungsweise des Handelns aus.

Führen wir uns jedoch vor Augen, dass Corporate Governance darauf abzielt, das Verhalten der Organisationsmitglieder zu regulieren, wird der Bezug der beiden Konzepte deutlich.

▶   Sowohl Corporate Governance als auch Unternehmenskultur beeinflussen das
        Handeln der Organisationsmitglieder, wenn auch auf unterschiedlichen Ebenen.

Regeln sind das eine, die Befolgung dieser Regeln das andere. Ähnlich wie im Bereich der Strategie (vgl. dazu Kap. 5) hängt die Umsetzung beziehungsweise die Akzeptanz dieser Regeln auch von der jeweiligen Unternehmenskultur ab. Natürlich kann davon ausgegangen werden, dass Bestrafung und Anreize für die Befolgung der Regeln (neben anderen Merkmalen wie etwa Organisationsstrukturen) einen gewichtigen Einfluss auf das Verhalten der Mitarbeiter und ihren Willen zur Compliance haben werden (siehe hierzu Burr und Frowein 2012). Gerade wenn drakonische Strafen drohen, werden wir wohl eher dazu bereit sein, uns an eine bestimmte Regel zu halten: Denken Sie nur an das Ignorieren einer roten Ampel.

Allerdings leuchtet ebenso ein, dass die Befolgung der Regeln auch von der Wahrnehmung der Sinnhaftigkeit dieser Regelungen und der Vereinbarkeit mit den sonstigen Ziele
und Werten und damit auch der Unternehmenskultur abhängen dürfte.[5]

In einer stärker informell ausgerichteten Unternehmenskultur, die einen hohen Stellenwert auf individuelle Freiräume und Eigenverantwortung legt, wird die grundsätzliche
Bereitschaft, ein komplexes Regelwerk zu befolgen, geringer sein als in einer Organisation,
die eine hoch formalisierte und sicherheitsfixierte Kultur aufweist. Anders ausgedrückt:
Wenn eine Organisation frei nach dem Motto handelt: „Regeln sind da, um gebrochen zu
werden", dann unterstützt das wohl kaum die Befolgung selbiger Regeln.

> ▶ Eine Unternehmenskultur, die die Befolgung von Regeln in den Vordergrund
> stellt, erhöht die Bereitschaft der Organisationsmitglieder zu „regelkonformem"
> Verhalten.

Die Unternehmenskultur wirkt sich also auch auf die Wirksamkeit der Mechanismen der
Corporate Governance aus. Denn nur wenn abweichendes Verhalten auch gemeldet wird,
können Sanktionen greifen. Herrscht in einem Unternehmen jedoch ein Verständnis der
Kollegialität vor, dass das Melden von Fehlverhalten als Vertrauensbruch begreift, dann
werden mögliche Verstöße gegen die Corporate Governance mit hoher Wahrscheinlichkeit
nur verzögert oder gar nicht gemeldet. In einer Unternehmenskultur, die Probleme gerne
„unter den Teppich kehrt", wird keiner auf die Idee kommen, seinen Kollegen „zu ver-
pfeifen".

Vielleicht noch wichtiger für die Frage des Einflusses der Unternehmenskultur ist
allerdings das Spannungsfeld zwischen niedergeschriebenen Regeln und der tatsächlichen
Befolgung der Regeln. Nur weil Regeln festgeschrieben wurden, bedeutet dies ja noch
nicht, dass diese auch befolgt werden. Hier kommt der Unternehmenskultur aufgrund
ihres Einflusses auf individuelles Handeln eine wichtige Rolle zu. Denn nur wenn die
niedergeschriebenen Regeln mit den verinnerlichten Werten „kompatibel" sind, wird das
Risiko minimiert, dass formelle Regeln nicht befolgt werden. Wenn ich glaube, dass ein
bestimmtes Verhalten im Sinne der Organisation richtig ist, dann werden mich „offizielle"
Regeln wohl eher weniger interessieren.

Das „Problem" ist dann auch unter Umständen nicht, dass ein Organisationsmitglied
aufgrund seiner eigenen Interessen beziehungsweise aus „niederen Motiven" von den
Grundsätzen guter Unternehmensführung abweicht, sondern dass es so handelt, weil es
im Einklang mit den verinnerlichten, unternehmenskulturellen Werten steht. Die informellen Regeln überlagern also die offiziellen Regeln. Das richtige Verhalten im Sinne der
Unternehmenskultur wird in diesem Fall als „wichtiger" betrachtet als die Befolgung von
Regeln guter Unternehmensführung.[6]

---

[5] Für eine Diskussion der Bedeutung der Unternehmenskultur im oben genannten Enron-Fall siehe
Sims und Brinkmann (2003).

[6] Im Sinne von Schein (siehe Kap. 1) werden Mitarbeiter in diesem Fall anhand der kulturellen
Annahmen handeln.

Betrachten wir zur Illustration folgendes Beispiel: Ein Manager lädt einen Geschäftspartner auf Kosten der eigenen Firma zu einer Veranstaltung ein, obwohl seine Firma an einem laufenden Ausschreibungsverfahren des Geschäftspartners teilnimmt. Er betrachtet diese Einladung als Wertschätzung der Geschäftspartner, es verstößt jedoch gegen die Ausschreibungsregeln (weil es als Einflussnahme verstanden werden kann).

Natürlich hätte eine entsprechende Bestrafung hier eine starke Wirkung. Das Vertrauen auf Strafe kann aber nicht verhindern, dass kreative Wege der Umgehung der Regeln entwickelt werden. In diesem Fall kann es dazu kommen, dass der jeweilige Manager beginnt, von den Regeln abzuweichen, ohne das gegenüber der Organisation als Fehlverhalten zu betrachten. Für ihn zählen an dieser Stelle die „gelebten" Werte der Unternehmenskultur (Wertschätzung der Geschäftspartner) und das damit verbundene „richtige" Verhalten mehr als die formulierten Regeln der Corporate Governance.

Schließlich kann Unternehmenskultur im Hinblick auf Corporate Governance auch als Absicherung beziehungsweise Überbrückung von Regulierungslücken verstanden werden. Wir haben weiter oben festgehalten, dass keine Organisation alles regeln kann. Gehen wir davon aus, dass Unternehmenskultur auch für Orientierung bei der Frage „Was ist richtig, was ist falsch" sorgt, kann die richtige Kultur also auch förderlich für die Compliance in Fällen sein, die noch nicht explizit geregelt wurden. Sie nimmt hier die Kontroll- beziehungsweise Orientierungsfunktion wahr, die der Unternehmenskultur für die Organisation zugeschrieben wird (siehe Kap. 1).

Reines Vertrauen auf Sanktionen wird – und das machen zahlreiche Beispiele klar – nicht ausreichen, um das Spannungsverhältnis zwischen geschriebenen Regeln und gelebten Regeln aufzulösen. In der Konsequenz bedeutet das, dass für die Einführung eines „funktionierenden" Corporate-Governance-Systems nicht nur auf die richtige Ausgestaltung der Strukturen und Anreize (sowohl Belohnung als auch Bestrafung), sondern auch auf die Vereinbarkeit „gelebter" und „geschriebener" Werte geachtet werden muss.

> ►   Eine Abstimmung der Strukturen und Anreize sowie der Unternehmenskultur
>   erhöhen die Compliance, da gelebte und geschriebene Werte dann nicht mit
>   einander im Konflikt stehen.

Die Beziehung zwischen Unternehmenskultur und Corporate Governance lässt sich wie folgt zusammenfassen: Unternehmenskultur kann die Befolgung der Grundsätze guter Unternehmensführung unterstützen – wenn die geschriebenen/formellen Regeln und die informellen/verinnerlichten Regeln miteinander vereinbar sind. Sind die formellen und informellen Regeln jedoch nicht vereinbar, kann die Unternehmenskultur das Risiko des Abweichens erhöhen. In diesem Fall werden sich höchstwahrscheinlich die informellen Regeln (Annahmen) gegenüber den geschriebenen Regeln durchsetzen.

Nachhaltigkeit und Unternehmenskultur

Gegen Nachhaltigkeit als „Wert an sich" kann eigentlich kein Unternehmen Einwände haben. Nicht nur aufgrund der gesellschaftlichen und politischen Erwartungen, sondern auch aufgrund der anzunehmenden positiven Effekte auf das Unternehmensergebnis, kann doch davon ausgegangen werden, dass eine stärkere langfristige Perspektive des eigenen Handelns auch zu besseren beziehungsweise überlegteren Entscheidungen führt (Petersen 2002).

Auf einen positiven Effekt der Nachhaltigkeit auf den Unternehmenserfolg deuten die Ergebnisse einer Studie unter der Leitung von Robert Eccles et al. (2012) von der Harvard Business School hin. Die Studie vergleicht die Leistung von 180 Unternehmen über einen Zeitraum von 18 Jahren. 90 Unternehmen wurden dabei anhand von Nachhaltigkeitskriterien als überdurchschnittlich, 90 Unternehmen als unterdurchschnittlich kategorisiert. Der Vergleich dieser beiden Gruppen zeigt: Die nachhaltigeren Unternehmen schlagen die weniger nachhaltigen Unternehmen im Hinblick auf die Entwicklung finanzieller Kenngrößen und den Aktienkurs. Hätte man zu Beginn der Untersuchung einen Dollar in eines den nachhaltigen Unternehmen investiert, wären daraus am Ende der Untersuchung 7,10 $ geworden – im Falle der weniger nachhaltigen Unternehmen nur 4,40 $.

Der „sozial" erwünschten Erwartung und dem Verhalten einiger Vorzeigeunternehmen, die Nachhaltigkeit bereits als Kernbestandteil ihrer Strategie betrachten, stehen jedoch unzählige Organisationen und Unternehmen gegenüber, die Nachhaltigkeit nicht als Wert sondern lediglich als PR betrachten.

Doch was hat das mit Unternehmenskultur zu tun? Begreifen wir Nachhaltigkeit in erster Linie als einen Wert, dann kommt der Unternehmenskultur auch für ihre Umsetzung eine Rolle zu. Denn wie im Falle der Corporate Governance gilt: Es reicht nicht, entsprechende organisatorische Strukturen aufzubauen und ein Berichtswesen für Nachhaltigkeit zu etablieren.

Betrachtet man Nachhaltigkeit lediglich als ein PR-Instrument können natürlich viele Firmenentscheidungen im Nachhinein als nachhaltig dargestellt beziehungsweise durch entsprechende flankierende Maßnahmen und Projekte dem eigenen Unternehmen ein nachhaltiger „Anstrich" gegeben werden. Aber das kann wohl kaum als eine Nachhaltigkeitsstrategie verstanden werden.

Dafür muss sich Nachhaltigkeit nicht nur in Broschüren und Präsentationen, sondern in der Wahrnehmung und im Handeln der Organisationsmitglieder niederschlagen. In einem Unternehmen, in dem Kostenoptimierung an erster Stelle steht, wird es schwerer sein, den Gedanken der Nachhaltigkeit – der zuerst Kosten und erst langfristig Einsparungen mit sich bringt – durchzusetzen.

Das bedeutet in der Konsequenz: Ein nachhaltiges Unternehmen braucht auch eine Unternehmenskultur, die den Gedanken der Nachhaltigkeit entsprechend verankert. Das bedeutet zum Beispiel: Entscheidungsprozesse müssen so ausgerichtet sein, dass verschiedene Aspekte berücksichtigt werden. Langfristigkeit des Handelns muss sich als Wert in der Unternehmenskultur wiederfinden.

11.3   Fazit: Unternehmenskultur als unterstützender Faktor

Fassen wir die Erkenntnisse soweit zusammen, wird deutlich: Ob sich ein Unternehmen ethisch, nachhaltig und entsprechend den Regeln guter Unternehmensführung verhält, ist nicht nur eine Frage von Prozessen und Regeln.

Es stellt sich auch die Frage, wie Unternehmenskultur ausgestaltet sein muss, um moralisches beziehungsweise ethisches Verhalten, die Einhaltung der Regeln guter Unternehmensführung und eine nachhaltige Ausrichtung zu unterstützen. Hierfür lassen sich folgende grundlegende Überlegungen festhalten.

Erstens muss man sich die Beziehung zwischen Unternehmenskultur und den hier dargestellten Themenfeldern bewusst machen – was auch das Hauptanliegen des vorliegenden Kapitels war. Denn wie bereits eingehend erwähnt wurde, wird in der praktischen Diskussion die Bedeutung der Unternehmenskultur für die Bereiche Unternehmensethik, Corporate Governance und Nachhaltigkeit weitestgehend randständig behandelt.

Zweitens gilt: Damit Unternehmenskultur als unterstützender Faktor wirken kann, muss sie entsprechend ausgestaltet werden. Denn nur so wird ein möglicher Konflikt zwischen Kultur und den genannten Bereichen minimiert. Wenn ein Unternehmen also ethisch beziehungsweise moralisch handeln soll, dann muss sich dieser Wert auch in der Unternehmenskultur widerspiegeln. Wenn ein Unternehmen nachhaltig ausgerichtet werden soll, dann wird dies nicht funktionieren, wenn die gesamte Unternehmenskultur eine starke kurzfristige Orientierung aufweist. Schließlich werden Regeln guter Unternehmensführung nur dann umgesetzt werden, wenn sie nicht den grundlegenden Überzeugungen der Organisation zuwiderlaufen.

Die Ausrichtung einer Organisation auf diese drei Ziele über die Schaffung entsprechender Organisationsstrukturen ist natürlich wesentlich, kann aber nicht ausreichend garantieren, dass auch entsprechend gehandelt wird. Dafür braucht es eine Verankerung auf der kulturellen Ebene.

Will eine Organisation also zu einer Stärkung beitragen, muss sie dabei die Eignung der Unternehmenskultur untersuchen und im Zweifel neben der Schaffung von Strukturen eine entsprechende Veränderung beziehungsweise Anpassung der Unternehmenskultur vornehmen.

Ethisches beziehungsweise moralisches Handeln erfordert dabei eine Unternehmenskultur, die Moral beziehungsweise Ethik als einen Wert an sich begreift und darüber hinaus die Diskussion und Reflektion innerhalb der Organisation fördert.

Für eine Stärkung des Nachhaltigkeitsgedankens wird eine Unternehmenskultur, die den Wert der Langfristigkeit stärker betont, notwendig sein.

Damit in einer Organisation Grundsätze guter Führung nicht nur bekannt sind, sondern auch tatsächlich gelebt werden, muss für eine Abstimmung der geschriebenen und gelebten Werte gesorgt werden. Auch hierfür ist eine Organisationskultur förderlich, die Diskussion und Austausch in den Vordergrund stellt und insbesondere dafür sorgt, dass abweichendes Handeln auch öffentlich gemacht wird.

11.4   Fallstudie: Schmiergeldzahlungen bei Siemens

Zwischen 2006 und 2008 stand Siemens nicht wegen seiner herausragenden Produkte, sondern wegen einer weit weniger erfreulichen Entwicklung im Rampenlicht. Dem Unternehmen wurde vorgeworfen, in massivem Umfang Schmiergeldzahlungen geleistet zu haben. Im Herbst 2006 kam es deutschlandweit zu Durchsuchungen von Siemens-Standorten und Privatwohnungen.

Erschütternd war nicht nur das Ausmaß der Schmiergeldzahlungen, die laut Schätzungen rund 1,3 Mrd. € ausmachten, sondern auch, dass diese Affäre fast den gesamten Konzern betraf.

Die Affäre hat neben dem Reputationsschaden und den Konsequenzen für zahlreiche Manager des Konzerns auch handfeste ökonomische Konsequenzen. Laut *Managermagazin* (2008) beliefen sich die Gesamtkosten des Korruptionsskandals mit erwarteten und bereits verhängten Strafen, Beraterkosten und Steuernachzahlungen bis 2008 bereits auf 2,9 Mrd. €.

Dabei war es keinesfalls so, dass Siemens nicht schon 2006 über Leitlinien guter Unternehmensführung verfügt hätte. Im damals geltenden Verhaltenskodex des Unternehmens wurde im Falle eines solchen Verhaltens mit entsprechenden Sanktionen gedroht. Insgesamt lag für das Unternehmen also ein umfassendes und – allem Anschein nach – den Mitarbeiterinnen und Mitarbeitern bekanntes Regelsystem vor.

Der Korruptionsskandal bei Siemens war nicht auf einzelne Bereiche beschränkt, die Vorgänge im Bereich Power Generation können an dieser Stelle aber als Illustration dienen.

Der Geschäftsbereich hatte eine schwarze Kasse in Liechtenstein eingerichtet, die zur „Unterstützung" der Auftragsakquise verwendet wurde. Im Zuge der regulären Bearbeitung eines neuen Angebots an ein italienisches Unternehmen erfolgten unter Einbeziehung der verantwortlichen Manager und Vorgesetzten bei Siemens aus dieser schwarzen Kasse Zahlungen an einen Manager des ausschreibenden Konzerns. Das Geschäft wurde erfolgreich abgewickelt, auch im Falle eines Anschlussgeschäfts kam es erneut zu solchen Zahlungen. Im Zuge von Ermittlungen wegen Bestechlichkeit beim italienischen Auftragsunternehmen wurden die Untersuchungen auch auf Siemens ausgeweitet und führten nach und nach zur Aufdeckung der geschilderten Vorgänge.

Die juristische Aufarbeitung der Schmiergeldaffäre im Bereich Power Generation verdeutlichte nicht nur, dass Mitarbeiter sich eines möglichen Verstoßes ihres Handelns bewusst waren. Einer der Beschuldigten argumentierte vor Gericht, er ginge davon aus, sein Vorgehen würde (Siemens)intern befürwortet werden und unentdeckt bleiben. Zusätzlich wurde deutlich, dass die Akteure in diesem konkreten Fall nicht auf eigene Rechnung gearbeitet hatten, sondern vielmehr im (vermeintlichen) Sinne der Firma und der Steigerung des Firmenergebnisses (vgl. Klinkhammer 2011).

Als Reaktion auf den Skandal kam es nicht nur zu einem Austausch der Führungsmannschaft, sondern auch zu grundlegenden organisatorischen Veränderungen. Das Unternehmen baute eine neue und entsprechend gut ausgestattete Compliance-Abteilung auf.

Im Rahmen einer Pressekonferenz im Jahr 2008 stellte der Aufsichtsratsvorsitzende Cromme fest:

Siemens schließt ein schmerzliches Kapitel in seiner Geschichte. In Deutschland und in den USA ist der Korruptionsfall damit für Siemens abgeschlossen. Der heutige Tag beendet zwei beispiellose Jahre in der Aufarbeitung einer extrem schwierigen Situation für das Unternehmen. Auf der Basis stabiler Führungsstrukturen hat Siemens eine nachhaltige Compliance-Kultur etabliert.

Leitfragen zur Fallstudie

1. Inwiefern hat der geschilderte Fall etwas mit Unternehmenskultur zu tun?
2. Glauben Sie, dass Schmiergeldzahlungen durch die geschilderten organisatorischen Umbauten ausgeschlossen werden können?
3. Welches Vorgehen würden Sie vorschlagen, um Abweichungen von Grundsätzen der guten Unternehmensführung möglichst auszuschließen?

Reflektionsfragen zum Kapitel

1. Was wird unter Unternehmensethik, Corporate Governance und Nachhaltigkeit verstanden?
2. Welche Berührungspunkte gibt es zwischen den drei Themenfeldern und der Unternehmenskultur?
3. Welche Konflikte kann es zwischen der Unternehmenskultur und den drei Themenfeldern geben?
4. Wie muss eine Unternehmenskultur ausgestaltet sein, um ethisches beziehungsweise moralisches Verhalten zu fördern?
5. Wieso reichen entsprechende Anreize unter Umständen nicht aus, um die Einhaltung von Grundsätzen guter Unternehmensführung zu gewährleisten? Welche Rolle spielt hier Unternehmenskultur?
6. Wieso kann es zu Konflikten zwischen Unternehmenskultur und dem Ziel der Nachhaltigkeit kommen?

Im Online-Material auf springer.com finden Sie Hinweise zur Bearbeitung.

Literatur

Amelung, V. (2014). Gabler Wirtschaftslexikon, Stichwort: Compliance. http://wirtschaftslexikon.gabler.de/Archiv/748/compliance-v11.html. Zugegriffen: 30. Mai 2014.
Bassen, A., Jastram, S., & Meyer, K. (2005). Corporate Social Responsibility – Eine Begriffserläuterung. *zfwu, 6,* 231–236.

Burr, W., & Frohwein, T. (2012). *Regelbrüche in Organisationen*. Diskussionspapierreihe Innovation, Servicedienstleistungen und Technologie. Betriebswirtschaftliches Institut, Universität Stuttgart.

Corporate Sustainability Barometer. (2014). http://www.leuphana.de/institute/csm/forschung-projekte/corporate-sustainability-barometer.html. Zugegriffen: 30. Mai 2014.

Eccles, R., Ioannou, I., & Serafeim, G. (2012). *The Impact of Corporate Sustainability on Organizational Processes and Performance*. Harvard Business School.

Elkington, J. (1997). *Cannibals with forks: the triple bottom line of twenty first century business*. Mankato: Capstone.

Grabner-Kräuter, S. (2000). Zum Verhältnis von Unternehmensethik und Unternehmenskultur. *zfwu, 1,* 310–312.

Graeff, P. (2002). Positive und negative ethische Aspekte von Korruption. *Sozialwissenschaften und Berufspraxis, 25,* 291–302.

Klinkhammer, J. (2011). Korruption powered by Siemens. Alte, korruptionsaffine Wertorientierungen in den Führungsetagen des Geschäftsbereichs Power Generation. In M. Pohlmann & G. Lämmlin (Hrsg.), *Neue Werte in den Führungsetagen? Kontinuität und Wandel in der Wirtschaftselite. Herrenalber Forum. Bd. 64.* (S. 136–168). Karlsruhe: Evangelische Akademie Baden.

Lenzen, V. (2013). Dow Jones und Carbon Disclosure loben beste Unternehmen aus. In Umwelt Dialog. http://www.umweltdialog.de/de/wirtschaft/finanzen/archiv/2013-09-20_Dow-Jones-und-CDP-loben-beste-Unternehmen.php. Zugegriffen: 30. Mai 2014.

Manager Magazin. (2008). Siemensskandal – Ex-Vorstände sollen haften. http://www.manager-magazin.de/unternehmen/karriere/a-596077.html. Zugegriffen: 30. Mai 2014.

Owen, P., & Rice, T. (2003). *Decommissioning the Brent Spar*. London: CRC Press.

Petersen, H. (2002). *Sustainable Champions: Positionierung von Marktführern im Umweltbereich – Eine empirische Untersuchung*. Center for Sustainability Management, Universität Lüneburg.

Pies, I. (2007). *Wie bekämpft man Korruption? – Lektionen der Wirtschafts- und Unternehmensethik*, Diskussionspapier Nr. 2007-4. Halle-Wittenberg: Martin-Luther-Universität.

Sims, R., & Brinkmann, J. (2003). Enron ethics (or: Culture matters more than codes). *Journal of Business Ethics, 45,* 243–256.

Suchanek, A. (2014). Gabler Wirtschaftslexikon, Stichwort: Wirtschaftsethik. http://wirtschaftslexikon.gabler.de/Archiv/1883/wirtschaftsethik-v7.html. Zugegriffen: 30. Mai 2014.

Volkswagen AG (2012). Nachhaltigkeitsbericht 2012. http://www.volkswagenag.com/content/vwcorp/content/de/sustainability_and_responsibility.html. Zugegriffen: 30. Mai 2014.

v. Werder, A. (2014). Gabler Wirtschaftslexikon, Stichwort: Corporate Governance. http://wirtschaftslexikon.gabler.de/Archiv/55268/corporate-governance-v7.html. Zugegriffen: 30. Mai 2014.

Unternehmenskultur und Führungsverhalten im multikulturellen Kontext

12

Norbert Homma

Zusammenfassung

Die Globalisierung wirtschaftlicher Aktivitäten bringt es mit sich, dass viele Unternehmen und Organisationen in unterschiedlichen Kulturen, seien es nationale Kulturen oder Unternehmenskulturen, operieren und damit komplexen und nicht-vertrauten Anforderungen ausgesetzt sind. In diesem Kapitel befassen wir uns:

- mit den wichtigsten Dimensionen nationaler Kulturen (Kultur-Dimensionen), die weltweit Gültigkeit besitzen und einen prägenden Einfluss ausüben auf vielfältige Bereiche des gesellschaftlichen, wirtschaftlichen und privaten Lebens;
- mit dem Gewicht der nationalen Kultur im Verhältnis zur Unternehmenskultur;
- mit der Frage, ob es global wirksame Führungsstile gibt und welche Rolle speziell die Kommunikation spielt;
- mit der Praxis des multikulturellen Managements und was getan werden kann, um „Culture Clashes" im beruflichen Alltag zu vermeiden.

Soweit im Folgenden personenbezogene Bezeichnungen nur in männlicher Form angeführt sind, beziehen sie sich auf Frauen und Männer in gleicher Weise.

© Springer Fachmedien Wiesbaden 2014
N. Homma et al., *Einführung Unternehmenskultur,*
DOI 10.1007/978-3-658-02411-6_12

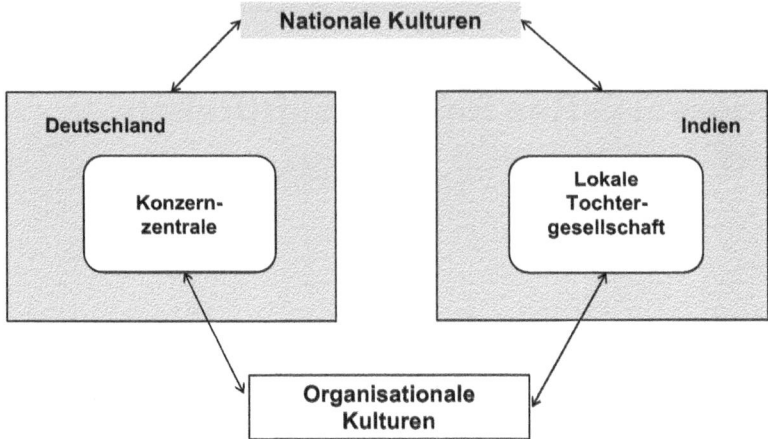

Abb. 12.1 Verschiedene Kulturebenen

12.1 Nationale Kulturen und Unternehmenskulturen

Wer heute international im Geschäft sein will, wird notgedrungen mit ganz unterschiedlichen Kulturen konfrontiert. Befindet sich beispielsweise die Konzernzentrale in Deutschland und Tochtergesellschaften in Brasilien oder Indien, dann hat es der Firmenvertreter vor Ort mit mehreren Kulturen zu tun. Abbildung 12.1 zeigt die verschiedenen Kulturebenen bei international tätigen Unternehmen.

Neben der eigenen Firmenkultur des Konzerns (und deren nationalen Wurzeln) gilt es auch, die Besonderheiten der jeweiligen Landeskultur zu berücksichtigen, wobei Indien noch eine Vielzahl regionaler Kulturen aufweist. Diese kulturellen Differenzen zwischen Konzern und Tochtergesellschaft sind erheblich und machen sich in unterschiedlichsten Zusammenhängen bemerkbar, z. B. wie Vorgesetzte und Untergebene zusammenarbeiten, wie und was kommuniziert wird, wie verbindlich Anweisungen und Vereinbarungen sind und vieles andere mehr.

Die bislang umfangreichste Studie über den Zusammenhang von nationalen Kulturen, Organisationskulturen und Führung liefert Global Leadership and Organizational Behaviour Effectiveness (GLOBE), ein monumentales sozialwissenschaftliches Werk, an dem bis heute circa 200 Sozialwissenschaftler aus 62 Ländern gearbeitet haben (House et al. 2004).

Betrachten wir zunächst die wichtigsten Ergebnisse bezüglich nationaler Kulturen. Auf der Grundlage von Geert Hofsteede's Arbeiten in den 80er-Jahren des letzten Jahrhunderts (Hofsteede 1991) identifizierte das Forscherteam um GLOBE insgesamt neun Kulturdimensionen[1] (siehe Tab. 12.1).

---

[1] Da die GLOBE-Ergebnisse nur in einer englischsprachigen Ausgabe vorliegen, verwenden wir soweit wie möglich die Originaltexte der Studie.

Tab. 12.1 Die neun GLOBE-Kulturdimensionen

Performance Orientation:	The degree to which a collective encourages and rewards (and should encourage and reward) group members for performance improvement and excellence
Assertiveness:	The degree to which individuals are (and should be) assertive, confrontational, and aggressive in their relationship with others
Future Orientation:	The extent to which individuals engage (and should engage) in future-oriented behaviours such as planning, investing in the future, and delaying gratification
Humane Orientation:	The degree to which a collective encourages and rewards (and should encourage and reward) individuals for being fair, altruistic, generous, caring, and kind to others
Institutional Collectivism:	The degree to which organizational and societal institutional practices encourage and reward (and should encourage and reward) collective distribution of resources and collective action
In-Group Collectivism:	The degree to which individuals express (and should express) pride, loyalty, and cohesiveness in their organizations or families
Gender Egalitarianism:	The degree to which a collective minimizes (and should minimize) gender inequality
Power Distance:	The degree to which members of a collective expect (and should expect) power to be distributed equally
Uncertainty Avoidance:	The extent to which a society, organization, or group relies (and should rely) on social norms, rules, and procedures to alleviate unpredictability of future events. The greater the desire to avoid uncertainty, the more people seek orderliness, consistency, structure, formal procedures, and laws to cover situations in their daily lives

Abbildung 12.2 gibt die Skalenwerte für die einzelnen Länder wieder. Diese Kulturdimensionen besitzen weltweite Gültigkeit und alle Länder der Studie können anhand jeder einzelnen Kulturdimension verglichen werden. Nehmen wir das Beispiel der Dimension *Power Distance*.

Gesellschaften, die stark hierarchisch organisiert sind, sozialisieren auch ihre Mitglieder nach diesen Vorstellungen. In Ländern mit hoher *Power Distance* existieren beispielsweise große Hierarchieunterschiede in der Familie, in der Schule, im privaten Umfeld. Ältere Menschen, Vorgesetzte, Eltern besitzen Autorität und treffen die Entscheidungen. Wer dagegen in einem Land mit niedriger *Power Distance* aufwächst, wird deutlich weniger oder geringere Hierarchieunterschiede in vielen Lebensbereichen erfahren.[2]

Oder nehmen wir noch eine zweite Kulturdimension – *Uncertainty Avoidance* – zum Vergleich. In Ländern, die eine starke Ausprägung dieser Dimension aufweisen, handelt es sich um nationale Kulturen, die großen Wert auf Sicherheit, Berechenbarkeit und Zuverlässigkeit legen. Ambiguität ist nur schwer zu ertragen. In diesen Gesellschaften gibt es

---

[2] GLOBE unterscheidet zwischen dem tatsächlichen Verhalten in einer Gesellschaft (As Is) und dem gewünschten Soll-Zustand (To Be). Für unsere Darstellung verwenden wir nur die As Is Werte.

Band							
A		*B*		*C*		*D*	
Country	*Score*	*Country*	*Score*	*Country*	*Score*	*Country*	*Score*
Morocco	5.80	Germany[b]	5.25	Qatar	4.73	Netherlands	4.11
Nigeria	5.80	Mexico	5.22	Israel	4.73	South Africa[f]	4.11
El Salvador	5.68	Georgia	5.22	Albania	4.62	Denmark	3.89
Zimbabwe	5.67	Taiwan	5.18	Bolivia	4.51		
Argentina	5.64	Indonesia	5.18				
Thailand	5.63	Malaysia	5.17				
South Korea	5.61	South Africa[c]	5.16				
Guatemala	5.60	England	5.15				
Ecuador	5.60	Ireland	5.15				
Turkey	5.57	Kuwait	5.12				
Colombia	5.56	Japan	5.11				
Hungary	5.56	Poland	5.10				
Germany[a]	5.54	China	5.04				
Russia	5.52	Singapore	4.99				
Spain	5.52	Hong Kong	4.96				
India	5.47	Austria	4.95				
Philippines	5.44	Egypt	4.92				
Portugal	5.44	Switzerland	4.90				
Iran	5.43	Finland	4.89				
Greece	5.40	New Zealand	4.89				
Venezuela	5.40	U.S.A.	4.88				
Slovenia	5.33	Switzerland[d]	4.86				
Brazil	5.33	Sweden	4.85				
Zambia	5.31	Canada[e]	4.82				
Kazakhstan	5.31	Australia	4.74				
Namibia	5.29	Costa Rica	4.74				
France	5.28						

a Germany (East): Formger GDR
b Germany (West): Former FRG
c South Africa (White sample)
d Switzerland (French-speaking)
e Canada (English-speaking)
f South Africa (Black sample)

Abb. 12.2 Ausprägung der Kulturdimension Power Distance nach House (2004, S. 539)

dann auch ausgeprägte (z. B. bürokratische) Strukturen und Regelwerke, die das Zusammenleben der Menschen in geordneten Bahnen lenken. Wer dagegen in einem Land mit geringer *Uncertainty Avoidance* aufwächst, wird weitaus weniger Strukturen und Regeln vorfinden. Nicht alles muss bis ins letzte Detail fertig geplant und erforscht sein. Man kann mit viel mehr Unsicherheit oder Ungewissheit leben.

Treffen nun Vertreter der einen Kultur auf Vertreter der anderen Kultur, so kann es im Alltag leicht zu Missverständnissen und Reibereien kommen, da beide ganz unterschiedlich mental (kulturell) disponiert sind. Abbildung 12.3 enthält eine Übersicht der Uncertainty Avoidance Scores (Practices), d. h. wie das tatsächliche Verhalten der Menschen aussieht.

Was wir beispielhaft für *Power Distance* und *Uncertainty Avoidance* beschrieben haben, trifft prinzipiell auch auf die anderen Kulturdimensionen der GLOBE-Studie zu. Das heißt, unser Denken und Handeln wird stark durch die Merkmale der jeweiligen nationalen Kultur geprägt und diese Prägung hat über sehr lange Zeiträume Bestand.

Band							
A		*B*		*C*		*D*	
Country	*Score*	*Country*	*Score*	*Country*	*Score*	*Country*	*Score*
Switzerland	5.37	Netherlands	4.70	Japan	4.07	Venezuela	3.44
Sweden	5.32	England	4.65	Egypt	4.06	Greece	3.39
Singapore	5.31	South Africa[d]	4.59	Israel	4.01	Bolivia	3.35
Denmark	5.22	Canada[e]	4.58	Qatar	3.99	Guatemala	3.30
Germany[a]	5.22	Albania	4.57	Spain	3.97	Hungary	3.12
Ausria	5.16	France	4.43	Thailand	3.93	Russia	2.88
Germany[b]	5.16	Australia	4.39	Portugal	3.91		
Finland	5.02	Taiwan	4.34	Philippines	3.89		
Switzerland[c]	4.98	Hong Kong	4.32	Costa Rica	3.82		
China	4.94	Ireland	4.30	Italy	3.79		
Malaysia	4.78	Nigeria	4.29	Slovenia	3.78		
New Zealand	4.75	Kuwait	4.21	Ecuador	3.68		
		Namibia	4.20	Iran	3.67		
		Mexico	4.18	Kazakhstan	3.66		
		Indonesia	4.17	Morocco	3.65		
		Zimbabwe	4.15	Argentina	3.65		
		India	4.15	Turkey	3.63		
		U.S.	4.15	Poland	3.62		
		Zambia	4.10	El Salvador	3.62		
		South Africa[f]	4.09	Brazil	3.60		
				Colombia	3.57		
				South Korea	3.55		
				Georgia	3.50		

a Germany (West): Former FRG
b Germany (East): Former GDR
c Switzerland (French-speaking)
d South Africa (Black sample)
e Canada (English-speaking)
f South Africa (White sample)

Abb. 12.3 Übersicht der Uncertainty Avoidance nach House (2004, S. 622)

Analysiert man die 62 Länder danach, welche Länder die größten Gemeinsamkeiten aufweisen, so lassen sich insgesamt zehn sogenannte Cluster bilden. In einem Cluster sind all jene Länder zusammengefasst, die die größten Gemeinsamkeiten in Bezug auf die Kulturdimensionen aufweisen. Abbildung 12.4 zeigt die Länder-Cluster der GLOBE-Studie.

Die Frage, die uns im Zusammenhang dieses Kapitels primär interessiert, ist, ob die nationalen Kulturen einen signifikanten Einfluss auf die Organisationskulturen ausüben. Werden Organisations- beziehungsweise Unternehmenskulturen …

- erheblich durch ihre Einbettung in eine nationale Kultur beeinflusst?
- Wie stark ist dann der Einfluss der nationalen Kultur(en) im Vergleich zur Organisationskultur?
- Welche Konsequenzen ergeben sich daraus für das Cross-Cultural Management?

Anglo Clusters	Latin Europe	Nordic Europe	Germanic Europe	Southern Asia
Australia	France	Finland	Austria	India
England	Portugal	Sweden	Germany	Indonesia
Ireland	Spain	Denmark	(Former West &	Iran
New Zealand	Israel		East)	Malaysia
South Africa	Italy		Netherlands	Philippines
(white sample)	Switzerland		Switzerland	Thailand
	(French		(German	
USA	speaking)		speaking)	
Canada				
Eastern Europe	**Latin America**	**Sub-Sahara Africa**	**Middle East/Arab**	**Confucian Asia**
Greece	Argentina	South Africa	Turkey	China
Russia	Colombia	(Black sample)	Egypt	Hong Kong
Albania	Mexico	Namibia	Kuwait	Singapore
Georgia	Bolivia	Nigeria	Morocco	Japan
Hungary	Brazil	Zambia	Qatar	South Korea
Kazakhstan	Costa Rica	Zimbabwe		Taiwan
Poland	Ecuador			
Slovenia	El Salvador			
	Guatemala			
	Venezuela			

Abb. 12.4 The Ten GLOBE country clusters of the 62 countries. (Quelle: Brodbeck et al. 2008, S. 1027)

12.2   Nationale Kultur und Unternehmenskultur

Gehen wir zunächst der Frage nach, ob es einen Einfluss der nationalen Kultur auf die Organisationskultur gibt. Dazu liefert die GLOBE-Studie verlässliche Daten.

Grundsätzlich kann festgestellt werden, dass sich die Kultur der nationalen Gesellschaft (Werte und praktizierte Verhaltensweisen) auch in der Organisationskultur widerspiegelt. „Organizational practices and values mirror the societies in which they are comprised." So finden sich beispielsweise Organisationen mit einer hohen *Performance Orientation* häufiger in Gesellschaften mit einer entsprechenden Grundhaltung (House et al. 2014, S. 11).

Das bedeutet, dass Unternehmenskulturen, die sich in einem bestimmten Land entwickelt haben, mit großer Wahrscheinlichkeit auch die dominanten Kulturmerkmale dieser Gesellschaft aufweisen werden. So besitzen deutsche Unternehmen in der Regel vergleichsweise feste Strukturen und klar definierte Regeln. Sie sind durch klare Vereinbarungen gekennzeichnet (Uncertainty Avoidance Score für Deutschland: 5,22). Die Erwartung ist, dass jeder sich auch an diese Strukturen und Regeln hält. Beispielsweise liegt der entsprechende Wert für Russland auf der Uncertainty Avoidance Dimension bei 2,88, d. h. dass der Alltag weitaus weniger verlässlich strukturiert ist und man mit wesentlich mehr Unsicherheit und Unzuverlässigkeit rechnen muss.

Sind nationale Kultur und Unternehmenskultur identisch?

Vergewissern wir uns nochmals, was wir unter nationalen Kulturen verstehen. Sie beinhalten Werte und Verhaltensweisen, die wir in der Phase der Sozialisation lernen und die unser Denken und Verhalten nachhaltig in allen wichtigen Lebensbereichen (Schule, Familie, Freunde, Freizeit etc.) beeinflussen.

Die Unternehmenskultur wird stark durch die gesellschaftliche Kultur beeinflusst, ist jedoch nicht identisch mit ihr, denn Unternehmen entwickeln ihre eigenen Werte und Verhaltensstandards, die nicht mit den gesellschaftlichen Werten übereinstimmen müssen.

Welche der beiden Kulturen besitzt letztendlich das größere Gewicht?

Bei den grundlegenden Kulturdimensionen überwiegt sicherlich der Einfluss der nationalen Kultur. Selbst international aufgestellte Konzerne weisen bei aller Internationalität deutliche Merkmale der Ursprungskultur auf. Coca-Cola ist mit Sicherheit in erster Linie ein US-amerikanisches Unternehmen, genauso wie Daimler oder Siemens, als Konzerne, in der Wahrnehmung vieler, sowohl innerhalb als auch außerhalb des Unternehmens, typisch deutsche Kulturmerkmale aufweisen.

▶   Zusammenfassend lässt sich feststellen, dass die kulturelle Prägung der nationalen Gesellschaften – so der eindeutige Befund der GLOBE-Studie – auch einen starken Einfluss auf die Organisationskulturen in den jeweiligen Gesellschaften haben.

Dennoch hat sich speziell in den multinationalen Konzernen eine „internationale Führungskultur" entwickelt, sicherlich auch begünstigt durch die Rekrutierung von Business-School-Absolventen, die zu einer gewissen Vereinheitlichung der Art und Weise geführt hat, wie heute Unternehmen, wenigstens auf den oberen Managementebenen, geführt werden.

Auf diese Weise ist es möglich, auf den oberen Führungsebenen eine „vergleichsweise einheitliche" oder „firmentypische" Führungskultur zu entwickeln („typisch" BASF oder „typisch" Siemens), die global anzutreffen ist. Je tiefer man jedoch in die Organisationen vor Ort eindringt, desto stärker macht sich der Einfluss der nationalen Kultur bemerkbar.

Damit sind wir bei unserem nächsten Thema angelangt, nämlich der Frage, ob es angesichts der vielen Kulturunterschiede im internationalen Business so etwas wie weltweit effektive Führungsstile gibt.

12.3   Global akzeptierte und erfolgreiche Führungsstile in Organisationen?

Zur Klarstellung: Unser Fokus liegt auf der Führung in Organisationen. Es geht also nicht allgemein um Führung oder um Führung in bestimmten Bereichen, z. B. in der Politik, im Militär oder in der Religion. Des Weiteren betrachten wir hierbei Führungsstile nicht

Charismatic/value-based Leadership	Broadly defined to reflect the ability to inspire, to motivate, and to expect high performance outcomes from others based on firmly held core values.
Team Oriented Leadership	Emphasizes effective team-building and implementation of a common purpose or goal among team members.
Participative Leadership	Reflects the degree to which managers involve others in making and implementing decisions.
Human Oriented Leadership	Reflects supportive and considerate leadership but also includes compassion and generosity.
Autonomous Leadership	A newly defined global leadership dimension referring to independent and individualistic leadership attributes.
Self-Protective Leadership	From a Western perspective, this newly defined global leadership dimension focuses on ensuring the safety and security of the individual and group through status enhancement and face-saving.

Abb. 12.5 Sechs GLOBE Leadership Styles. (Quelle: R.J. House et al. 2014, S. 19)

primär als individuelle Merkmale einer Person, sondern als Ausdruck einer Führungskultur, die wiederum Bestandteil der Unternehmenskultur ist.

Die umfangreichste Untersuchung über den Zusammenhang von Kultur und effektiven Führungsstilen wurde – wie bereits oben erwähnt – von GLOBE durchgeführt. Konkret stellte GLOBE die Frage, ob es kulturübergreifende, allgemein akzeptierte Führungsstile gibt.[3] Die Ergebnisse zeigen sechs Führungsstildimensionen, die global effektives Führen unterstützen beziehungsweise effektivem Führen im Wege stehen. Abbildung 12.5 zeigt die sechs Leadership-Style-Dimensionen

Die Autoren der Studie können belegen, dass die Kulturdimensionen der gesellschaftlichen Kultur einen bestimmten Führungsstil unterstützen. Das heißt, in den jeweiligen Kulturen gibt es konkrete Erwartungen an erfolgreiche Führungsstile (Culturally Endorsed Implicit Leadership Theories), die dazu beitragen, dass ein bestimmtes Führungsverhalten erfolgreich ist oder nicht.

GLOBE identifiziert insgesamt sechs Leadership Style Dimensions. Zwei davon, *Charismatic/Value-Based Leadership* und *Team-Oriented Leadership* werden in allen untersuchten Ländern und Kulturen als eine Voraussetzung für erfolgreiches Führen angesehen (Brodbeck et al. 2008, S. 1037). Gleichwohl muss man davon ausgehen, dass zum Beispiel Charismatic/Value-Based Leadership in den verschiedenen nationalen Kulturen unterschiedlich interpretiert wird.

▶   Zwei Führungsstile, *Charismatic/Value-Based Leadership* und *Team-Oriented Leadership* werden in allen untersuchten Ländern und Kulturen als eine Voraussetzung für erfolgreiches Führen angesehen.

---

[3] Die Datenerhebung basierte auf der Befragung von 17.370 Managern der mittleren Führungsebene in 951 Organisationen in den 62 Ländern (House et al. 2004, S. 95).

Während diese beiden Dimensionen weltweite Geltung besitzen, gilt dies nicht für die restlichen Dimensionen. Bei den anderen Dimensionen gibt es erhebliche Abweichungen zwischen den Ländern. Die Autoren demonstrieren eindrucksvoll, dass diese Dimensionen ganz unterschiedliche Bedeutungen in den jeweiligen Kulturen haben können.

Während *Participative Leadership* in allen Kulturen zu effektivem Führen beiträgt, beobachten die Autoren deutliche Unterschiede sowohl zwischen den Länder-Clustern als auch zwischen den Ländern. Ganz offensichtlich gibt es unterschiedliche Interpretationen, was unter Participative Leadership zu verstehen ist. Hier einige Beispiele der unterschiedlichen Bedeutungen. *Participative Leadership* wird verstanden:

- als das Gegenteil eines nicht-partizipativen, autokratischen oder direktiven Führungsstils (z. B. in Finnland, Argentinien, Frankreich);
- als ein Rechtsprinzip, etwa in Form der betrieblichen Mitbestimmung, die sich in gesellschaftlichen und organisationalen Verhaltensweisen und Werten niederschlägt (z. B. Deutschland und Österreich);
- als individuelle Führungsmerkmale, indem man anderen Respekt zollt, informelle Umgangsformen pflegt und nicht selbst-zentriert handelt. Eine herausragende Führungspersönlichkeit ist sowohl partizipativ als auch charismatisch (z. B. USA);
- als Form der Kommunikation, die hauptsächlich aktives Zuhören und eine Vorliebe für freien Meinungsaustausch beinhaltet.

Was die Ergebnisse hinsichtlich der *Human-Oriented Leadership* betrifft, gibt es ebenfalls innerhalb der gleichen Dimension unterschiedliche Interpretationen und Bedeutungen. Die wichtigsten Varianten sind laut GLOBE (Brodbeck et al. 2008, S. 1043):

- Werte und Verhaltensweisen, die Ausgeglichenheit, Egalitarismus und den Verzicht auf Status und Prestige als Führungskraft signalisieren;
- offenes, freundliches Verhalten gegenüber anderen; Im Konfliktfall heißt dies, eindeutig und klar in seinen Botschaften sein (Neuseeland), mitfühlend (USA) oder auch eher aggressiv (Australien);
- Moderation im Verhalten und die Bewahrung harmonischer Beziehung als Teil des konfuzianischen Erbes (China, Singapur);
- als Teil einer humanitären Grundhaltung, die Vertrauen in seine Untergebenen signalisiert, ihnen Freiräume bietet und für deren Wohlergehen man sich persönlich verantwortlich fühlt.

Für die *Autonomous Leadership Dimension* sind die größten Abweichungen zu beobachten, sowohl innerhalb der Cluster als auch zwischen den Ländern. So sieht man etwa im Germanic Europe Cluster in Autonomous Leadership einen Betrag zu effektivem Führungsverhalten, während es in den angelsächsischen Ländern als ineffektiv angesehen wird.

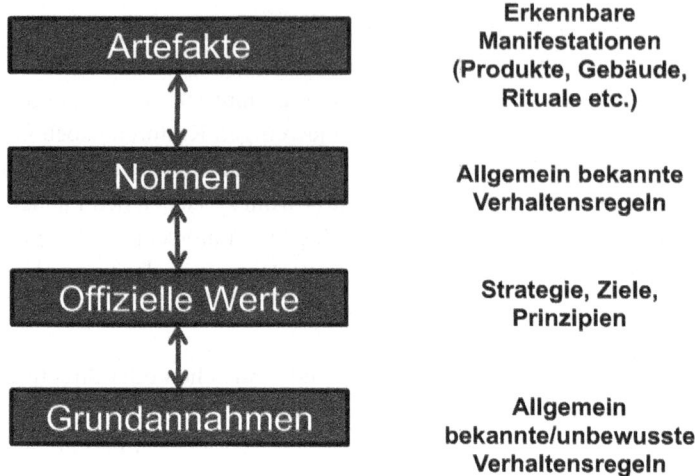

Abb. 12.6 Modell der Unternehmenskultur. (Quelle: nach Schein und Sackmann 2006)

Und schließlich noch die letzte der globalen Leadership Dimensions: *Self-protective Leadership*. Auch hier gibt es große Unterschiede in der Interpretation. In Gesellschaften mit hohen Werten für Power Distance und Uncertainty Avoidance, unterstützt Self-Protective Leadership etwa die Effektivität der Führung. In allen anderen Gesellschaften oder Organisationen, wird dieser Führungsstil als kontraproduktiv angesehen.

GLOBE hat anschaulich demonstriert, dass es in der Tat allgemein gültige Dimensionen des Führungsverhaltens gibt, die weltweit existieren und allgemein als Voraussetzung für effektives Führen angesehen werden. Dennoch ist nicht zu übersehen, dass diese allgemeinen Dimensionen, je nach gesellschaftlichem und kulturellem Kontext, unterschiedliche Bedeutung besitzen.

12.4 Worauf kommt es bei der Kommunikation in unterschiedlichen (Unternehmens −)Kulturen an?

Unternehmen operieren im Kontext ihrer jeweiligen nationalen Kultur und den dort bestehenden Anforderungen und Erwartungen. Die Art und Weise, was und wie in einem Unternehmen kommuniziert wird, trägt entscheidend zur Performance der Organisation bei. Rufen wir uns nochmals unser Modell der Unternehmenskultur in Erinnerung. Abbildung 12.6 zeigt das Kulturmodell.

In Unternehmen etablieren sich bestimmte, für das Unternehmen typische Formen der Kommunikation, z. B.:

- Wie offen und wie breit werden die strategischen Ziele im Unternehmen kommuniziert? Bis auf welche Ebene stehen diese Informationen zur Verfügung?

- Wieviel Transparenz und Offenheit wird unternehmensintern praktiziert? Welche Informationen werden zur Verfügung gestellt?
- Gibt es eine Fehlerkultur in der Organisation, d. h. werden Fehler offen angesprochen, nicht unter den Teppich gekehrt, sondern als Lernchance für die Gruppe, die Abteilung und die Organisation begriffen?
- Wie offen können Schwierigkeiten oder Probleme speziell gegenüber Vorgesetzten angesprochen werden? Wie direkt darf Kommunikation sein?
- Wie werden die Unternehmenswerte kommuniziert?
- Welche Glaubenssätze, Einstellungen kennzeichnen die Unternehmenskultur und wie wird kommunikativ damit umgegangen?
- Was bleibt unausgesprochen in der Kommunikation? Was setzt man „stillschweigend" voraus?

Die Kommunikationsforschung verweist seit Langem darauf hin, dass Kommunikation mehr ist als nur der Austausch von Informationen zwischen Sender und Empfänger. Kommunikation ist ein dynamischer Prozess, der sich zwischen den beiden abspielt und der in hohem Maße kontextabhängig ist. Kontext ist dabei die jeweilige Situation, Zeit, Raum, Kultur, in dem die Kommunikation stattfindet. Je weniger vertraut dieser Kontext ist, desto komplexer (und leicht missverständlich) wird die Kommunikation. Menschen aus anderen (Unternehmens −)Kulturen interpretieren Symbole, Gesten, Äußerungen auf unterschiedliche Weise. Deshalb ist es wichtig, den Kontext der Kommunikation zu verstehen, damit man zu einem gemeinsamen Verständnis davon gelangt, nicht nur was gesagt wurde, sondern was tatsächlich gemeint war.

Hall und Hall (1990) haben zwei Gruppen von Kulturen unterschieden, die Low-Context- und die High-Context-Kulturen. Der Unterschied zwischen den beiden ist die Bedeutung, die der Kontext für das Verständnis der Botschaft erhält. In den Low-Context-Kulturen ist die Information in der Botschaft selbst enthalten, d. h. die Botschaft ist explizit. In den High-Context-Kulturen dagegen sind die meisten Informationen in dem Zusammenhang enthalten, in dem die Botschaft vermittelt wurde, d. h. in der Beziehung zwischen den kommunizierenden Personen und in der Situation, in der sie miteinander kommunizieren. Die Botschaft ist implizit.

▶ Effektive Kommunikation zwischen verschiedenen Kulturen ist stark kontextabhängig.

Wenn sich nun Vertreter unterschiedlicher Kommunikationskulturen treffen, kann es leicht zu Missverständnissen kommen, da sie ihre Kommunikation ganz unterschiedlich interpretieren können. Wenn sich zum Beispiel ein Deutscher und ein Japaner treffen, möchte der Deutsche möglichst ohne Umschweife zum Thema der Besprechung kommen, während der Japaner genau dies nicht möchte. Er zieht es vor, sich zuerst über allgemeine Dinge zu unterhalten, über Gott und die Welt, um eine persönliche Beziehung aufzubauen, ehe er zum eigentlichen Thema kommt.

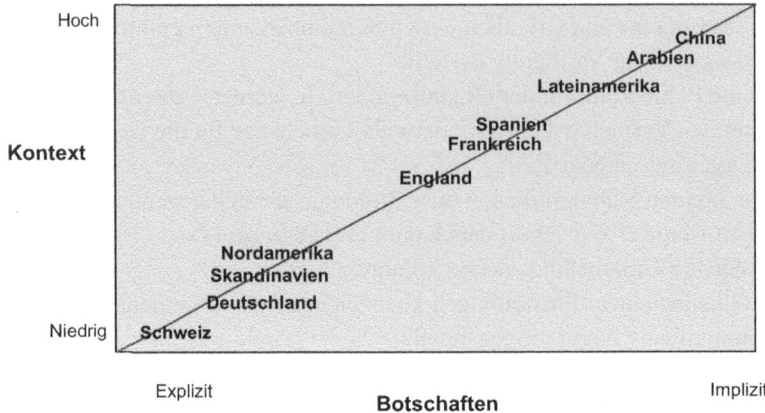

Abb. 12.7 High-Context- und Low-Context-Kulturen. (Quelle: angepasst an Hall 1990)

Beide gehören unterschiedlichen Kulturräumen an, der Japaner der High-Context-Kultur, während der Deutsche aus einer Low-Context-Kultur kommt, und befinden sich damit an den Extremen der Skala (siehe hierzu Abb. 12.7 High-Context- und Low-Context-Kulturen).

Ein deutscher Manager (Low-Context-Kultur), der innerhalb seines Unternehmens nach Asien (High-Context-Kultur) versetzt wird, darf nicht davon ausgehen, dass seine direkten, für ihn klar verständlichen Anweisungen tatsächlich auch so von den lokalen Mitarbeitern umgesetzt werden (siehe hierzu beispielsweise Hofmann 2011, S. 57).

Diese Unterschiede in der Kommunikationskultur zeigen sich natürlich auch im Unternehmensalltag. Sie sind eine große Herausforderung für Führungskräfte und Mitarbeiter, die in ein anderes Land versetzt werden und sich dort erst einmal den lokalen Gepflogenheiten und Standards anpassen müssen. Es erfordert viel Fingerspitzengefühl und Lernbereitschaft, um möglichst schnell Gesten, Äußerungen und Verhalten richtig zu deuten und im Kontext zu verstehen.

Ein weiterer grundlegender Aspekt für das Verständnis von Kommunikation und Interaktion ist die kulturabhängige Interpretation von räumlicher Nähe. Hall (1966) nennt es „Proxemics". Abbildung 12.8 vermittelt eine Übersicht der unterschiedlichen Raumbedarfe.

Effektive Kommunikation ist nach Hall nicht möglich, ohne zu verstehen, wie der persönliche und soziale Raum in anderen Kulturen (und damit auch in Unternehmen) interpretiert wird. Was sagen die Art und Weise aus, wie räumliche Nähe oder Distanz zwischen handelnden Personen genutzt werden? Welche „geheimen" Botschaften werden damit vermittelt? (Das gilt auch für andere Sinneswahrnehmungen: hören, sehen, fühlen, riechen, berühren). Je nach kulturellem Hintergrund nehmen unsere Sinne Informationen anders auf. Nicht nur im Hinblick darauf, was sie wahrnehmen, sondern auch darauf, was sie nicht wahrnehmen. Kultur ist ein wesentlicher Wahrnehmungsfilter. Nach Hall lernen Kinder

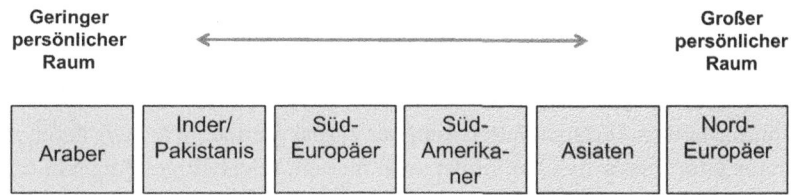

Abb. 12.8 Persönlicher Raumbedarf. (Quelle: angepasst an Hall 1990)

bereits in einem frühen Stadium ihrer Entwicklung, welche Art von Informationen sie aufnehmen müssen und welche sie vernachlässigen können. Sobald diese Wahrnehmungsmuster gefestigt sind, bleiben sie weitgehend stabil für den Rest des Lebens. Diese Muster behalten Führungskräfte und Mitarbeiter bei, wenn sie in anderen Kulturräumen arbeiten.

Was bedeutet dies nun für Führungskräfte, die sich mit ganz praktischen Aufgaben und Herausforderungen in anderen Kulturen auseinandersetzen müssen?

12.5 Cross-Cultural Management in der Praxis

Wer als Führungskraft in einem großen, international tätigen Unternehmen arbeitet, wird über kurz oder lang mit der Frage konfrontiert, ob er/sie bereit ist, eine neue Aufgabe in einer der Auslandstöchter des Unternehmens zu übernehmen. Spätestens dann wird man sich Gedanken machen (müssen), was es heißt, in einer anderen Kultur zu arbeiten.

Ein längerer Auslandsaufenthalt gestaltet sich sicherlich unproblematischer, wenn man innerhalb des eigenen Konzerns bleibt. Es gelten die bekannten Unternehmenswerte, die Führungsprinzipien und Regeln. Außerdem ist man bestens mit den etablierten Prozessen im Konzern vertraut. Man weiß, worauf es ankommt und kennt die „Dos and Don'ts". Und wenn mal etwas schiefläuft, verfügt man über persönliche Kontakte, um sich Hilfe oder Informationen zu besorgen.

Schwieriger gestaltet sich der Auslandsaufenthalt, wenn man neu im Unternehmen ist, und sich erst mit den Usancen vertraut machen muss. Da fehlt das unterstützende Netzwerk.

Im einen wie im anderen Fall ist die beste Absicherung eine gute Vorbereitung. Studien wie GLOBE vermitteln einen ersten, allgemeinen konzeptionellen Rahmen zum Verständnis anderer Kulturen (Gesellschaften und Organisationen) und den sich daraus ergebenden Anforderungen für Führungskräfte. Sie vermitteln einen Überblick und leisten – im besten Fall – eine allgemeine Sensibilisierung für die mannigfaltigen kulturellen Herausforderungen, denen sich Manager im internationalen Geschäft stellen müssen.

▶ Gezielte und sorgfältige Vorbereitung auf einen Auslandsaufenthalt schafft die Grundlage für effektives Führen in unterschiedlichen Kulturen.

Diese generellen Erkenntnisse sind jedoch kein Ersatz für die Bereitschaft, sich ganz praktisch und konkret auf die Bedingungen und Aufgaben vor Ort einzulassen (Connerley 2005).

Viele Unternehmen bieten In-house-Kurse zur Vorbereitung auf Auslandsaufenthalte an. Aber die systematische Vorbereitung ist keineswegs die Norm. Wer vom eigenen Unternehmen nichts angeboten bekommt, kann auf ein breites Spektrum an interkulturellen Einführungskursen kommerzieller Anbieter zurückgreifen. Wer sich durch einschlägige Literatur informieren möchte, findet auch hier ein reichhaltiges Angebot (z. B. Clement, Ute 2011).

Wir haben in Kap. 6 die Voraussetzungen für effektives Führen dargestellt und auf die Bedeutung der persönlichen und sozialen Kompetenzen hingewiesen. Fähigkeiten, die unter dem Stichwort der „Emotionalen Intelligenz" bekannt geworden sind, bieten gute Voraussetzungen für das Verhalten in kulturell schwierigem Gelände. Auch diese Fähigkeiten können gezielt geschult und entwickelt werden. Und so gibt es auch hier beispielsweise im Internet diverse Angebote.

Im Folgenden stellen wir ein Fallbeispiel vor, das typische Herausforderungen des Cross-Cultural Managements beschreibt.

12.6 Zusammenfassung

Auf den Punkt gebracht: Die dominanten Merkmale einer nationalen Kultur spiegeln sich – cum grano salis – auch in den Unternehmenskulturen des Landes wider, dennoch sind beide nicht identisch.

Alle international tätigen Unternehmen sind heute damit konfrontiert, dass sie in unterschiedlichen kulturellen Zusammenhängen, oft gleichzeitig, operieren. Mitarbeiter und Führungskräfte sind da besonders gefordert.

Entsprechend unterscheiden sich auch die Führungskulturen weltweit. Dennoch gibt es zwei Führungsstile, Charismatic/Value-Based Leadership und Team-Oriented Leadership, die weltweit Gültigkeit besitzen (wobei auch hier die Bedeutung und Konkretisierung dieser Leadership Styles vor dem Hintergrund der lokalen Gegebenheiten gesehen werden muss).

Effektives Cross-Cultural Management erfordert Sensibilität und Verständnis für die kulturellen Besonderheiten anderer Länder oder Regionen. Ein funktionales Kulturverständnis kann erworben werden. Mitarbeiter und Führungskräfte sollten daher für Auslandseinsätze gezielt vorbereitet und geschult werden.

12.7 Fallstudie

Der US-amerikanische Automobilzulieferer „Transmission Inc." ist seit einigen Jahren im China-Geschäft aktiv. Als (noch) vergleichsweise kleines Unternehmen (Jahresumsatz 1,5 Mio. US-Dollar), möchte sich der hochspezialisierte Getriebeproduzent neue Wachstumsmärkte in China, aber auch in anderen Teilen Asiens erschließen. Als geeignete Markteintrittsstrategie wurde „LIN Motors" identifiziert, ein prosperierendes chinesisches

Staatsunternehmen, das hauptsächlich Spezialteile für Motoren und Getriebe für die rasant wachsende einheimische Autoindustrie liefert. LIN Motors möchte langfristig auch für westliche Automobilhersteller ein attraktiver Partner werden und ist deshalb entscheidend auf westliches Know-how angewiesen.

Das von den beiden Firmen gegründete Joint Venture (JV) „LIN TRANS", an dem sie zu je gleichen Anteilen beteiligt waren (mit je einem US-amerikanischen und einem chinesischen General Manager), sollte beiden Partnern ermöglichen, ihre Marktposition im chinesischen Markt auszubauen.

Robert Henley, der US-amerikanische General Manager, hatte vor zwei Tagen einen Anruf von seinem Chef Lou Marshall erhalten, der mit der wirtschaftlichen Entwicklung des JV sichtlich unzufrieden war. Die Wachstumszahlen lagen unter dem Marktdurchschnitt. Außerdem hatte es wiederholt Kundenbeschwerden hinsichtlich der Produkt- und Lieferqualität von LIN TRANS gegeben. Die von der Konzernzentrale vorgegebenen neuen Wachstumsziele sahen sowohl eine Umsatzsteigerung als auch deutlich höhere Gewinne vor. Und aus Lou Marshalls Sicht bestand dringender Handlungsbedarf. An einer Verbesserung der Ertragssituation führe kein Weg vorbei.

Robert Henley hatte im letzten Monats-Meeting seinen chinesischen Kollegen und Mit-Geschäftsführer Hu Jinping darauf hingewiesen, dass „die Zahlen" nicht stimmten und dass sie sich über gezielte Wachstumsimpulse (Maßnahmen) unterhalten müssten. Seine Andeutungen waren jedoch auf geringe Resonanz gestoßen. Auch als er das Thema Qualitätskontrollen und Einsparungspotenziale zur Sprache brachte, reagierte Hu Jinping sehr zurückhaltend. Insbesondere der für Qualitätssicherung zuständige Wang Fui verwies auf die positiven Rückmeldungen von Quoros, einem führenden chinesischen Automobilhersteller, ihrem derzeit wichtigsten Kunden.

Für die Chinesen waren Wachstumsziele weniger wichtig. Als Teil eines Staatsunternehmens ging es ihnen vor allem um die Schaffung von zusätzlichen Arbeitsplätzen vor Ort und die feste Einbindung des Unternehmens in die regionalen Strukturen von Politik und Wirtschaft. Ihnen kam es auf die gute Zusammenarbeit mit der Regionalregierung an, die in enger Absprache mit den Parteifunktionären ein ambitioniertes Arbeitsbeschaffungsprogramm für die Region aufgelegt hatte. „Ja, ja, man müsse darüber sprechen."

Und als Hu Jinping dann noch die Möglichkeit andeutete, man könne eine regional ansässige Firma kaufen, um LIN TRANS' Leistungsspektrum zu erweitern, reagierte Robert Henley sichtlich verärgert. Man hatte vor Kurzem eine Ortsbesichtigung dieser Firma gemacht und war sich darin einig geworden, so glaubte Robert Henley, dass ohne größere Investitionen die Rentabilität nicht gesichert wäre.

Wie sollte er eine weitere Investition als weitere Maßnahme, ohne dass ersichtlich wäre, wie diese die Gewinnsituation verbessern würde, gegenüber seinem Chef vertreten?

Jetzt, einen Monat später, war Robert Henley auf dem Weg zu einem Meeting von „LIN TRANS" mit den regionalen Verantwortlichen (Bürgermeister, Parteifunktionäre), die von seinem chinesischen Counterpart Hu Jinping organisiert worden war. Das Meeting war eines jener Routinetreffen, die einmal im Jahr zur Pflege der lokalen/regionalen Kontakte (Corporate Social Responsibility) veranstaltete wurden. Robert Henley beschlich nun ein ungutes Gefühl, wenn er an das Meeting dachte. Er und Hu Jinping hatten seit dem letzten Management-Meeting keinen Kontakt gehabt.

Robert war der erste Redner. Seine Rede wurde simultan übersetzt. Er würdigte die bisherigen Erfolge von LIN TRANS, deutete jedoch gleichzeitig an, dass sich der Wettbewerb auch auf dem innerchinesischen Markt spürbar verschärft hatte und dass das Unternehmen zukünftig verstärkt auf Kosten, Qualität und Effizienz achten müsse. In den nächsten Monaten würde man sich diesem Thema verstärkt widmen. Am Ende gab es freundlichen Applaus der Zuhörer, aber Robert war nicht entgangen, dass seine Botschaften sehr zurückhaltend aufgenommen wurden.

Hu Jinping's Präsentation drehte sich im Wesentlichen um die großen Erfolge, die LIN TRANS in den letzten Jahren erzielt hatte. Insbesondere die vielen Arbeitsplätze, die in der Region neu geschaffen wurden und deutlich über dem lagen, was in anderen Wirtschaftsregionen erzielt wurde. Und an diesem Ziel wolle man auch in Zukunft festhalten. Deshalb plane man auch eine weitere Kooperation mit einem lokalen Anbieter. Hu Jinping's Ausführungen wurden heftig beklatscht. Es war nicht zu übersehen, das Hu Jinping den Nerv der versammelten Repräsentanten aus Politik und Wirtschaft getroffen hatte.

Auch beim anschließenden Get-together war nicht zu übersehen, wie sehr man das regionale Engagement von LIN TRANS begrüßte.

Robert Henley befand sich in einer schwierigen Situation. Was konnte er seinem Chef mitteilen? Und welche Entscheidungen waren für LIN TRANS zu treffen?

Reflektionsfragen zum Kapitel

a) Inwieweit liefern die in Kap. 12 vorgestellten GLOBE-Kulturdimensionen Anhaltspunkte für die unterschiedlichen Einstellungen und Wahrnehmungen der US-Amerikaner und der Chinesen? Wie aussagekräftig sind die Daten auf dieser globalen Ebene?

b) Welches sind die wichtigsten Unterschiede im Vorverständnis / in der Herangehensweise beider Kulturen, beider Manager? Welchen Stellenwert haben kulturelle und strategische Faktoren

c) Was hätte Robert Henley machen müssen/können, um diese Entwicklung zu vermeiden? Was hätte er tun können, wo braucht er Unterstützung von anderen?

d) Welche Schritte sollte Robert Henley unternehmen, um eine Lösung in der aktuellen Situation zu erreichen? Welche Lösungen bieten sich an? Versetzen Sie sich in seine Lage und entwickeln Sie einen konkreten Plan, was er in der aktuellen Situation unternehmen sollte und begründen Sie Ihre Entscheidung.

Online-Material zur Fallstudie auf springer.com.

Literatur

Brodbeck, F. C., & Frese M. (2008). Societal culture and leadership in Germany. In J. S. Chhokar, et al. (Hrsg), *Culture and leadership across the World*. New York: Psychology Press.

Clement, U. (2011). *Kon-Fusionen – Über den Umgang mit interkulturellen Business-Situationen*. Heidelberg: Carl-Auer Verlag.

Connerley, M. L., & Pedersen, P. B. (2005). *Leadership in a diverse and multicultural environment*. Thousand Oaks: Sage Publications.

Hall E. T., & Hall M. R. (1990) *Understanding Cultural Differences*. Yarmouth: Intercultural Press ANC.

Hofmann, L. M. (2011). (G)Lokale Führung und Personalentwicklung. In Schwuchow, K.-H. & Gutmann, J. (Hrsg.), *Jahrbuch Personalentwicklung 2011* (S. 57–65). Köln: Luchterhand.

Hofsteede, G. (1991). *Cultures and organizations – software of the mind*. London: HarperCollins Business.

House, R. J., Hanes, P. J., Javiadan, M., Dorfman, P. W., Gupta, V. (2004). *Culture, leadership and organizations – the GLOBE Study of 62 societies*. Thousand Oaks: Sage Publications.

House, R. J., Dorfman, P. W., Javidan, M., Hanges, P. J., Dully de Luque, M. F. (2014). *Strategic leadership across cultures*. Thousand Oaks: Sage Publications.

Unternehmenskultur und (Gender)Diversity   13

Laila Maija Hofmann

Zusammenfassung

In diesem Kapitel erfahren Sie,

- was unter Diversity im Allgemeinen und unter Gender Diversity im Besonderen zu verstehen ist;
- in welchem Zusammenhang Unternehmenskultur und Diversity stehen;
- welche Bedeutung dem Thema „Vielfalt" für das unternehmerische Handeln zugeschrieben wird;
- wie eine Unternehmenskultur der Vielfalt geschaffen werden kann;
- welche Faktoren eine besondere Rolle spielen bei der Entwicklung einer geschlechtergerechten Unternehmenskultur.

Wie bereits erläutert, gehen wir in unserem Konzept von Unternehmenskultur davon aus, dass sich die Unternehmenskultur auf alle Bereiche organisatorischer Tätigkeit auswirkt. In diesem Kapitel wenden wir uns der Bedeutung der Unternehmenskultur für ein aktuell intensiv diskutiertes Themenfeld der Unternehmensführung zu, nämlich dem Thema „Diversity".

Die Diskussionen um den demografischen Wandel, die Einwanderungspolitik oder die Quotenregelungen für Aufsichtsratsmandate sowie Vorstandsposten füllen seit einiger Zeit die Presseveröffentlichungen. Warum fällt es offenbar nicht nur in den Unternehmen, sondern auch in der gesamten Gesellschaft so schwer, eine „Willkommenskultur" zu entwickeln? Den Umgang mit „Minderheiten" ist man – naturgegeben – nicht gewohnt. Sie erscheinen demzufolge „ungewöhnlich"; das bedeutet, man muss sich an etwas „Neues"

© Springer Fachmedien Wiesbaden 2014
N. Homma et al., *Einführung Unternehmenskultur,*
DOI 10.1007/978-3-658-02411-6_13

gewöhnen, sich also verändern. Und das fällt vielen nicht leicht. Auch wenn sie längst begriffen haben, dass man in einer globalisierten und vernetzten Welt Wege finden muss, um mit Unterschiedlichkeiten umzugehen, ja diese im besten Falle sogar zu nutzen.

In diesem Abschnitt wird erläutert, wie eine Kultur der Vielfalt geschaffen werden kann und welche Erfolgsfaktoren insbesondere ausschlaggebend sind für die Entwicklung einer geschlechtergerechten Unternehmenskultur.

13.1   (Gender)Diversity – zur Einordnung der Begriffe

Was aber wird nun im Allgemeinen unter dem Begriff „**Diversity**" verstanden? Es geht hier um die Vielfalt in unserer Gesellschaft und darum, wie wir damit umgehen (**Diversity Management**).

▶ Es geht um den Respekt für die individuellen Unterschiede von Menschen in Organisationen und deren Wertschätzung. Es soll durch die Verhinderung von Diskriminierung und die Verbesserung von Chancengleichheit eine positive Arbeitsatmosphäre geschaffen werden (BMAS 2014).

Konkret geht es also um:

• die gezielte Wahrnehmung,
• das aufrichtige Wertschätzen und
• das bewusste Nutzen von Unterschieden (Deutsche Diversity Gesellschaft 2014a).

Die Dimensionen von Vielfalt, die üblicherweise in der soziologischen und zunehmend auch in der ökonomischen Debatte diskutiert werden, sind dabei folgende: **Geschlecht** und **Alter**, **Herkunft**, **körperliche Fähigkeiten** oder **Religion**. Werden diese Unterschiede als Potenzial oder eher als Problem betrachtet? Wo gibt es gegebenenfalls Privilegien oder Benachteiligungen? Und: Wie wirken diese Kategorien zusammen – sowohl in den Individuen als auch in den gesellschaftlichen und organisationalen Strukturen (KomGeDi 2013)?

In Abb. 13.1 sind die sogenannten „vier Diversity-Ebenen" nach Gardenswartz und Rowe (2008) dargestellt. Die genannten Merkmale gehören hiernach zur „Inneren Dimension", sind also am engsten mit der Persönlichkeit eines Individuums verbunden. In einem umfassenden Diversity-Management-Konzept werden außerdem äußere Dimensionen, wie beispielsweise Familienstand oder Berufserfahrung berücksichtigt. Hinzu können sogenannte organisationale Dimensionen kommen, wie Gewerkschaftszugehörigkeit oder Arbeitsinhalte.

Wir wollen im vorliegenden Kapitel das Zusammenwirken von Unternehmenskultur und Diversity insbesondere anhand der Beispieldimension „**Gender**" etwas genauer betrachten.

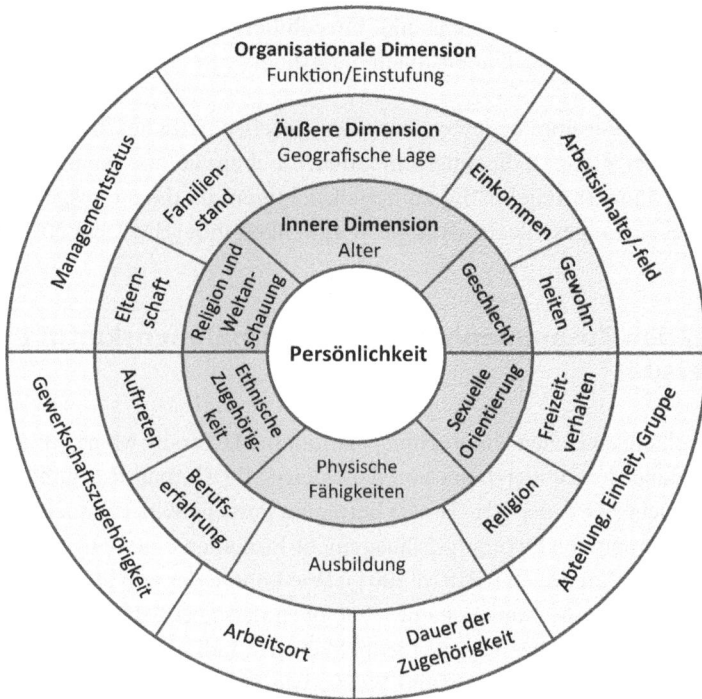

Abb. 13.1 Diversity-Dimensionen. (Quelle: angelehnt an Gardenswartz und Rowe 2008, S. 31)

▶ In der englischen Sprache gibt es zwei Übersetzungen für das deutsche Wort „Geschlecht": „**Sex**" meint das biologische Geschlecht, „**Gender**" hingegen das soziologische Geschlecht, also das, was durch Zuschreibungen und alltägliche Praktiken in einer Gesellschaft sozusagen „hergestellt" wird.

In der Debatte um Gender Diversity geht es demzufolge um die Geschlechterverhältnisse in unserer Gesellschaft: Wie gestalten sich die Lebenslagen von Männern und Frauen? Wie sind Rollenbilder entstanden, wie können sie verändert werden? Und was tut sich in Sachen Gleichberechtigung?

Umfassende Bedeutung erlangte der Begriff auf internationaler Ebene 1995 durch die UNO-Weltfrauenkonferenz in Peking. Im Vertrag zur Gründung der Europäischen Gemeinschaft (EG-Vertrag), der 2009 in „Vertrag über die Arbeitsweise der Europäischen Union" umbenannt wurde, steht in Artikel 2, dass die Europäische Gemeinschaft es sich zur Aufgabe macht, die Gleichstellung von Männern und Frauen zu fördern. Und in Artikel 3 kann man lesen, dass die Gemeinschaft bei allen ihren Tätigkeiten darauf hinwirkt, Ungleichheiten zu beseitigen und die Gleichstellung von Männern und Frauen zu fördern.

Weitere Fachbegriffe, die in diesem Zusammenhang oftmals Anwendung finden, sind „Gender Studies" oder auch „Gender Mainstreaming". In den sogenannten

„**Gender Studies**" werden Ungleichheiten hinsichtlich des Geschlechts im Zusammen-wirken mit anderen Diversity-Dimensionen untersucht.

► **Gender Mainstreaming** bedeutet, bei allen gesellschaftlichen Vorhaben, also auch im betrieblichen Kontext, die unterschiedlichen Lebenssituationen und Interessen von Frauen und Männern regelmäßig zu berücksichtigen, da davon ausgegangen werden kann, dass es keine geschlechtsneutrale Wirklichkeit gibt (BMFSFJ 2012).

13.2   Über den Zusammenhang von Unternehmenskultur und Diversität

Der Zusammenhang zwischen Unternehmenskultur und Diversity Management wurde bei-spielsweise Anfang der 2000er-Jahre von der Society for Human Resource Management (SHRM) untersucht. 79 % der 121 damals befragten Personalexpert_innen gaben an, dass Initiativen im Rahmen von Diversity-Management-Projekten einen positiven Einfluss auf die Unternehmenskultur haben (SHRM 2001). Wie könnte der nun aber aussehen?

Wenn es beim Diversity Management – wie oben definiert – darum geht, wie Mitglie-der einer Gesellschaft mit der Unterschiedlichkeit der Individuen umgehen, heißt das – bezogen auf Unternehmen – die Art und Weise, wie Führungskräfte und Mitarbeiter_in-nen[1] die Verschiedenheit ihrer Organisationsmitglieder handhaben, also die alltäglichen Praktiken im Umgang mit Vielfalt (was die Ausgangsdefinition für Unternehmenskultur in Kap. 1 direkt beinhaltet).

► Diversity kann dabei als **Unternehmenswert** an sich definiert sein (mittlere Ebene im Kulturmodell nach Edgar Schein (2004), siehe Kap. 1), der Orientie-rung für das Verhalten innerhalb der Organisation bietet (Orientierungsfunk-tion der Unternehmenskultur) und auf der grundlegenden Annahme (hier ein bestimmtes Menschenbild) (untere Ebene im Kulturmodell nach Schein), beispielsweise dass alle Menschen gleichberechtigt sind, beruht. Diversity Management kann darüber hinaus auch als **Anpassungsreaktion** einer Orga-nisation auf die Anforderungen aus dem Unternehmensumfeld gedeutet und/ oder eingesetzt werden.

---

[1] Gesellschaftliche Realität und Sprache stehen in einer Wechselbeziehung. Sprache drückt nicht nur Realitäten aus, sondern kann diese auch prägen und verändern. Der Unterstrich ist eine Varian-te gender-sensibler Schreibweise, mit der mehr als nur die (sprachliche) Gleichberechtigung von Frauen und Männern ausgedrückt werden soll. Sie stellt die Selbstverständlichkeit einer Zwei-Ge-schlechter-Ordnung und einer heterosexuellen Orientierung als Norm infrage und will auch den-jenigen einen sprachlichen Ort verleihen, die bislang vorwiegend nicht oder nur als „Abweichung" wahrgenommen werden (Intersexuelle, Transsexuelle, Homo- und Bi-Sexuelle usw.) (KomGeDi 2014).

Sollte Letzteres allerdings der Hauptgrund für eine Organisation sein, sich mit Diversity Management zu beschäftigen, wäre eine Einbindung in den Wertekanon des Unternehmens nicht zwingend notwendig; es handelte sich vielmehr um eine von vielen (hoffentlich effektiven) Managementtechniken. Hier könnte jedoch dann nicht von einer Verankerung der Idee von „Diversität" in der Unternehmenskultur gesprochen werden.

Hier scheint auch ein Hauptproblem bei der Umsetzung von Diversity-Projekten in Unternehmen zu liegen. In vielen Organisationen drängt sich der Eindruck auf, dass zwar eine Menge über einen gerechten Umgang miteinander gesprochen wird und in Hochglanzbroschüren über einen entsprechenden Unternehmenswert zu lesen ist, allein es fehlt der Glaube – der Glaube daran, dass es sich tatsächlich um eine organisational getragene Überzeugung handelt, als Unternehmen auch gesellschaftspolitische Verantwortung (**Corporate Social Responsibility** (CSR)[2]) zu tragen. Initiativen im Bereich des Diversity Managements erscheinen oft „halbherzig" beziehungsweise rein rational und in keinster Weise emotional verankert.

13.3   Mir wird's zu bunt! – Möglichkeiten und Grenzen einer Organisationskultur der Vielfalt

In der aktuellen Diskussion über Vielfalt in Organisationen wird regelmäßig eine Fülle an Vorteilen genannt, die Unternehmen durch ein professionelles Diversity Management generieren können. Üblicherweise werden:

* steigende **Kreativität** durch die Zusammenführung unterschiedlicher Perspektiven;
* Ausweitung der Absatzpotenziale durch Berücksichtigung der unterschiedlichen Bedarfe auf Abnehmerseite (**Kund_innenorientierung**) und
* Verbreiterung der **Bewerber_innenbasis**

ins Feld geführt (siehe beispielsweise Moss 2010).

Darüber hinaus nimmt die Bedeutung dieses Faktors auch für das gesellschaftliche Ansehen des Unternehmens (**Imagegewinn**) zu. Dies wiederum führt in der Regel zu höherer **Mitarbeiter_innen- und Kund_innenbindung**, verbessert jedoch oftmals auch die **Chancen bei Ausschreibungen** oder den **Zugang zu Finanzierungsquellen**.

So sieht beispielsweise die Deutsche Diversity Gesellschaft sehr gute Möglichkeiten für Unternehmen, die ein konsequentes Diversity Management betreiben, eine bessere Risikobewertung nach Basel II zu erhalten (Deutsche Diversity Gesellschaft 2014a).

---

[2] „Vorausschauend wirtschaften, fair mit Beschäftigten umgehen, Verantwortung für Gesellschaft und Umwelt übernehmen, das sind die Grundpfeiler von Corporate Social Responsibility (CSR). CSR ist kein ‚Sahnehäubchen', das sich Firmen leisten, weil es modern ist, sondern ein Grundpfeiler der sozialen Marktwirtschaft. Gesellschaftliches Engagement von Unternehmen stärkt die Volkswirtschaft und die Gesellschaft. CSR lohnt sich." (BMAS 2013).

Beispiel

Über ein Beispiel für die Nutzung bisher kaum in Betracht gezogener Arbeitskräftepotenziale im Rahmen von Diversity Management berichtete im Mai 2013 der Spiegel: SAP wurde zitiert mit dem Plan, so viele Menschen mit Autismus einzustellen, dass diese bis 2020 ein Prozent der Belegschaft ausmachten. Die „Beeinträchtigung" für Individuen in unserer Gesellschaft resultierend aus Autismus berge für das Unternehmen SAP besondere Vorteile. So ist es für viele Autisten offenbar kein Problem, fehlerlos riesige Zahlenkolonnen zu überprüfen (Spiegel Online 2013).

Besonders hoch ist die Anzahl der Untersuchungen über die Folgen von gendergerechter Personalführung (siehe beispielsweise McKinsey, Accenture, Pepperdine-Studie). Eine der in diesem Zusammenhang wohl bekanntesten Untersuchungen, die der Catalyst-Organisation, wies für Unternehmen mit hohem weiblichen Anteil in den Führungsetagen einen um 35 % höheren Return on Equity nach. Man mag an der Höhe des Vorteils zweifeln, unbestritten scheint jedoch zu sein, dass Initiativen zur Erhöhung der Gender Diversity unternehmerisch Sinn machen.

Wir können also festhalten: Wissenschaftliche Untersuchungen belegen die wirtschaftliche Sinnhaftigkeit von Diversity Management; zwischenzeitlich liegt eine Reihe von „Good-Practice"-Beispielen aus Unternehmen vor; es sind Checklisten und Toolboxes verfügbar (siehe beispielsweise Charta der Vielfalt e. V. 2011). Und trotzdem erscheinen die Erfolge eher mager, wie man beispielsweise an dem nach wie vor relativ niedrigen Frauenanteil in Führungspositionen sehen kann.

Liegt das Problem vielleicht tiefer? Geht es wirklich in erster Linie um das rationale Verstehen von Kennzahlen und die Anwendung von Techniken? Muss man sich nicht vielleicht viel eher um die Hinterfragung von grundsätzlichen Annahmen (erste Ebene des Kulturmodells nach Schein 2004) beziehungsweise von grundlegenden Überzeugungen (innere Haltungen) (erste Ebene im Unternehmenskulturmodell nach Sonja Sackmann (2006); siehe Kap. 1) bemühen? Also eine Verankerung des Wertes „Vielfalt" in der Unternehmenskultur erreichen?

Oftmals wird in der Debatte allerdings auch ausgeblendet, dass **Vielfalt in Betrieben auch einen Preis hat**. Auf der Hand liegen die Kosten, die beispielsweise für Awareness-Trainings ausgegeben werden sollten. Trotz solcher Trainings liegt die Wahrscheinlichkeit für Kommunikationsprobleme, die zu Missverständnissen und in der Folge zu Produktivitätseinbußen führen können, recht hoch. Hier sind insbesondere die Führungskräfte gefragt, für die durch Vielfalt in der Belegschaft natürlich auch die Komplexität im Führungsalltag steigt – also auch die Anforderungen an die eigene Person.

Eine weitere Herausforderung in der Diversity-Diskussion für Organisationen stellt das zunehmend an Popularität gewinnende Thema „**Intersektionalität**" dar.

▶ Unter Intersektionalität wird im Allgemeinen verstanden, dass Kategorien wie „Gender", „Alter" oder „Nationalität" nicht isoliert voneinander betrachtet werden können, sondern in ihren Verwobenheiten beziehungsweise ihren Wechselwirkungen untereinander analysiert werden müssen (vgl. beispielsweise Walgenbach 2012). Der Fokus der Debatte liegt auf dem Zusammenwirken von sozialen Ungleichheiten, auf Macht- und Normierungsverhältnissen, die soziale Strukturen, Praktiken und Identitäten reproduzieren.

In Unternehmen finden derzeit insbesondere die Kategorien „Gender" und „Alter" in ihrem Zusammenwirken Beachtung, beispielsweise die Frage, inwieweit ältere Frauen mehr Diskriminierung erfahren als ältere Männer in Betrieben. Nur um ein Beispiel zu geben: Genauso wie Kindererziehung in vielen Ländern in erster Linie (noch?) Sache der Frauen ist, ist auch das sogenannte „Elder Care", also die Pflege von Angehörigen im Alter, meist Aufgabe der Frauen. Für viele Frauen im Betrieb heißt das, dass sie – falls es ihnen gelungen ist, nach der Elternzeit wieder Fuß zu fassen im Unternehmen –, oftmals die vielleicht gerade erst wieder in Schwung gekommene Karriere einer Teilzeitstelle opfern müssen, da sie sich um pflegebedürftige Familienmitglieder kümmern.

Denkt man das Thema „Intersektionalität" weiter, dann wird klar, dass die Berücksichtigung der unterschiedlichen Wechselwirkungen von Diversity-Dimensionen eine Komplexität für Organisationen annehmen kann, die kaum mehr zu bewältigen ist.

Bei der Auswahl der Vielfaltskategorien und deren Wechselwirkungen gilt es also, Augenmaß zu bewahren, um die Organisationsmitglieder nicht heillos zu überfordern und um handlungsfähig zu bleiben. Ein Ansatz dafür, wie dabei vorgegangen werden kann, findet sich im nächsten Abschnitt.

Ein weiterer Aspekt in der Diskussion um eine „Unternehmenskultur der Vielfalt" sollte nicht unerwähnt bleiben: die Debatte um **offene und geschlossene Gesellschaften** (Gebert 2002). Im Sinne der Organisationskultur nach Schein (2004) sind in der Abb. 13.2 Grundannahmen aufgeführt, die in bestimmten Werten der eher offenen oder eher geschlossenen Gesellschaft ihren Ausdruck finden.

Abb. 13.2 Offene und geschlossene Gesellschaft. (Quelle: Gebert 2002, S. 154)

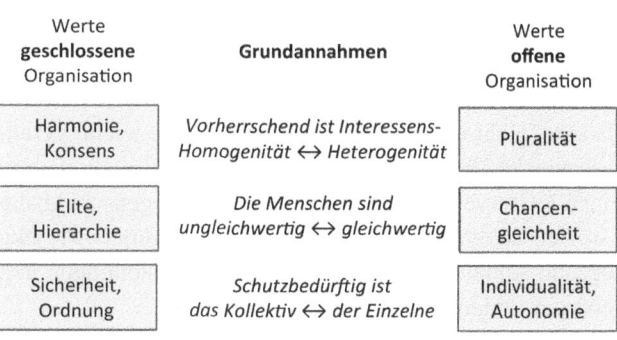

Werte geschlossene Organisation	Grundannahmen	Werte offene Organisation
Harmonie, Konsens	*Vorherrschend ist Interessens-Homogenität ↔ Heterogenität*	Pluralität
Elite, Hierarchie	*Die Menschen sind ungleichwertig ↔ gleichwertig*	Chancen-gleichheit
Sicherheit, Ordnung	*Schutzbedürftig ist das Kollektiv ↔ der Einzelne*	Individualität, Autonomie

Die Denkweisen in der offenen und der geschlossenen Gesellschaft unterscheiden sich grundsätzlich darin, ob soziale Realität als von Menschenhand gemacht und damit veränderbar (offen), oder von einer Art „höheren Macht" gegeben und deshalb als unveränderlich (geschlossen) interpretiert wird. In einer offenen Gesellschaft geht man davon aus, dass unterschiedliche Interessen von den Individuen verfolgt werden, wobei die Menschen in ihrer Unterschiedlichkeit gleichwertig sind. Hingegen geht man in einer geschlossenen Gesellschaft von einer Interessenshomogenität aus. Hier werden Menschen zwar auch als unterschiedlich betrachtet, allerdings mit der Folge, sie ungleichwertig zu behandeln.

In diesem Zusammenhang geht man davon aus, dass Organisationen soziale Systeme sind, die Werte von beiden „Welten" als erstrebenswert erachten: also beispielsweise sowohl Sicherheit als aber auch die Möglichkeit zur freien Entfaltung des Einzelnen. Es entsteht ein Dilemma, das nicht aufzulösen ist, das sehr wohl aber ausbalanciert werden kann. Nur muss klar sein, dass es in diesem Balanceakt regelmäßig dazu kommt, dass man Nachteile in Kauf nehmen muss: Will man den Konsens fördern, läuft man Gefahr, die Kreativität zu unterdrücken; wird die Pluralität und damit schöpferische Spannung in den Mittelpunkt gestellt, muss man mit Konflikten und Misstrauen rechnen. Setzt man auf Eliten, steigt das Diskriminierungsrisiko; will man andererseits Chancengleichheit, besteht die Gefahr, alles zu nivellieren.

Betrachtet man nun nochmals die Funktionen von Unternehmenskultur, wird deutlich, welche Herausforderung eine „Kultur der Vielfalt" bedeutet: Man möchte eine „offene" Atmosphäre für die unterschiedlichsten Individuen bieten, eine Willkommenskultur – unter anderem, um dem demografischen Wandel begegnen zu können (Funktion der **Anpassung** nach außen, an die Veränderungen in der Umwelt). Es soll aber auch Konsens (Wert in einer geschlossenen Gesellschaft) über bestimmte Werte geschaffen werden, um so eine **Identifikation** zu ermöglichen. Man möchte mit der Implementierung einer funktionierenden Organisationskultur **Stabilität** signalisieren; gleichzeitig soll der Individualität Raum geboten werden. Wie könnte das gelingen?

13.4   Der Weg zu „Multikulti"

Im vorangegangenen Abschnitt wurde ausgeführt, dass es eine Reihe von Herausforderungen zu bewältigen gilt, will man Diversity als Wert in einer Unternehmenskultur verankern oder gar eine Kultur der Vielfalt implementieren. In vielerlei Hinsicht unterscheidet sich ein solcher Veränderungsprozess nicht von dem, was bereits in Kap. 4 geschildert wurde. Es kann nicht oft genug betont werden, wie wichtig **Geduld und Durchhaltevermögen** insbesondere bei Change-Projekten sind, die einen Kulturentwicklungsprozess – oder gar einen Kulturveränderungsprozess – zum Gegenstand haben.

Wie gezeigt, geht es im Rahmen von Diversity-Projekten im Speziellen darum, grundlegende Annahmen, individuelle Grundeinstellungen gegenüber Rollenbildern und Stereotypen zu hinterfragen.

Beispiel

Es ist so leicht gesagt, dass man das Arbeiten im inter- oder gar multikulturellen Kontext sehr schätzt: Wenn man als Mitarbeiter_in, der/die in Deutschland sozialisiert wurde und beispielsweise der Höflichkeit einen hohen Stellenwert beimisst, im All-

tagsgeschäft jedoch regelmäßig mit den unterschiedlichen länderspezifischen Interpretationen von Pünktlichkeit konfrontiert wird. Und obwohl man in internationalen
Vorbereitungsseminaren „gelernt" hat, dass Unpünktlichkeit in vielen Ländern nicht
respektlos gemeint ist, „fühlt" manch eine_r sich dennoch gekränkt.

Beispiel

Oder wenn man als Führungskraft zum wiederholten Male die Erfahrung macht, dass
eine weibliche Nachwuchsführungskraft, die man intensiv förderte, aufgrund einer
Schwangerschaft einige Wochen „ausfällt" und anschließend – wahrscheinlich – nur
in einem (noch genauer zu definierenden) Teilzeitmodell arbeiten möchte. Zwar sind
die Fakten bekannt – beispielsweise, dass in Teilzeit oftmals viel effizienter gearbeitet
wird, zunehmend mehr Männer eine Elternzeit nehmen etc. –, nur wird mit solchen
Vorkommnissen oftmals ein Stereotyp bestätigt.

Es geht also um einen sehr langwierigen Prozess und darüber sollte man sich von Anfang
an im Klaren sein.

Betrachtet man nun die verschiedenen Phasen eines Veränderungsprozesses (siehe
Abb. 13.3), müssen einige Punkte in Diversity-Projekten hervorgehoben werden.

Der **Druck**, der für den Start eines Change-Prozesses als erfolgskritisch gilt, ist bei
Diversity-Projekten oftmals für die Individuen in der Organisation (noch) gar nicht so
sehr spürbar. Man hört allenthalben über den demografischen Wandel und den Mangel an
Führungskräften. Dies betrifft jedoch aktuell meist nur einzelne Aufgabenbereiche, die
nicht ausreichend qualifizierte Fach- oder Nachwuchskräfte (siehe beispielsweise Auszu-
bildende) bekommen.

Die ethisch-moralische Debatte über Chancengerechtigkeit scheint – insbesondere bei
der Kategorie „Gender" – sehr viele Leute vielmehr schon zu „nerven", unter anderem

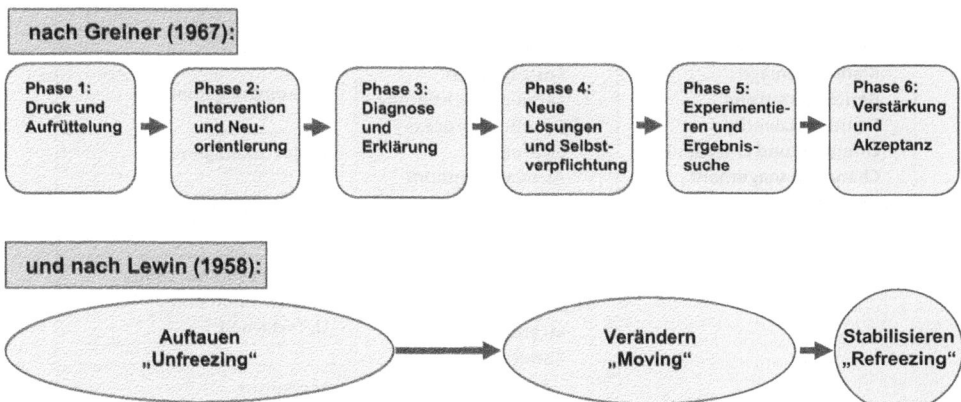

Abb. 13.3 Phasenverlauf von Organisationsentwicklungs-Projekten. (Quellen: angelehnt an Greiner 1967 und Lewin 1958)

wohl deswegen, weil sie schon derart lange andauert, und vielleicht weil – wie in Deutschland – die Volkswirtschaft doch sehr gut dasteht – trotz des relativ geringen Frauenanteils in Führungsfunktionen und der überaus peinlichen Ungleichbehandlung bei der Bezahlung (Gender Pay Gap).

Die **Diagnose** der aktuellen Situation fällt schwer, da es ja in Diversity-Projekten darum geht, mehr Vertreter_innen von derzeit in der Organisation unterrepräsentierten Gruppen in die Unternehmung zu holen. Wie kann jedoch eine Situation analysiert werden von Vertreter_innen der Mehrheit, die natürlicherweise eine andere Perspektive bezüglich der Situation haben? Unternehmen helfen sich häufig damit, die (wenigen) Repräsentant_innen dieser Gruppen aus den unterschiedlichen Organisationseinheiten zusammen zu holen. Damit wird deren „Andersartigkeit" besonders hervorgehoben, was selten im Interesse dieser Personen liegt: „Ich will nicht als etwas Besonderes behandelt werden. Ich will behandelt werden, wie alle anderen auch!"

Hingegen weist die Phase der **Suche nach neuen Lösungen** kaum Besonderheiten auf: Es ist – wie auch in anderen Veränderungsprojekten – darauf zu achten, „Betroffene zu Beteiligten" (Lewin 1958) zu machen, also den Partizipationsgrad hoch zu halten – was in großen Organisationen selbstverständlich komplexer ist als in kleinen. Auch in der **Phase des Ausprobierens** gilt Ähnliches wie in anderen Projekten: Wie bereits ausgeführt gibt es eine große Auswahl an unterschiedlichen Diversity-Aktivitäten, die zum Teil sogar schon evaluiert sind, jedoch nicht unbedingt auf die Situation im eigenen Unternehmen passen müssen. Einen guten Überblick über Gender-Diversity-Aktivitäten bietet beispielsweise die in Abb. 13.4 dargestellte Checkliste „GeDiCap" (Gender Diversity Capabilities).

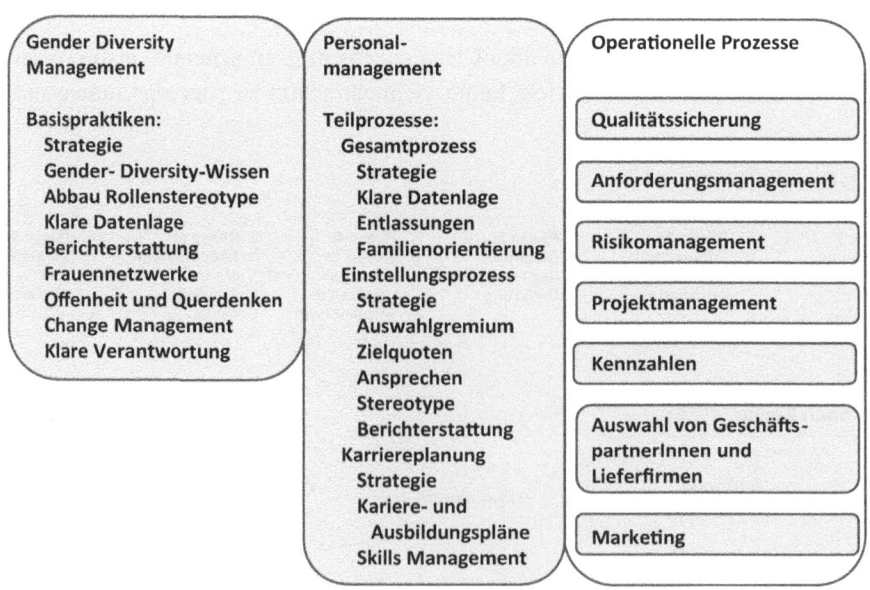

Abb. 13.4 Checkliste GeDiCap. (Quelle: angelehnt an Herpers 2013, S. 128)

In der letzten **Phase „Verstärkung und Akzeptanz"** ist – wie auch in anderen Projekten – konsequentes Handeln gefragt. Wie bereits oben erwähnt, gilt die Glaubwürdigkeit des Managements als einer der wichtigsten Erfolgsfaktoren für Veränderungsprozesse. So gaben 75 % der 2007 von Capgemini befragten Unternehmensvertreter_innen an, dass dieser Faktor einer der drei wichtigsten Erfolgsgrößen sei; 2005 waren es nur 38 % der Befragten gewesen, die diese Dimension so hoch bewerteten (Capgemini 2007).

13.5 Gestaltung einer geschlechtergerechten Organisation – eine Fallstudie

Wir wollen das eben Ausgeführte anhand eines Fallbeispiels zum Thema „Gender-Diversity" illustrieren. Sie finden in den folgenden Abschnitten die Darstellung der Ausgangssituation in einem Unternehmen, nennen wir es mal GORCH, das die Erhöhung des Anteils an Frauen in Führungspositionen anstrebt. Es werden einige Aktivitäten geschildert, die unternommen wurden, um diesem Ziel näherzukommen. Die Erläuterungen brechen an einer Stelle in diesem Prozess ab und Sie werden gebeten, anhand einiger Leitfragen und der Informationen in diesem Buch das Vorgehen zu analysieren und Ideen für das weitere Vorgehen zu erarbeiten. Informationen darüber, was in der Realität tatsächlich unternommen wurde, und Hinweise zur Beantwortung der Leitfragen finden Sie unter Online-Material auf springer.com.

Aber nun zur **Ausgangslage**: Es handelt sich um ein international tätiges Unternehmen der metallverarbeitenden Industrie mit rund 20.000 Mitarbeiter_innen. GORCH blickt auf eine langjährige Firmentradition zurück, bekennt sich zu Grundsätzen der sozialen Verantwortung (Code of Conduct) und veröffentlicht auf den Firmenseiten im Internet Aussagen zu Corporate Governance, die sich an dem üblichen Kodex orientieren und die mit den Führungskräften von GORCH bei der letzten Führungskräftetagung nochmals intensiv diskutiert wurden.

Die geschäftliche Situation ist zufriedenstellend. In den letzten Jahren ging es zwar mal auf, mal ab, insgesamt konnten die Herausforderungen jedoch erfolgreich – ohne betriebsbedingte Kündigungen – bewältigt werden; auch durch eine sehr zurückhaltende Einstellungspolitik.

In Zukunft soll der eingeschlagene Weg der Internationalisierung weiter ausgebaut werden. Hierzu war auch die Einrichtung eines für Internationalisierung zuständigen Vorstandsbereichs geplant. Leider verließ jedoch das Vorstandsmitglied, das extra für diese Aufgabe aus dem Ausland nach Deutschland in die Zentrale geholt wurde, schon nach kurzer Zeit nicht nur den Vorstandsposten, sondern auch das Unternehmen.

Trotz der sehr zurückhaltenden Einstellungspolitik geben in letzter Zeit die Bewerber_innenzahlen Anlass zur Sorge: Es sind weniger und weniger „gute" Bewerbungen eingegangen. Auf den unterschiedlichen Arbeitgeber-Rankings rangiert das Unternehmen auch eher im unteren Bereich. Eine ganze Reihe von Aktivitäten wurde gestartet, um die Attraktivität bei der Hauptzielgruppe, nämlich den Absolvent_innen der sogenannten

MINT-Fächer (Mathematik, Informatik, Naturwissenschaften, Technik) zu erhöhen: Die Vereinbarkeit von Familie und Beruf soll verbessert werden, unter anderem durch das Angebot von Kinderbetreuung und durch ein recht flexibles Teilzeitkonzept.

Der neue Vorstand bat nun im Zuge der Diskussion um den demografischen Wandel den Personalbereich im Unternehmen, ein Projekt ins Leben zu rufen, das die Erhöhung der Anzahl der Frauen im Betrieb zum Ziel haben sollte: „Frauen@GORCH". Eine Führungskraft aus dem zentralen Personalbereich wurde beauftragt, das Projekt zu koordinieren. Zunächst wurden hierfür einige Informationen zusammengestellt.

Zusammenfassung der Entwicklung des Frauenanteils bei GORCH

- Über acht Jahre hinweg ist der Frauenanteil leicht gesunken – trotz der Einhaltung der gesetzlichen Vorgaben und trotz des Willens, auch in der Vergangenheit Frauen nicht zu benachteiligen.
- Der Frauenanteil ist im Ausland nicht höher.
- Der Frauenanteil unter den Führungskräften bleibt konstant sehr niedrig.
- Diese Ergebnisse spiegeln nicht die Tendenzen der Entwicklung von Frauen in Ingenieurberufen auf dem Arbeits- und Ausbildungsmarkt wider: In Deutschland werden in den letzten fünf Jahren konstant ca. 22 % aller Studienabschlüsse in den Ingenieurswissenschaften von Frauen erworben.

Die beauftragte Führungskraft aus der Personalabteilung nahm Kontakt mit anderen Unternehmen auf, um sich über unterschiedliche Ansätze für die Erhöhung des Frauenanteils auszutauschen, besuchte Konferenzen, Weiterbildungen und Erfahrungsaustauschgruppen. Schließlich wurden einige im Unternehmen tätige Frauen ausgewählt, mit denen ein Austausch zum Thema – vor allem telefonisch – stattfand.

Daran anschließend führte eine Werkstudentin im Rahmen ihrer Bachelor-Arbeit Interviews mit Frauen bei GORCH durch. Ein Ergebnis aus diesen Interviews war, dass die befragten Frauen angaben, die Unternehmenskultur bei GORCH sei für Frauen nicht attraktiv.

Daraufhin kam man überein, eine externe Unternehmensberaterin zu engagieren, die einen Kick-off-Workshop mit zwölf ausgewählten Frauen (mit und ohne Führungsverantwortung) konzipieren und moderieren sollte. Der Workshop war für zwei Tage angesetzt. Der Bereichsvorstand Personal und die verantwortliche Führungskraft aus dem Personalbereich eröffneten den Workshop und baten die Teilnehmerinnen, sich mit folgender Aufgabenstellung (siehe Abb. 13.5) im Workshop auseinanderzusetzen.

Die Ergebnisse sollten am nächsten Nachmittag präsentiert werden. Die beiden Herren verabschiedeten sich daraufhin. Eine Mitarbeiterin der Personalabteilung blieb während des Workshops zur Unterstützung vor Ort.

In der Damenrunde wurde dann sehr aufgeregt und hoch engagiert diskutiert. Die Präsentation der Ergebnisse am folgenden Tag entsprach dann leider so gar nicht den Erwartungen des Bereichsvorstands.

Leitfragen zur Bearbeitung der Fallstudie

- Wie würden Sie aus den vorliegenden Informationen die Unternehmenskultur bei GORCH beschreiben?
- Welche Informationen für eine genauere Analyse fehlen Ihnen insbesondere? Wie würden Sie versuchen, diese zu erhalten?
- Wie beurteilen Sie den geschilderten Ansatz? Warum?
- Welche Schritte würden Sie als nächste empfehlen?

Online-Material mit Hinweisen zur Bearbeitung der Leitfragen sowie Informationen zum weiteren Projektverlauf in der Realität finden Sie unter springer.com.

13.6 Zusammenfassung

Wir haben an vielen Stellen im Rahmen dieses Buches auf die beiden Anforderungen an Unternehmenskultur bereits hingewiesen:

Projekt Frauen@GORCH–Kick-off-Workshop Frauen Ende Januar 2013

Auftrag an die zwölf Teilnehmerinnen für den 2. Workshop-Tag:
- Worin liegt aus Ihrer Sicht der Mehrwert, den Frauen für GORCH schaffen können?
  Wir wollen ein gemeinsames Verständnis entwickeln, welchen speziellen Mehrwert Frauen aus dem Gedanken der Vielfalt schaffen.
- Welche Hindernisse stehen dem bei GORCH entgegen?
- Welche Handlungsfelder sind anzugehen?

Ablauf des Workshops
- Einstiegspräsentation durch den Bereichsvorstand Personal
  - Warum das Thema? – Gender Diversity ist Erfolgsfaktor
  - Statistische Daten GORCH und externe Studien
  - Handlungsfelder zur Steigerung des Frauenanteils in Führungspositionen
- Einstiegs-und Klärungsphase
- Persönliche Erfahrungen und Wahrnehmungen zum Thema allgemein und bei GORCH
- Erwartungen an den Workshop
- Vorstellung ausgewählter Ergebnisse und zentraler Themen aus den Experteninterviews
- Mehrwert von Frauen allgemein und bei GORCH
- Hindernisse und Handlungsfelder zur Steigerung der Vielfalt in Führungspositionen
- Diskussion und Entscheidung zur Bearbeitung der Frage Mehrwert von Frauen bezüglich Vielfalt
- Zusammenfassung der Hindernisse und Erarbeitung von Vorschlägen für die wichtigsten Handlungsfelder
- Ergebnispräsentation vor dem Bereichsvorstand und dem Projektkoordinator

Abb. 13.5 Workshop-Auftrag und -ablauf

- Sie muss **stark** sein, um ihre Funktionen (Integrations- beziehungsweise Identifikations-, Orientierungs-, Steuerungs-, Abgrenzungs- und Stabilisierungsfunktion) erfüllen zu können.
- Sie muss aber auch **anpassungsfähig** sein an die jeweiligen Entwicklungen im Unternehmensumfeld, ohne jedoch willkürlich zu werden. Eine Unternehmenskultur, die heute aufgrund des demografischen Wandels Diversity als Wert implementieren möchte, darf morgen, wenn der Arbeitsmarkt anders aussieht, diesen Wert nicht einfach „über Bord" werfen.

Die Ausführungen in diesem Abschnitt machen deutlich, welche **Herausforderung** es insbesondere **für die Führungskräfte** bedeutet, dem Anspruch von Chancengleichheit gerecht zu werden und sich gleichzeitig im kompetitiven Unternehmensumfeld zu behaupten.

Um die **Komplexität** einer Unternehmenskultur managen zu können, die allen Diversity-Dimensionen gerecht wird, empfiehlt es sich, eine Auswahl derjenigen Dimensionen zu treffen, die für das Unternehmen – aus welchen Gründen auch immer – die höchste Bedeutung haben. Die Organisation kann dann anhand der Erfahrungen bei der Implementierung dieses Unternehmenswerts Sensibilität im Umgang mit anderen Diversity-Dimensionen gewinnen.

Und wieder einmal – an dieser Stelle jedoch sehr verstärkt – sei auf die Bedeutung der Glaubwürdigkeit des Top-Managements hingewiesen: Den Entscheider_innen im Betrieb muss klar sein, welche Haltung sie persönlich zu den ausgewählten Dimensionen haben und was Chancengerechtigkeit „kosten" kann.

Literatur

Bundesministerium für Arbeit und Soziales (BMAS). (2013). Über CSR. http://www.csr-in-deutschland.de/ueber-csr.html. Zugegriffen: 6. Dez. 2013.

Bundesministerium für Arbeit und Soziales (BMAS). (2014). Vielfalt. http://www.csr-in-deutschland.de/ueber-csr/glossar/v.html#c713. Zugegriffen: 31. Mai 2014.

Bundesministerium für Familie, Senioren, Frauen und Jugend (BMFSFJ). (2012). Strategie Gender Mainstreaming. http://www.bmfsfj.de/BMFSFJ/gleichstellung,did=192702.html. Zugegriffen: 31. Mai 2014.

Capgemini Consulting. (2007). Change Management Studie 2008: Business Transformation – Veränderung erfolgreich gestalten. Berlin: Capgemini.

Charta der Vielfalt e. V. (2011). Diversity-Dimensionen – Zusammenfassungen. http://www.charta-der-vielfalt.de/fileadmin/user_upload/beispieldateien/Downloads/CdV_Diversity_Dimension_Oktober_2011.pdf. Zugegriffen: 31. Mai 2014.

Deutsche Diversity Gesellschaft. (2014a). Managing Diversity. http://www.diversity-gesellschaft.de. Zugegriffen: 31. Mai 2014.

Deutsche Diversity Gesellschaft. (2014b). Managing Diversity: Nutzen für das Unternehmen. http://www.diversity-gesellschaft.de. Zugegriffen: 31. Mai 2014.

Gardenswartz, L., & Rowe, A. (2008). *Divers teams at work – capitalizing on the power of diversity* (2. Aufl.). Alexandria: Society for Human Resource Management.

Gebert, D. (2002). *Führung und Innovation*. Stuttgart: Kohlhammer.

Greiner, L. (1967). Patterns of organization change. *Harvard Business Review, 45*(3), 119–128.

Herpers, M. (2013). *Erfolgsfaktor Gender Diversity*. Freiburg: Haufe.

Kompetenzzentrum Gender & Diversity (KomGeDi). (2013). Was ist diversity. http://www.th-nuernberg.de/institutionen/ohm-kompetenzzentren/kompetenzzentrum-gender-and-diversity/was-ist-diversity/page.html. Zugegriffen: 31. Mai 2014.

Kompetenzzentrum Gender & Diversity (KomGeDi). (2014). Anmerkung zur Schreibweise mit dem Unterstrich. http://www.th-nuernberg.de/institutionen/ohm-kompetenzzentren/kompetenz-zentrum-gender-and-diversity/wofuer-die-schreibweise-mit-dem-unterstrich/page.html. Zugegriffen: 1. Mai 2014.

Lewin, K. (1958). Group decision and social change. In E. E. Maccoby, T. M. Newcomb, & E. E. Hartley (Hrsg.), *Readings in social psychology* (S. 197–211). New York: Holt, Rinehart and Winston.

Moss, G. (2010). *Profiting from diversity – the business advantages and the obstacles to achieving diversity*. Houndmills unter anderem: Palgrave Macmillan.

Sackmann, S. (2006). Success factor: Corporate culture. Gütersloh: Bertelsmann.

Schein, E. H. (2004). *Organizational culture and leadership*. San Francisco: Jossey Bass.

Society for Human Resource Management. (2001). Diversity initiatives: A compatitive edge. http://www.diversity-gesellschaft.de/monat04.html. Zugegriffen: 30. Mai 2014.

Spiegel Online (2013). Software-Konzern: SAP stellt Hunderte Autisten ein. http://www.spiegel.de/wirtschaft/unternehmen/sap-stellt-bis-2020-hunderte-autisten-ein-a-900882.html. Zugegriffen: 20. Dez. 2013.

Walgenbach, K. (2012). Intersektionalität – eine Einführung. http://www.portal-intersektionalität.de Zugegriffen: 6. Dez. 2013.

Sachverzeichnis

© Springer Fachmedien Wiesbaden 2014
N. Homma et al., *Einführung Unternehmenskultur,*
DOI 10.1007/978-3-658-02411-6

The manufacturer's authorised representative in the EU is Springer
Nature Customer Service Centre GmbH, Europaplatz 3, 69115 Heidelberg,
Germany. If you have any concerns regarding our products, please
contact ProductSafety@springernature.com

Printed and bound by CPI Group (UK) Ltd, Croydon, CR0 4YY
23/04/2026
02095641-0008